Beck-Rechtsberater:
Grundstücke – erwerben, besitzen, belasten und verkaufen –

Von
Prof. Dr. Wilhelm Weimar †
Rechtsanwalt in Köln

und

Christa Weimar-Gläser †
Steuerbevollmächtige in Köln

Ab der vierten Auflage bearbeitet von
Wolf-Rüdiger Bub
Rechtsanwalt

und

Dr. Michael Schmid
Richter am Amtsgericht

4., völlig neubearbeitete Auflage
Stand: 1. Juli 1986

Deutscher
Taschenbuch
Verlag

Redaktionelle Verantwortung: Verlag C. H. Beck, München
Umschlaggestaltung: Celestino Piatti
Gesamtherstellung: C. H. Beck'sche Buchdruckerei, Nördlingen
ISBN 3 423 05082 9 (dtv)
ISBN 3 406 30734 5 (C. H. Beck)

Inhaltsverzeichnis

Abkürzungsverzeichnis XIII

§ 1 Der Begriff des Grundstücks

   I. Allgemeines 1
  II. Wirtschaftsgrundstück 1
 III. Grundbuchgrundstück 2
 IV. Flurstück 2
  V. Grundstücksgleiche Rechte 2

§ 2 Wesentliche Bestandteile eines Grundstücks

   I. Abgrenzung zu anderen Begriffen 3
  II. Der Begriff des wesentlichen Bestandteils eines Grundstücks . . 3
      1. Bestandteile 3
      2. Wesentliche Bestandteile 3
      3. Die besondere Regelung des § 94 BGB 4
      4. Scheinbestandteile 5
      5. Rechte als Grundstücksbestandteile 5
 III. Rechtsfolgen 6
      1. Wesentliche Bestandteile 6
      2. Scheinbestandteile 6
 IV. Einzelfälle 7
      1. Vorbemerkung 7
      2. Wesentliche Bestandteile 7
      3. Scheinbestandteile 7

§ 3 Das Grundstückszubehör

   I. Der Begriff des Grundstückszubehörs 8
  II. Erweiterung durch § 98 BGB 9
 III. Rechtliche Behandlung des Zubehörs 10
 IV. Einzelfälle 12

§ 4 Das Grundbuch

   I. Die Grundbuchführung 12
  II. Das Grundbuchblatt 12
 III. Bedeutung des Grundbuchs 13
 IV. Voraussetzungen für die Eintragung 14

§ 5 Verträge über Grundstücke

   I. Notarielle Beurkundung 14
  II. Inhalt des Grundstückskaufvertrages 21

§ 6 Die Vormerkung

    I. Zweck der Vormerkung 23
    II. Eintragung der Vormerkung 25
    III. Wirkung der Vormerkung 26
        1. Rechtsgeschäftliche Verfügungen 26
        2. Zwangsweise Verfügungen 27
        3. Beeinträchtigende Verfügungen 28
        4. Haftung des Erben 28
        5. Verjährung 29
    IV. Gutgläubiger Erwerb der Vormerkung 29
    V. Abtretung 30
    VI. Löschungsvormerkung und Löschungsanspruch 30
        1. Löschungsvormerkung 30
        2. Löschungsanspruch 32
    VII. Annex: Amtsvormerkung und Veräußerungsverbot 33
        1. Amtsvormerkung 33
        2. Veräußerungsverbot 34

§ 7 Das landwirtschaftlich und forstwirtschaftlich genutzte
     Grundstück

    I. Allgemeines 35
    II. Das Grundstücksverkehrsgesetz 35
        1. Zielsetzung und Anwendungsbereich 35
        2. Begriffsbestimmungen 36
        3. Genehmigungspflicht 36
        4. Gerichtliche Zuweisung an einen Miterben 38
    III. Das Bundeswaldgesetz 39

§ 8 Wohnungseigentum und Dauerwohnrecht 40

§ 9 Das Erbbaurecht 44

§ 10 Übergang von Gefahr

    I. Sachgefahr und Preisgefahr 48
    II. Gefahrenübergang 48
        1. Gesetzliche Regelung 48
        2. Rechtsgeschäftliche Regelung 49
    III. Nutzungen und Lasten 49

§ 11 Die Übereignung eines Grundstückes

    I. Kauf und Übereignung 50
    II. Auflassung 51
    III. Eintragung im Grundbuch 51
    IV. Bindungswirkung 52

§ 12 Sonstige Erwerbsarten bei Grundstücken

    I. Ersitzung 53
    II. Aneignung 54
    III. Ehevertrag 54
    IV. Erbfall 55
    V. Zuschlag 55
    VI. Enteignung 55

§ 13 Grundstücksverkehr Minderjähriger

    1. Kinder im Alter unter 7 Jahren 56
    2. Beschränkt geschäftsfähige Minderjährige 56

§ 14 Das Grundstück in der Erbengemeinschaft

    I. Allgemeines 58
    II. Verwaltung 59
    III. Vorerbschaft und Testamentsvollstreckung 60
    IV. Nießbrauch als Vermächtnis 61

§ 15 Gutgläubiger Eigentumserwerb am Grundstück und Widerspruch bei Unrichtigkeit des Grundbuches

    I. Öffentlicher Glaube des Grundbuches 62
    II. Rechtsgeschäftlicher Erwerb 63
    III. Guter Glaube 64
    IV. Erweiterter öffentlicher Glaube 65
    V. Ausschluß des Gutglaubensschutzes 65
    VI. Widerspruch 66

§ 16 Vorkaufsrechte bei Grundstücken

    I. Die verschiedenen Vorkaufsrechte 68
    II. Das schuldrechtliche Vorkaufsrecht 69
    III. Das dingliche Vorkaufsrecht 71
    IV. Gesetzliche Vorkaufsrechte 74
    V. Anhang: Ankaufsrecht 75

§ 17 Rechte Dritter an Grundstücken

    I. Hypothek 76
    1. Grundsätzliches 76
    2. Die verschiedenen Hypothekenarten 76
        a) Briefhypothek 76
        b) Buchhypothek 76
        c) Verkehrshypothek 76
        d) Sicherungshypothek 77
        e) Gesamthypothek 77
        f) Höchstbetragshypothek 77

3. Die Begründung der Hypothek 77
   a) Verkehrshypothek 77
   b) Sicherungshypothek 79
4. Rang 80
5. Sicherung von Geldforderungen 81
6. Haftung für persönliche Schuld und Hypothek 82
7. Abtretung der Forderung und Grundstücksveräußerung . . . 85
   a) Abtretung der Forderung 85
   b) Grundstücksveräußerung 87
8. Befriedigung des Gläubigers 88
9. Entstehung einer Eigentümergrundschuld 89
II. Die Grundschuld 89
III. Die Rentenschuld 90
IV. Dienstbarkeiten 91
1. Allgemeines 91
2. Grunddienstbarkeiten 91
3. Beschränkte persönliche Dienstbarkeiten 92
4. Nießbrauch 93
V. Die Reallasten 95

§ 18 Rechte an Grundstücksrenten

I. Vorbemerkung 96
II. Nießbrauch 96
III. Pfandrecht 97

§ 19 Eigene Rechte an Grundstücken

I. Allgemeines 99
II. Eigentümergrundschuld und Eigentümerrentenschuld 99
III. Sonstige Rechte 100

§ 20 Aufgabe des Eigentums an Grundstücken

I. Allgemeines 101
II. Aufgabe des Eigentums 101
III. Aneignung 102

§ 21 Grundstücke und eheliches Güterrecht

I. Grundsätzliches 103
II. Gütertrennung 103
III. Zugewinngemeinschaft 103
IV. Gütergemeinschaft 106

§ 22 Das Grundstück im Nachbarrecht

I. Allgemeines 108
II. Einwirkungen vom Nachbargrundstück 108
1. Zuführung unwägbarer Stoffe 108

2. Gefahrdrohende Anlagen 109
3. Drohender Gebäudeeinsturz 109
4. Vertiefung 110
III. Grenzfragen 110
1. Grenzabmarkung und Grenzverwirrung 110
a) Grenzabmarkung 110
b) Grenzverwirrung 110
c) Grenzfeststellungsvertrag 111
2. Grenzanlagen 111
a) Begriff 111
b) Grundsatz der gemeinschaftlichen Benutzung 111
3. Überhang und Überfall 112
a) Überhang 112
b) Überfall 113
4. Überbau 113
IV. Notwegrecht 113
V. Ausschluß der Verjährung 114

§ 23 Die Haftung für Grundstücksgefahren

I. Die allgemeine Verkehrssicherungspflicht 115
1. Grundsatz 115
2. Verkehrssicherungspflichtige 115
3. Einzelfälle 116
II. Besondere Haftungsvorschriften 116

§ 24 Die Zwangsvollstreckung in Grundstücke

I. Allgemeines 118
II. Zwangsvollstreckung wegen Geldforderungen 118
III. Herausgabeansprüche 122
IV. Handlungen oder Unterlassungen 123
V. Abgabe einer Willenserklärung 123

§ 25 Zwangsversteigerung und Zwangsverwaltung von Grundstücken

I. Allgemeines 124
II. Zwangsversteigerung 124
1. Verfahren 124
2. Der Anordnungsbeschluß 125
3. Die Versteigerung 126
4. Zuschlag und Teilungsplan 127
III. Zwangsverwaltung 128

§ 26 Das Grundstück im Konkurs- und Vergleichsverfahren

I. Konkursverfahren 129
II. Vergleichsverfahren 130

§ 27 Die polizeirechtliche Verantwortlichkeit des Grundstückseigentümers 131

§ 28 Das Grundstück im Baurecht

   I. Das Erfordernis der Baugenehmigung 134
  II. Voraussetzungen für eine baurechtliche Genehmigung 134

§ 29 Versicherungen für das Grundstück 136

§ 30 Die Grundstücksteuern

   I. Die Grunderwerbsteuer 137
     1. Steuertatbestände 137
     2. Besteuerungsgrundlage 139
     3. Steuersatz 140
     4. Steuerschulden 140
     5. Fälligkeit der Steuern 140
     6. Örtliche Zuständigkeit 140
     7. Anzeigepflicht 141
     8. Unbedenklichkeitsbescheinigung 141
     9. Steuervergünstigungen 141
       a) Bagatellfälle 141
       b) Grundstückserwerb von Todes wegen 142
       c) Grundstückserwerb durch Schenkung unter Lebenden . . 142
       d) Nachlaßteilung durch Miterben 142
       e) Grundstückserwerb durch den Ehegatten des Veräußerers 142
       f) Erwerb durch Verwandte in gerader Linie 143
  II. Die Bewertung von Grundstücken 143
     1. Der Einheitswert 143
     2. Die Berechnung des Einheitswertes 144
     3. Einspruch gegen Einheitswertbescheid 147
 III. Die Grundsteuer 147
     1. Steuerpflicht 147
     2. Steuermeßzahl 147
     3. Steuermeßbetrag 148
     4. Hebesatz 148
     5. Festsetzung der Grundsteuer 149
     6. Fälligkeit 149
     7. Steuerschuldner 149
     8. Grundsteuererlaß wegen wesentlicher Ertragsminderung . . 150
     9. Grundsteuervergünstigungen nach dem II. WoBauG 151
 IV. Die Einkommensteuer 151
     1. Einnahmen 151
       a) Vereinnahmte Mieten 151
       b) Nutzungswert 153

2. Werbungskosten 154
   a) Kosten der Finanzierung 155
   b) Betriebskosten 157
   c) Erhaltungsaufwendungen (Instandhaltung und Instand-
     setzung) 158
   d) Absetzung für Abnutzungen 160
   e) Erhöhte Absetzungen für Abnutzung 165
3. Die steuerlichen Vorteile eines Zweifamilienhauses 169
   a) Begriff des Zweifamilienhauses 169
   b) Einkommensteuer 171
   c) Grundsteuer 172
4. Der Nießbrauch 172
   a) Arten des Nießbrauchs 173
   b) Zuwendungsnießbrauch 173
   c) Vorbehaltsnießbrauch 175
5. Neuregelung ab 1. 1. 1987 176
   a) Grundförderung gemäß § 10e Abs. 1 EStG 176
   b) Übergangsregelungen 186
6. 7b-Freibetrag auf der Lohnsteuerkarte 190
7. Veräußerung von Grundstücken 192
   a) Spekulationsgeschäfte 192
   b) Private Vermögensverwaltung oder Gewerbebetrieb? ... 194
V. Die Vermögensteuer 196
  1. Gesamtvermögen 196
  2. Freibeträge 196
  3. Bemessung der Vermögensteuer 197
VI. Die Erbschaft- und Schenkungsteuer 198
  1. Steuerpflicht 198
  2. Erwerb von Todes wegen 198
  3. Schenkungen 199
  4. Steuerklassen 201
  5. Steuersätze 202
  6. Steuerbefreiungen 203
  7. Anzeigepflicht 203

Sachregister 205

Abkürzungsverzeichnis

aF . . . . alte Fassung
AG . . . . Amtsgericht

BankInformation . . Bank Information für Volksbanken und Raiffeisenbanken
BauR . . . . Baurecht
BayAGBGB . . . . . Bayerisches Ausführungsgesetz zum Bürgerlichen Gesetzbuch
BayBO . . . . Bayrische Bauordnung
BayObLGZ . . . . . Entscheidungen des Bayrischen Obersten Landesgerichts in Zivilsachen
BayPAG . . . . Bayrisches Polizeiaufgabengesetz
BayVerfGH . . . . . Entscheidungen des bayerischen Verwaltungsgerichtshofs
BB . . . . Der Betriebs-Berater
BBauG . . . . Bundesbaugesetz
Betr. . . . . Der Betrieb
BeurkG . . . . Beurkundungsgesetz
BewG . . . . Bewertungsgesetz
BFH . . . . Bundesfinanzhof
BGB . . . . Bürgerliches Gesetzbuch
BGH . . . . Bundesgerichtshof
BGBl. . . . . Bundesgesetzblatt
BGHZ . . . . Entscheidung des Bundesgerichtshofes in Zivilsachen
BHZ . . . . Berliner Hausbesitzer Zeitung
BNotO . . . . Bundesnotar-Ordnung
BlGBW . . . . Blätter für Grundstücks-, Bau- und Wohnungsrecht
BStBl. . . . . Bundessteuerblatt
BVwG . . . . Bundesverwaltungsgericht
BVwGE . . . . Bundesverwaltungsgericht-Entscheidungen
BWaldG . . . . Bundeswaldgesetz
BWNotZ . . . . Mitteilungen aus der Praxis. Zeitschrift für das Notariat in Baden-Württemberg

DGVZ . . . . Deutsche Gerichtsvollzieherzeitung
DNotZ . . . . Deutsche Notar-Zeitschrift

DStR . . . .   Deutsches Steuerrecht
                       Zeitschrift für Praxis und Wissenschaft des gesam-
                       ten Steuerrechts
DVBl. . . . .   Deutsches Verwaltungsblatt
DWW . . . .   Deutsche Wohnungswirtschaft

EBE . . . .   Eildienst: Bundesgerichtliche Entscheidungen
EFG . . . .   Finanzgericht-Entscheidungen
EGBGB . . . .   Einführungsgesetz zum Bürgerlichen Gesetzbuch
ErbbauVO . . . . . .   Erbbaurechtsverordnung
ErbStG . . . .   Erbschaftsteuergesetz
ErbStDV . . . . . .   Erbschaftsteuer-Durchführungsverordnung
EStG . . . . Einkommensteuergesetz
EStDV . . . .   Einkommensteuer-Durchführungsverordnung
EStR . . . . Einkommensteuer-Richtlinien

FG . . . . Finanzgericht
FGG . . . .   Gesetz betreffend die Angelegenheiten der freiwil-
                       ligen Gerichtsbarkeit
FWW . . . .   Freie Wohnungs-Wirtschaft

GBO . . . .   Grundbuchordnung
GBVfG . . . .   Grundbuchverfügung
GewO . . . .   Gewerbeordnung
GG . . . . Grundgesetz
GrdstVG . . . . . .   Grundstückverkehrsgesetz
GrEStG . . . .   Grunderwerbsteuergesetz
GrStG . . . .   Grundsteuergesetz
GrStDV . . . .   Grundsteuer-Durchführungsverordnung
GVBl. . . . .   Gesetz- und Verordnungsblatt

HGB . . . .   Handelsgesetzbuch
HRR . . . .   Höchstrichterliche Rechtsprechung

JFG . . . .   Jahrbuch der Freiwilligen Gerichtsbarkeit
JR . . . . Juristische Rundschau
JW . . . . Juristische Wochenschrift

KG . . . . Kammergericht
KGJ . . . .   Kammergerichts-Jahrbücher
KO . . . . Konkursordnung

LG . . . . Landgericht
LM . . . . Das Nachschlagewerk des Bundesgerichtshofs in
                       Zivilsachen, herausgegeben von Lindenmaier und
                       Möhring
LVG . . . .   Luftverkehrsgesetz

MDR	Monatsschrift für Deutsches Recht
MünchKomm/Bearbeiter	Müncher Kommentar zum Bürgerlichen Gesetzbuch, 2. Aufl. 1984
m. w. Nachw.	mit weiteren Nachweisen
nF	neue Fassung
NJW	Neue Juristische Wochenschrift
NVwZ	Neue Zeitschrift für Verwaltungsrecht
OLG	Oberlandesgericht
OLGZ	Entscheidungen der Oberlandesgerichte in Zivilsachen
OVG	Oberverwaltungsgericht
Palandt/Bearbeiter .	Palandt/Bearbeiter, Bürgerliches Gesetzbuch, 44. Aufl. 1985
PolG	Polizeigesetz NW
PrOVG	Entscheidungen des Preußischen Oberverwaltungsgerichts
RG	Reichsgericht
RGBl.	Reichsgesetzblatt
RGHRR	Reichsgericht in höchstrichterlicher Rechtsprechung
RGZ	Entscheidungen des Reichsgerichts in Zivilsachen
RGRK	Reichsgerichtsrätekommentar
Rpfleger	Der Rechtspfleger
RSiedlG	Reichssiedlungsgesetz
RStBl.	Reichssteuerblatt
SeuffertArch.	Seufferts Archiv für Entscheidungen der obersten Gerichte
StBauFG	Städtbauförderungsgesetz
StGB	Strafgesetzbuch
Sparkasse	Zeitschrift des Deutschen Sparkassen- und Giroverbandes
Thomas/Putzo . . .	Thomas/Putzo, ZPO, 13. Aufl. 1984
VerglO	Vergleichsordnung
VersR	Versicherungsrecht
VO	Verordnung
VStG	Vermögensteuergesetz
VVG	Versicherungsvertragsgesetz
Warn.	Rechtsprechung des Reichsgerichts, herausgegeben von Warneyer

WEG . . . . Wohnungseigentumsgesetz
WM . . . . Wohnungswirtschaft und Mietrecht
WoPG . . . . Wohnungsbau-Prämiengesetz
WPM . . . . Wertpapiermitteilungen

ZMR . . . . Zeitschrift für Miet- und Raumrecht
ZPO . . . . Zivilprozeßordnung
ZVG . . . . Zwangsversteigerungsgesetz

§ 1. Der Begriff des Grundstücks

I. Allgemeines

Wie viele andere Worte, die man täglich verwendet, ist auch der Begriff des Grundstücks nicht so eindeutig, wie man es sich gemeinhin vorstellt und wie es auch wünschenswert wäre. Leider hat es auch der Gesetzgeber bisher nicht vermocht, einen einheitlichen Grundstücksbegriff zu schaffen. Eine gesetzliche Definition des Grundstücks gibt es nicht. Es wird deshalb hier auch nicht der vielfach verwendete Begriff „Grundstück im Rechtssinn" (vgl. zB Palandt/Bassenge, Überbl. vor § 873 BGB Anm. 1 a) verwendet, sondern der Begriff des Grundbuchgrundstücks (vgl. S. 2), der dasselbe treffender bezeichnet. Hiervon zu unterscheiden ist der Grundstücksbegriff aus wirtschaftlicher Sicht, das sog. Wirtschaftsgrundstück (vgl. u.).

II. Wirtschaftsgrundstück

Was man als Wirtschaftsgrundstück bezeichnet, kommt dem, was man im allgemeinen Sprachgebrauch als Grundstück bezeichnet am nächsten: Ein abgegrenzter Teil der Erdoberfläche; eine Bodenfläche, die eine wirtschaftliche Einheit bildet (Palandt/ Bassenge, Überbl. vor § 873 BGB Anm. 1 a) cc) oder weniger kompliziert ausgedrückt ein Stück Land, das durch Grenzsteine, Zäune, Hecken, Wege oder in anderer Weise von seiner Umgebung abgegrenzt ist.

Auch der wirtschaftliche Grundstücksbegriff hat rechtliche Bedeutung. So bestimmt § 70 Abs. 1 BewG, daß jede wirtschaftliche Einheit des Grundvermögens ein Grundstück im Sinne dieses Gesetzes bildet. Dieser Grundstücksbegriff geht jedoch über das bloß abgegrenzte Land insoweit hinaus, als auch mehrere äußerlich abgegrenzte Flächen bewertungsrechtlich ein Grundstück sein können (vgl. S. 144).

Dieser Grundstücksbegriff liegt nach nicht ganz unumstrittener Meinung auch dem Reichssiedlungsgesetz zugrunde.

III. Grundbuchgrundstück

Grundbuchgrundstücke sind Grundstücke, die auf einem Grundbuchblatt oder bei einem gemeinschaftlichen Grundbuchblatt unter einer besonderen Nummer geführt werden. Für diesen Grundstücksbegriff ist es gleichgültig, ob ein räumlicher und/oder wirtschaftlicher Zusammenhang besteht. So kann nach § 890 BGB der Eigentümer mehrerer Grundstücke dadurch zu einem Grundstück vereinigen, daß er sie als ein Grundstück im Grundbuch eintragen läßt, oder kann ein Grundstück zum Bestandteil eines anderen Grundstücks machen, indem er es diesem im Grundbuch zuschreiben läßt.

Dieser Grundstücksbegriff kann – so paradox es auch scheint – auch für buchungsfreie Grundstücke von Bedeutung sein. Hierbei handelt es sich um Grundstücke, die nicht unbedingt ein Grundbuchblatt erhalten müssen: Grundstücke des Bundes, der Länder, der Kirchen, der Klöster, der Schulen, Wasserläufe, öffentliche Wege, Bahngrundstücke, Grundstücke von geringer wirtschaftlicher Bedeutung, die den wirtschaftlichen Zwecken anderer Grundstücke zu dienen bestimmt sind (§ 3 Abs. 2 und 3 GBO). Die Besonderheit liegt hier nämlich nicht darin, daß ein anderer Grundstücksbegriff verwendet wird, sondern allein in der Grundbuchführung.

IV. Flurstück

Das Flurstück – auch Katasterparzelle genannt – ist ein vermessungstechnischer Begriff, der sich auf die amtliche Flurkarte bezieht. Ein Grundbuchgrundstück kann aus mehreren Flurstücken bestehen, aber nicht umgekehrt (Palandt/Bassenge Überbl. vor § 873 BGB Anm. 1 a) aa).

V. Grundstücksgleiche Rechte

Grundstücksgleiche Rechte sind dingliche Rechte an einem Grundstück, die das Gesetz den Grundstücken gleichstellt, zB das Erbbaurecht (s. S. 44 ff.), das Wohnungseigentum und das Dauerwohnrecht (s. S. 44 ff.).

§ 2. Wesentliche Bestandteile eines Grundstücks

I. Abgrenzung zu anderen Begriffen

Wesentliche Bestandteile (s. u.) sind besonders zu behandelnde Bestandteile (s. u. § 2 II. 1.). Sie sind abzugrenzen vom Zubehör (s. S. 8 ff.) und vom Begriff der Sachgesamtheit. Soweit nicht ausdrückliche gesetzliche Regelungen bestehen (§§ 95, 95, 96 BGB), ist für die noch näher darzustellende Abgrenzung die natürliche Betrachtungsweise unter Berücksichtigung der Verkehrsauffassung und der wirtschaftlichen und technischen Gegebenheiten maßgebend (Palandt/Heinrichs § 93 Anm. 2). Dies festzustellen und rechtlich zu werten, macht im Einzelfall erhebliche Schwierigkeiten. Es verwundert deshalb nicht, daß sich eine ziemliche Kasuistik entwickelt hat (s. S. 7).

II. Der Begriff des wesentlichen Bestandteils eines Grundstücks

1. Bestandteile

Bestandteile sind die einzelnen Teile einer Sache oder einer Sachgesamtheit, z. B. die Körner eines Sandhaufens, die Teile einer Maschine, Grundstück, Gebäude und Schienen eines Bahnhofes, die einzelnen Flurstücke eines Grundstücks.

2. Wesentliche Bestandteile

Wesentliche Bestandteile sind nach der gesetzlichen Definition des § 93 BGB solche Bestandteile, die von einander nicht getrennt werden können, ohne daß der eine andere zerstört oder in seinem Wesen verändert wird. Entscheidend ist, ob bei wirtschaftlicher Betrachtungsweise der einzelne Bestandteil – nicht die gesamte Sache als solche! – in seinem Wert nicht nur unerheblich gemindert wird. Ein in ein bestimmtes Gebäude eingefügter Dachstuhl ist zB auch dann dessen wesentlicher Bestandteil, wenn er ohne Beschädigung entfernt werden kann, dann aber wegen seines besonderen Zuschnitts nur noch als Brennholz verwendet werden kann. Eine feste Verbindung ist weder erforderlich noch ausreichend.

3. Die besondere Regelung des § 94 BGB

§ 94 BGB enthält für Grundstücke und Gebäude eine Klarstellung und Erweiterung des Begriffs des wesentlichen Bestandteils. Zu den wesentlichen Bestandteilen eines Grundstücks gehören demnach:

a) Die mit dem Grund und Boden fest verbundenen Sachen, wobei das Gesetz Gebäude besonders hervorhebt (vgl. hierzu aber auch § 95 Abs. 1 Satz 2 BGB; unten S. 5). Gebäude sind auch Tiefgaragen. Fest verbundene Sachen sind zB Mauern und Leitungen (s. u. Einzelfälle S. 7). Auch für die Beurteilung der festen Verbindung ist die Verkehrsanschauung maßgebend. Unverhältnismäßige Schwierigkeiten bei Trennung begründen eine feste Verbindung, so daß bereits die Schwerkraft für die Annahme einer festen Verbindung ausreichen kann (BFH NJW 1979, 392).

b) Erzeugnisse des Grundstücks, solange sie mit dem Boden zusammenhängen; das betrifft insbesondere die Pflanzen, die auf dem Grundstück wachsen.

c) Samen, sobald sie ausgesät sind, Pflanzen, sobald sie eingepflanzt sind.

Zu den wesentlichen Bestandteilen eines Gebäudes gehören die zu seiner Herstellung eingefügten Sachen. Entscheidend ist der Zweck, der mit der Einfügung verfolgt wird (vgl. § 95 Abs. 2 BGB, unten S. 5). Es ist darauf abzustellen, ob die eingefügte Sache dazu dienen soll, das Gebäude zu dem zu machen, was es werden soll. Unerheblich ist, ob die Einfügung zur Herstellung des Gebäudes notwendig ist. Ebensowenig kommt es auf eine feste Verbindung oder eine Trennbarkeit an (BHZ 36, 50). Zur Herstellung des Gebäudes eingefügt sind immer die notwendigen Werkstoffe, aus denen Mauern, Fußböden, Decken, Verputz, Fenster, Türen usw. hergestellt sind. Ansonsten entscheidet die Zweckbestimmung des Gebäudes (vgl. unten Einzelfälle S. 7). Erforderlich ist schließlich eine Einfügung d. h. die Herstellung der vorgesehenen Verbindung. Die bloße Herbeischaffung der Teile auf den Bauplatz genügt nicht.

4. Scheinbestandteile

§ 95 BGB enthält Ausnahmen von §§ 93, 94 BGB und erklärt Gegenstände, die nach den §§ 93, 94 BGB wesentliche Bestandteile wären zu sogenannten Scheinbestandteilen. Diese sind überhaupt keine Bestandteile des Grundstücks oder des Gebäudes.

Im Einzelnen handelt es sich um folgende Fälle:

a) Sachen, die nur zu einem vorübergehenden Zweck mit dem Grund und Boden verbunden sind. Es kommt hier nicht entscheidend darauf an, ob die Verbindung leicht oder schwer aufzulösen ist (RGZ 87, 50). Maßgebend ist der Wille des Einfügenden, soweit dieser Wille mit dem äußeren Tatbestand vereinbar ist. Die spätere Trennung muß von vornherein beabsichtigt oder mit Sicherheit zu erwarten sein, wobei die Zeitdauer der Verbindung keine Rolle spielt. Die Ausübung eines zeitlich begrenzten Nutzungsrechts spricht für eine nur vorübergehende Einfügung, sofern nicht vereinbart ist, daß der Grundstückseigentümer nach Beendigung des Nutzungsverhältnisses die Sache übernehmen soll.

Zu beachten ist, daß auch Gebäude nur Scheinbestandteile sein können (vgl. hierzu auch S. 7) und dann nicht wesentliche Bestandteile des Grundstücks sind.

b) Gebäude oder andere Werke, die in Ausübung eines Rechts an einem fremden Grundstück von dem Berechtigten mit dem Grundstück verbunden worden sind. Rechte im Sinne dieser Vorschrift sind nur dingliche Rechte, zB Nießbrauch oder Erbbaurecht, nicht dagegen schuldrechtliche Überlassungsvereinbarungen wie Miete oder Pacht. Hier kann jedoch § 95 Abs. 1 Satz 1 BGB einschlägig sein.

c) Sachen, die nur zu einem vorübergehenden Zweck in ein Gebäude eingefügt sind. Es gelten hier die gleichen Kriterien wie bei einer Verbindung mit dem Grund und Boden zu verübergehendem Zweck.

5. Rechte als Grundstücksbestandteile

Nicht als wesentliche Bestandteile, aber als Grundstücksbestandteile gelten nach § 96 BGB Rechte, die mit dem Eigentum an einem Grundstück verbunden sind. Wesentliche Bestand sind sie nur, wenn sie vom Eigentum am Grundstück nicht getrennt werden können, wie zB die subjektiv dinglichen Rechte (zB

Grunddienstbarkeit nach § 1018 BGB) (vgl. Palandt/Heinrichs § 96 Anm. 1 und 2).

III. Rechtsfolgen

1. Wesentliche Bestandteile

Wesentliche Bestandteile können nach § 93 BGB nicht Gegenstand besonderer Rechte sein. Ausnahmen gibt es nach dem Wohnungseigentumsgesetz (s. S. 40 ff.) und für die Pfändung von Früchten auf dem Halm (§ 810 ZPO).

Diese Rechtsfolge tritt unabhängig vom Willen der Parteien ein. Daher kann zB ein Nießbrauch an einem einzelnen Stockwerk eines Hauses nicht bestellt werden (RGZ 164, 199); bei der Einfügung als wesentlicher Bestandteil erstreckt sich das Eigentum an dem Grundstück auch auf die eingefügte Sache (§ 946 BGB), ein Eigentumsvorbehalt ist bedeutungslos; ein Grundstück kann nicht ohne das darauf errichtete Gebäude übereignet werden und umgekehrt, es sei denn, daß es sich um einen Scheinbestandteil handelt (s. S. 5).

Schuldrechtliche Verträge über wesentliche Bestandteile sind dagegen möglich, zB ein Mietvertrag über eine einzelne Wohnung. Ebenso kann an wesentlichen Bestandteilen Besitz eingeräumt werden.

2. Scheinbestandteile

Scheinbestandteile eines Grundstücks sind dagegen sonderrechtsfähig. Sie werden wie bewegliche Sachen behandelt. Der Eigentumsübergang erfolgt nicht durch Auflassung und Eintragung im Grundbuch, sondern durch Einigung und Übergabe (bzw. Übergabesurrogat) nach §§ 929 ff. BGB. Eine gesonderte Übereignung ist ebenso möglich wie eine gesonderte Pfändung oder Verpfändung.

IV. Einzelfälle

1. Vorbemerkung

Die vorstehenden Ausführungen haben gezeigt, daß jeweils auf die Umstände des Einzelfalles abzustellen ist. Es verwundert deshalb nicht, daß die Rechtsprechung eine kaum mehr übersehbare Kasuistik entwickelt hat (vgl. die ausführliche Zusammenstellung bei RGRK-BGB/Kregel § 93 Rdnr. 50 ff.). Folgend sollen nur typische und wichtige Beispiele angeführt werden.

2. Wesentliche Bestandteile

a) Als wesentliche Bestandteile werden angesehen: Antennen (Palandt/Heinrichs § 93 Anm. 5 a), Bodenbeläge (str. vgl. Palandt/Heinrichs § 93 Anm. 5 a), Dachgebälk (RGZ 62, 250), Drainage (BGH Betr. 1984, 113), Einbauküche (str. Palandt/Heinrichs § 93 Anm. 5 a), Fensterläden (RGZ 60, 421), Heizungsanlage (str. Palandt/Heinrichs § 93 Anm. 5 b), Herde (BGHZ 40, 275), Schwimmbecken (BGH NJW 1983, 567), Teppichboden vom Hauseigentümer verlegt (MünchKomm/Holch § 93 Rdnr. 18 m. w. Nachw.).

b) Die Eigenschaft eines wesentlichen Bestandteils wird verneint für: Anschlußgleis eines Fabrikgebäudes (RG Warn 1930 Nr. 49), Fernleitungsnetz eines Elektrowerkes (RGZ 87, 43, 47), Kühlanlage eines Schlachthauses (RG Warn 1933 Nr. 141), Tanks und Gärbottiche einer Brauerei (RG JW 1914, 238, 239), Straßen (RG JW 1910, 813), Teilflächen eines Grundstücks (BGHZ 20, 159, 162).

3. Scheinbestandteile

Scheinbestandteile sind: Baracken (RG LZ 1931, 1063), Baugerüst (RG SeuffertArch 78 Nr. 58), zum Verkauf bestimmte Baumschulpflanzen (RGZ 105, 213, 215), vom Mieter eingefügte Fernsprechanlage (LG Mannheim JW 1937, 3305), Grenzstein (OLG Frankfurt NJW 1984, 2303), vom Mieter verlegte Teppichböden (str. vgl. MünchKomm/Holch § 95 Rdnr. 12 m. w. Nachw.), vom Versorgungsunternehmen eingefügte Zähler (BayVerfGH NVwZ 1982, 368, 369), vom Pächter errichteter Zaun (KG OLGE 20, 37).

§ 3. Das Grundstückszubehör

I. Der Begriff des Grundstückszubehörs

Außer den Bestandteilen spielt bei Grundstücken das Zubehör eine große Rolle. Der Begriff des Zubehörs erfordert fünf Merkmale. Diese sind:

    a) Bewegliche Sachen,

    b) die nicht Bestandteile der Hauptsache sind,

    c) dem wirtschaftlichen Zwecke der Hauptsache zu dienen bestimmt sind,

    d) zu der Hauptsache in einem dieser Bestimmung entsprechenden räumlichen Verhältnis stehen,

    e) von der Verkehrsauffassung als Zubehör angesehen werden (§ 97 Abs. 1 BGB).

Hiernach können nur bewegliche Sachen Zubehör sein. Der Rechtsbegriff des Zubehörs ist aber umfassender. Zubehör eines Bergwerks können auch Grundstücke sein.

Eine sehr reichhaltige Rechtsprechung liegt zu der Frage vor, wann eine Sache als Zubehör zu betrachten ist (vgl. unten).

Von der Art der Nutzbarkeit der Hauptsache hängt es ab, ob andere Sachen ihrem Zweck dienen können. So lassen sich ein unbebautes Grundstück oder ein noch nicht fertiggestelltes Gebäude nicht als Fabrikanlage nutzen.

Ein Baugrundstück wird durch Bebauung genutzt. Daher können die Baumaterialien Zubehör des Grundstücks sein (RGZ 86, 330). Daß die Baumaterialien durch Verbindung mit dem Grundstück zu wesentlichen Bestandteilen werden, steht der Annahme der Zubehöreigenschaft von erst auf dem Grundstück lagerndem Material nicht entgegen. Dagegen sind kein Zubehör die zu verarbeitenden Materialien. Sie sind nicht dauernd dem Zweck der Hauptsache zu dienen bestimmt.

Die vorübergehende Benutzung einer Sache für den wirtschaftlichen Zweck einer anderen begründet nicht die Zubehöreigenschaft. Andererseits hebt die vorübergehende Trennung eines Zubehörstücks von der Hauptsache die Zubehöreigenschaft nicht auf (§ 97 Abs. 2 BGB). Wird eine landwirtschaftliche Maschine im Wege der Nachbarschaftshilfe durch einen Landwirt an einen anderen verliehen, so bleibt sie trotz der vorübergehenden räumlichen Entfernung von dem Grundstück des Verleihers Zubehör dieses Grundstücks.

II. Erweiterung durch § 98 BGB

Eine gewisse Erweiterung erfährt der Zubehörbegriff durch die in § 98 BGB getroffene Regelung. Hiernach sind dem wirtschaftlichen Zwecke der Hauptsache zu dienen bestimmt:

a) Bei einem Gebäude, das für einen gewerblichen Betrieb dauernd eingerichtet ist, insbesondere bei einer Mühle, einer Schmiede, einem Brauhaus, einer Fabrik, die zu dem Betriebe bestimmten Maschinen und sonstigen Gerätschaften;

b) bei einem Landgute, das zum Wirtschaftsbetriebe bestimmte Gerät und Vieh, die landwirtschaftlichen Erzeugnisse, soweit sie zur Fortführung der Wirtschaft bis zu der Zeit erforderlich sind, zu welcher gleiche oder ähnliche Erzeugnisse voraussichtlich gewonnen werden, sowie der vorhandene, auf dem Gute gewonnene Dünger.

§ 98 BGB befaßt sich aber nur mit einer Voraussetzung des Zubehörbegriffs. Er stellt lediglich klar, wann bei Gewerbebetriebsgebäuden und Landgütern anzunehmen ist, daß Sachen (Inventar) dem wirtschaftlichen Zwecke der Hauptsache zu dienen bestimmt sind. Im übrigen müssen für den Zubehörbegriff die weiteren vier Merkmale gegeben sein, die § 97 BGB aufführt. Zum Verhältnis der §§ 97, 98 BGB zueinander hat der BGH ausgeführt:

,,Der Begriff des Zubehörs bedeutet allgemein eine rechtliche Beziehung zwischen einer beweglichen Sache und einer anderen Sache, der Hauptsache, die ihrerseits ein Grundstück, ein Grundstücksbestandteil (Gebäude, Gebäudeteil) oder eine bewegliche Sache sein kann. Mit dieser rechtlichen Beziehung soll insbesondere bei einem zu einem gewerblichen Zweck eingerichteten Gebäude (Grundstück), der Tatsache Rechnung getragen werden, daß der Wert und die Nutzbarkeit eines Grundstücks wesentlich davon abhängen, daß die Verbindung des Betriebsinventars mit dem Grundstück aufrecht erhalten bleiben. Dieser Gedanke hat in § 98 BGB dahin seinen Ausdruck gefunden, daß bei einem Gebäude, das für einen gewerblichen Betrieb dauernd eingerichtet ist, die zu dem Betrieb bestimmten Maschinen und sonstigen Gerätschaften dem wirtschaftlichen Zweck des Gebäudes zu dienen bestimmt sind. In der Mehrzahl der Fälle stand die entscheidende Voraussetzung, daß nämlich das Grundstück oder ein Gebäude für einen gewerblichen Betrieb dauernd eingerichtet sein mußte, nicht in Frage, so bei Ziegeleien, Molkereien, Sägereien, Hotelbauten, Wirtshäusern, Energie- und Wasserversorgungsanlagen. In diesen Fällen stellt sich ein Gebäude schon allein durch seine eigenartige Gliederung oder seine sonstige Bauart als für einen bestimmten Gewerbebetrieb dauernd eingerichtet dar. Es kann aber dem erwähnten Zweck des Zubehörverhältnisses auch genügen, wenn ein Gebäude mit Gegenständen, die dem Betrieb dieses Gewerbes dienen, derart verbunden sind, daß das Ganze erkennen läßt, es sei dazu bestimmt, dauernd, das ist für einen nicht von vornherein feststehenden Zeitraum und nicht etwa nur zur Befriedigung des Bedürfnisses des derzeitigen Eigentümers, zum Betriebe dieses Gewerbes benutzt zu werden.

Maßgebender Gesichtspunkt ist, ob im Einzelfall durch Gliederung, Einteilung oder Eigenart im übrigen des Gebäudes oder durch die sonstige bauliche Beschaffenheit einer Anlage schon ein wirtschaftlicher Wert realisiert ist, der nach dem Sinn der einzelnen Anwendungsbestimmungen nicht zerschlagen, sondern erhalten bleiben soll. Dagegen kann nicht entscheidend auf die tatsächliche Benutzung der Hauptsache abgestellt werden."

(BGH, Urteil vom 14. 12. 1973 – V ZR 44/72 –)

III. Rechtliche Behandlung des Zubehörs

Das Zubehör teilt im Zweifel das rechtliche Schicksal der Hauptsache (Pertinenzcharakter des Zubehörs). Die rechtliche Zusammenfassung der Hauptsache und des Zubehörs machen zahlreiche Vorschriften deutlich.

Verpflichtet sich jemand zur Veräußerung oder Belastung einer Sache, so erstreckt sich die Verpflichtung im Zweifel auch auf das Zubehör der Sache (§ 314 BGB). Diese Vorschrift betrifft das Verpflichtungsgeschäft. Im übrigen gilt das gleiche für Miete und Pacht. Nicht erforderlich ist, daß der Verpflichtete Eigentümer des Zubehörs ist.

Mit der Übereignung des Zubehörs befaßt sich § 926 BGB. Sind der Veräußerer und der Erwerber darüber einig, daß sich die Veräußerung auf das Zubehör des Grundstücks erstrecken soll, so erlangt der Erwerber mit dem Eigentum an dem Grundstück auch das Eigentum an den zur Zeit des Erwerbes vorhandenen Zubehörstücken, soweit sie dem Veräußerer gehören. Im Zweifel ist anzunehmen, daß sich die Veräußerung auf das Zubehör erstrecken soll (§ 926 Abs. 1 BGB). Die Übereignung erfordert also keine Übergabe des Zubehörs. Sie erfolgt nach Immobilarsachenrecht.

Gehörten die Zubehörstücke nicht dem Veräußerer, so gehen sie nicht mit der Auflassung und Umschreibung des Grundeigentums auf den Erwerber über, auch wenn der Erwerber gutgläubig ist. Dies ist dadurch begründet, daß das Grundbuch über den Bestand des Zubehörs keine Auskunft gibt. Für den Eigentumserwerb sind vielmehr die Vorschriften über den gutgläubigen Erwerb beweglicher Sachen vom Nichtberechtigten maßgebend. Der Erwerber muß also den Besitz am Zubehör erlangen und zu dieser Zeit gutgläubig sein. Das gleiche gilt hinsichtlich des lastenfreien Eigentumserwerbs, wenn das Zubehör mit Rechten Dritter belastet ist (§ 926 Abs. 2 BGB).

Der Besitz des Grundstücks geht durch die Auflassung und Umschreibung auf den Erwerber grundsätzlich nicht über. Nur wenn der Erwerber durch die Auflassung in die Lage versetzt wird, die tatsächliche Gewalt über das Grundstück auszuüben, kann darin eine Besitzverschaffung erblickt werden.

Auch den Inhabern von Grundpfandrechten (Hypothekar, Grundschuldgläubiger) haftet das im Eigentum des Grundstückseigentümers stehende Zubehör (§§ 1120, 1192 BGB). Hat der Grundstückseigentümer Zubehör erst unter Eigentumsvorbehalt erworben, so erstreckt sich das Grundpfandrecht auf das Anwartschaftsrecht am Zubehör (BGHZ 35, 85). Tritt der Verkäufer jedoch vom Kaufvertrag zurück, dann fällt das Anwartschaftsrecht auch gegenüber dem Grundpfandgläubiger weg.

Ebenso erfaßt die mit der Anordnung einer Zwangsvollstreckung eines Grundstücks verbundene Beschlagnahme auch das im Eigentum des Grundstückseigentümers stehende Zubehör (§§ 20 Abs. 2, 21, 55 Abs. 2, 148 ZVG).

Der Ersteher erwirbt in der Zwangsversteigerung sogar Eigentum an fremdem Zubehör, das in unmittelbarem Besitz des Grundstückseigentümer steht.

Um den Grundpfandrechten den Grundstückswert zu sichern, ist die Pfändung von Zubehör schlechthin verboten (§ 865 Abs. 2 Satz 1 ZPO). Dabei ist es unerheblich, ob das Grundstück mit Grundpfandrechten belastet ist (RGZ 142, 382).

Da Zubehörsachen rechtlich selbständige Sachen sind, können sie ausnahmsweise ein von der Hauptsache unabhängiges Rechtsschicksal haben. Der Besitz an der Hauptsache muß sich nicht immer unbedingt auf das Zubehör erstrecken.

Wird das Eigentum an einem Grundstück durch Erklärung gegenüber dem Grundbuchamt und Löschung des Eigentümers im Grundbuch aufgegeben, so wird das Grundstück herrenlos. Dies gilt jedoch nicht ohne weiteres für das Grundstückszubehör. Dieses wird erst eigentümerlos, wenn der Eigentümer in der Absicht, auf das Eigentum zu verzichten, den Besitz der Sache aufgibt (§§ 928, 959 BGB).

IV. Einzelfälle

Hinsichtlich der gesetzlich geregelten Einzelfälle vgl. § 98 BGB (oben S. 9). Als Zubehör werden zB auch angesehen: Alarmanlage in einer Eigentumswohnung (OLG München MDR 1979, 934); Baumaterial auf einem Baugrundstück (BGHZ 58, 312); Kohlevorräte einer Fabrik (RGZ 77, 38); Maschinen auf einem Fabrikgrundstück (BGH NJW 1979, 2514); Orgel in einer Kirche (RG JW 1910, 466); Zuchthengst auf einem Reiterhof (AG Oldenburg DGVZ 1980, 94).

§ 4. Das Grundbuch

I. Die Grundbuchführung

Grundbuchämter, die das Grundbuch führen, sind die Amtsgerichte für die in ihrem Bezirk liegenden Grundstücke (§ 1 GBO).

Innerhalb des Amtsgerichtsbezirks werden Grundbuchbezirke gebildet, für die die Grundbücher geführt werden (§ 2 Abs. 1 GBO). Diese Bezirke sind in der Regel die Gemeindebezirke (§ 1 GBVfg).

II. Das Grundbuchblatt

Das Grundbuchblatt ist als Grundbuch im Sinne des BGB anzusehen (§ 3 Abs. 1 Satz 2 GBO).

Die Grundbücher werden grundsätzlich nach dem Prinzip des

Realfoliums geführt, d. h. jedes Grundstück erhält im Grundbuch eine besondere Stelle, das Grundbuchblatt (§ 3 Abs. 1 Satz 1 GBO). Unter bestimmten Voraussetzungen (§ 4 GBO) kann für mehrere Grundstücke auch ein gemeinschaftliches Grundbuchblatt geführt werden.

Das Grundbuchblatt besteht aus Aufschrift, Bestandsverzeichnis und drei Abteilungen und diese Abteilungen wiederum sind in Spalten eingeteilt (§§ 4 bis 11 GBVfg). Die erste Abteilung gibt Auskunft über die Eigentumsverhältnisse am Grundstück (§ 9 GBVfg). In der dritten Abteilung werden Hypotheken, Grundschulden und Rentenschulden einschließlich der sich auf diese Rechte beziehenden Vormerkungen und Widersprüche eingetragen (§ 11 GBVfg). Die zweite Abteilung enthält alle sonstigen Belastungen, Beschränkungen des Verfügungsrechts des Eigentümers sowie die das Eigentum betreffenden Vormerkungen und Widersprüche und Grundbuchvermerke, die in besonderen Verfahren, zB im Enteignungsverfahren, vorgesehen sind (§ 10 GBVfg).

III. Bedeutung des Grundbuchs

Das Grundbuch gibt Auskunft über die privatrechtlichen Rechtsverhältnisse am Grundstück. Es ist deshalb für die Rechte am Grundstück, die Eintragung im Grundbuch ganz wesentlich. Die Eintragung im Grundbuch hat vor allem in den folgenden Fällen Bedeutung: Sie ist für Rechtsbegründungen und Rechtsänderungen erforderlich (§§ 873, 875 BGB); es besteht eine gesetzliche Vermutung für die Richtigkeit des Grundbuchs (§ 891 BGB); der öffentliche Glaube des Grundbuchs (§§ 892, 893 BGB) ermöglicht einen Rechtserwerb auf Grund guten Glaubens und zwar selbst bei grober Fahrlässigkeit. Anders als bei beweglichen Sachen (§ 932 Abs. 2 BGB) schließen nur ein eingetragener Widerspruch oder die positive Kenntnis von der Unrichtigkeit des Grundbuchs einen gutgläubigen Rechtserwerb aus (vgl. zu diesen Grundsätzen zB Kuntze/Ertl/Hermann/Eickmann, Grundbuchrecht Einl. A 8).

IV. Voraussetzungen für die Eintragung

Eintragungen im Grundbuch erfolgen nach einem abstrakten und formalen Prinzip.

Grundsätzlich erforderlich ist ein Antrag, den jedermann stellen kann, dessen Recht von der Eintragung betroffen wird oder zu dessen Gunsten diese erfolgen soll (§ 13 GBO). Nach § 19 GBO muß die Eintragung von demjenigen, dessen Recht betroffen wird, bewilligt werden. Wird die Bewilligung verweigert, obwohl auf Abgabe dieser Erklärung ein Anspruch besteht, muß hierzu der Klageweg bestritten werden; das Grundbuchamt kann insoweit nicht tätig werden. Der Grundsatz der Voreintragung besagt, daß derjenige, dessen Recht betroffen ist, der also die Bewilligungserklärung abgibt, bereits als Berechtigter im Grundbuch eingetragen sein soll (§ 39 Abs. 1 GBO). Schließlich soll nach § 29 Abs. 1 GBO eine Eintragung nur vorgenommen werden, wenn die erforderlichen Erklärungen durch öffentliche oder öffentlich beglaubigte Urkunden nachgewiesen werden.

Bei den genannten Vorschriften handelt es sich jedoch nur um Sollvorschriften. Das Grundbuchamt kann und soll die Eintragung ablehnen, wenn eine dieser Voraussetzungen fehlt. Eine gleichwohl erfolgte Eintragung ist jedoch wirksam.

Das der Eintragung zugrunde liegende schuldrechtliche Geschäft wird nur in Ausnahmefällen geprüft (vgl. die Aufstellung der Einzelfälle bei Kuntze/Ertl/Hermann/Eickmann, Grundbuchrecht Einl. A 42).

§ 5. Verträge über Grundstücke

I. Notarielle Beurkundung

Das BGB geht grundsätzlich davon aus, daß der Abschluß von Verträgen formfrei möglich ist. Für manche Rechtsgeschäfte aber schreibt das Gesetz die Einhaltung bestimmter Formen vor, um

– den Vertragsparteien die Tragweite des Vertrages bewußt werden zu lassen und sie vor Übereilung zu schützen (Warnungsfunktion);

– für Zweifels- und Streitfälle eine sichere Beweisunterlage
durch eine Urkunde zu schaffen (Beweisfunktion);
– unverbindliche Vorverhandlungen gegenüber dem tatsächlichen Vertragsschluß abzugrenzen.

Man unterscheidet die Schriftform, die öffentliche Beglaubigung
einer Unterschrift sowie die notarielle Beurkundung des ganzen
Vertrages.

Gemäß § 313 Satz 1 BGB bedürfen Verträge der notariellen
Beurkundung, die eine Verpflichtung zur Übertragung oder
zum Erwerb eines Grundstücks begründen. Verkäufer und Käufer können zwar wie bei jedem anderen Kaufvertrag die Kaufvertragsurkunde selbst entwerfen oder vor Vertragsschluß prüfen lassen, beim Vertragsschluß muß jedoch der Notar anwesend
und beratend tätig sein. Die Überprüfung des Kaufvertrages
durch den Notar, der dann beim Vertragsschluß nicht mehr dabei ist, reicht nicht aus. Die Kaufvertragsurkunde muß samt Anlagen vom Notar oder zumindest in Anwesenheit des Notars
(BGH NJW 1975, 940) und aller Beteiligten vorgelesen werden,
§ 13 BeurkG. Wird eine Karte oder ein Lageplan als Anlage bei-
gefügt, ist diese zur Durchsicht vorzulegen, § 13a Abs. 4 BeurkG. Um die Anwesenheit und auch die zur Formgültigkeit
des Grundstückskaufvertrages notwendige Mitwirkung des Notars zu dokumentieren, hat auch dieser – neben dem Verkäufer
und dem Käufer – den Vertrag eigenhändig zu unterschreiben,
§ 13 Abs. 3 BeurkG. Der Käufer sollte sich vor Vertragsabschluß einen Grundbuchauszug aushändigen lassen, um nicht
bei der Beurkundung neuen, ihm nicht bekannten Tatsachen
ausgesetzt zu sein. Der Notar ist verpflichtet, unmittelbar vor
der Beurkundung das Grundbuch einzusehen und die Parteien
hierüber aufzuklären, § 21 BeurkG. Verzichten alle Beteiligten
hierauf, so muß der Notar über die hiermit verbundenen Gefahren belehren (OLG Hamm VersR 1979, 676). Der notariellen
Beurkundung steht ein gerichtlicher Vergleich, der in ein nach
den Vorschriften der ZPO errichtetes Protokoll aufgenommen
wird, gleich, § 127a BGB.

Im einzelnen müssen folgende Rechtsgeschäfte notariell beurkundet werden:
– Verträge, die nur die bedingte Verpflichtung zur Übertragung
oder den Erwerb eines Grundstücks begründen (RGZ 1969,
70), so zB ein Kaufanwärtervertrag, oder die Verpflichtung

zur Veräußerung zu einem späteren Zeitpunkt oder an einen
später zu bestimmenden Dritten (BGH NJW 1983, 1545).
– Verträge, nach denen ein Hauptvertrag mit der Verpflichtung,
  ein Grundstück zu übertragen oder zu erwerben, abzuschließen ist.
  Zu Vorverträgen kommt es, wenn dem Abschluß des Haupt-
  vertrages noch rechtliche oder tatsächliche Hindernisse entgegenstehen, so zB wenn der Preis für das Grundstück erst
  aufgrund eines Sachverständigengutachtens ermittelt werden
  soll (RGZ 169, 189; Palandt/Heinrichs, Einf. vor § 145
  Anm. 4 b).
– Verträge, durch die Miteigentumsanteile an einem Grundstück
  (RG Warn. 25, 19) oder Wohnungseigentum (§ 4 Abs. 3 WEG)
  übertragen oder erworben werden, oder die die Verpflichtung
  enthalten, ein Erbbaurecht zu übertragen, zu bestellen oder zu
  erwerben (§ 11 ErbRVO).
– Verträge, die die Verpflichtung zur Veräußerung eines Han-
  delsgeschäfts enthalten, wenn zu diesem ein Grundstück gehört.
– Kaufverträge über ausländische Grundstücke, wenn die Partei-
  en die Anwendung deutschen Rechts vereinbart haben (BGHZ
  73, 394).
– Verträge, in denen sich der Eigentümer gegenüber einem Makler zum Verkauf an einen nachgewiesenen Interessenten verpflichtet (BGH NJW 1970, 1915), denn der Formzwang wird
  nicht davon berührt, daß die Übertragung nicht an den Ver-
  tragspartner, sondern an einen Dritten erfolgen soll (RGZ 162,
  84).
– Verträge mit Erwerbsinteressenten, die für den Fall des Nicht-
  erwerbs eine Vertragsstrafe oder eine Provision versprechen.
– Die Abtretung des Anwartschaftsrechts des Auflassungsempfängers, das dadurch entsteht, daß der Käufer nach erklärter
  Auflassung selbst den Eintragungsantrag nach § 17 GBO beim
  Grundbuchamt stellt.
– Ein Auftrag, aus dem sich eine Erwerbspflicht des Auftraggebers ergibt. Dies ist zB der Fall, wenn der Betreuer im Rahmen
  eines Bauherrenmodells beauftragt wird, im Namen und in
  Vollmacht des Auftraggebers ein Grundstück zu erwerben, da
  dann der Beauftragte in offener Stellvertretung für den Auftraggeber auftritt und den Grundstückskaufvertrag mit unmit-

telbarer Wirkung für den Auftraggeber abschließt (BGH NJW 1985, 730).

Der Auftrag zur Beschaffung eines Grundstücks dagegen bedarf keiner Form. In diesem Fall schließt der Beauftragte den Grundstückskaufvertrag nicht mit unmittelbarer Wirkung für den Auftraggeber ab, sondern die Verpflichtung des Beauftragten zur Übereignung des Grundstücks ergibt sich aus § 667 BGB; denn der Beauftragte ist verpflichtet, dem Auftraggeber alles, was er aus der Geschäftsbesorgung erlangt hat, herauszugeben. Die Pflicht zur Übereignung des Grundstücks an den Auftraggeber besteht daher nur als gesetzliche Folge des erfüllten Auftrags und nicht aufgrund einer Abrede zwischen den Parteien. § 313 BGB gilt aber nur, wenn sich die Verpflichtung zur Übertragung oder zum Erwerb eines Grundstücks aus einem Rechtsgeschäft ergibt, nicht dagegen, wenn die Verpflichtung kraft Gesetzes besteht (BGH Betr. 1973, 1502).

Zur Wirksamkeit bedürfen der notariellen Beurkundung weiter nicht:
– Die Abtretung des Anspruchs auf Übereignung eines Grundstücks, der sich für den Käufer aus dem notwendig notariell beurkundeten Kaufvertrag gegen den Veräußerer ergibt, weil es sich bei der Abtretung um ein Verfügungsgeschäft handelt, für das § 313 BGB nicht gilt (BGHZ 89, 45).
Auch der Vertrag, der die Verpflichtung zur Abtretung des Auflassungsanspruchs begründet, ist ohne notarielle Beurkundung wirksam, da er lediglich zur Veräußerung oder zum Erwerb des schuldrechtlichen Auflassungsanspruchs und nicht zur Übertragung des Eigentums am Grundstück verpflichtet (BGH Betr. 1984, 713).
– Die Wandelung eines erfüllten Grundstückskaufvertrages oder der Rücktritt von einem erfüllten Grundstückskaufvertrag; denn hier ergibt sich – ähnlich wie beim Auftrag – die Verpflichtung zur Rückübereignung des Grundstücks aus dem Gesetz, § 467, § 346 Satz 1 BGB.

§ 313 BGB erstreckt sich aber auch auf solche Verträge, die eine Verpflichtung zur Übertragung oder zum Erwerb eines Grundstücks beinhalten und nicht nur auf solche Verträge, bei denen diese Verpflichtung Hauptgegenstand ist, z.B. bei Kauf und Tausch.

Daher sind auch folgende Verträge notariell zu beurkunden:

– Ein Gesellschaftsvertrag, durch den ein Gesellschafter dazu' verpflichtet wird, ein Grundstück in die Gesellschaft einzubringen. Dasselbe gilt, wenn eine Gesellschaft zum Zweck des Erwerbs oder der Veräußerung eines Grundstücks gegründet wird.

– Die Übernahme der Verpflichtung des Verkäufers zur Übereignung oder der Erwerbspflicht des Käufers im Wege der befreienden Schuldübernahme, §§ 414 ff. BGB.
Die Übernahme der Kaufpreiszahlungspflicht dagegen ist formfrei möglich, da sie nicht auf den Erwerb oder die Veräußerung von Grundbesitz gerichtet ist (MünchKomm/Kanzleiter § 313 RdNr. 29).

– Die Annahme eines Schenkungsversprechens, durch das die Übereignung eines Grundstücks versprochen wird, denn in diesem Fall geht § 313 BGB dem § 518 BGB vor, der nur für das Schenkungsversprechen selbst die notarielle Form vorschreibt.

– Die Auseinandersetzung einer Miterbengemeinschaft, wenn ein Grundstück in den Nachlaß fällt. Dies gilt sowohl für den Fall, daß einem Miterben das alleinige Eigentum an dem Grundstück übertragen werden soll, als auch für die Abrede, daß das Gesamthandseigentum in Bruchteilseigentum umgewandelt werden soll.

– Die unwiderrufliche Vollmacht zum Erwerb oder zur Veräußerung eines Grundstücks.
Grundsätzlich ist die Vollmacht als nur vorbereitendes Rechtsgeschäft formfrei, § 167 Abs. 2 BGB: im Falle der unwiderruflichen Vollmacht tritt aber für den Vollmachtgeber eine Bindung ein, als hätte er das Grundstück bereits verkauft oder erworben. Der Vollmachtgeber bedarf also des Schutzes durch § 313 BGB.
Ist die Vollmacht Teil eines einheitlichen Erwerbs- oder Veräußerungsvertrages, so ergibt sich die Formbedürftigkeit der Vollmacht daraus, daß sich die für den Vertrag gegebene Formpflicht auch auf sie erstreckt (RGZ 103, 300).

Von der Formbedürftigkeit einzelner Rechtsgeschäfte – also der Frage, welche Rechtsgeschäfte zu ihrer Wirksamkeit der notariellen Beurkundung bedürfen – ist der Umfang des Formzwangs zu unterscheiden.

Das Beurkundungserfordernis erstreckt sich nicht nur auf die

Veräußerungs- und Erwerbsverpflichtung, sondern auf den Vertrag im ganzen (BGH NJW 1974, 271). Ist ein Grundstücksgeschäft formbedürftig, so müssen alle Vereinbarungen, aus denen sich nach dem Willen der Vertragsparteien das schuldrechtliche Geschäft zusammensetzt, beurkundet werden (BGHZ 74, 348). Hierher zählt z. B. die Zusicherung über die Schwammfreiheit eines Hauses, seine Rendite oder die Bebaubarkeit eines Grundstücks. Das gleiche gilt für Pläne, Zeichnungen usw., da dadurch der Umfang der Veräußerungspflicht nicht nur erläutert, sondern inhaltlich bestimmt wird, §§ 9 Abs. 1 Satz 3, 13 Abs. 1 Satz 1 BeurkG.

Auch die Baubeschreibung muß notariell beurkundet werden, da sich aus ihr der Pflichtenumfang einer Vertragspartei ergibt (BGH NJW 1979, 1984).

Auch eine Abrede über die Anrechnung einer Vorauszahlung auf die beurkundete Kaufpreisforderung unterfällt der Beurkundungspflicht. Eine solche Abrede hat nämlich rechtserzeugende Bedeutung, weil im Zeitpunkt der Vorauszahlung die Kaufpreisforderung noch nicht besteht und die Vorauszahlung daher nicht schon von selbst die Kaufpreisschuld tilgt (BGH Betr. 1984, 712).

Haben die Parteien bewußt einen zu niedrigen Kaufpreis (Schwarzkauf) beurkunden lassen, so ist der beurkundete Vertrag als Scheingeschäft nichtig, § 117 BGB. Der wirklich gewollte höhere Kaufpreis ist nicht beurkundet, die diesbezügliche Abrede wegen Formmangels nichtig, § 125 BGB.

Ist der Vertrag unvollständig beurkundet, führt dies auf jeden Fall zur Nichtigkeit des nichtbeurkundeten Teils. Die Wirksamkeit des Vertragsrestes richtet sich nach dem Parteiwillen, § 139 BGB.

Die Aufhebung des Verpflichtungsgeschäfts beinhaltet, soweit sie vor der Auflassung stattfindet, keine Verpflichtung zur Verfügung über das Grundstück und ist daher nicht formbedürftig. Nach erfolgter Auflassung bedarf die Aufhebung des Vertrages dagegen der Form des § 313 BGB, da insoweit die bereits erlangte dingliche Rechtsposition des Erwerbers, nämlich das Anwartschaftsrecht des Auflassungsempfängers rückgängig gemacht wird (BGHZ 83, 399).

Die Änderung eines notariell abgeschlossenen Kaufvertrages ist grundsätzlich formbedürftig, soweit sie eine Regelung des ursprünglichen Vertrages betrifft (BGH NJW 1974, 271). Lediglich solche Änderungen, die weder die Übereignungs- noch die Abnahmepflicht erweitern, sind formfrei, zB eine Stundungsabrede, die Verlängerung der Frist für ein Wiederkaufsrecht (BGH NJW 1973, 37) oder für ein Rücktrittsrecht (BGHZ 66, 270).

Die Abänderung eines Grundstückskaufvertrages ist nach der Auflassung, auch noch vor der Eigentumsumschreibung stets formlos möglich (BGH NJW 1985, 266), weil die Übereignungs- und Erwerbspflicht aus dem Kaufvertrag mit Erklärung der Auflassung durch Erfüllung erloschen sind.

Dies ist von großer praktischer Bedeutung, da in den von Notaren entworfenen Grundstückskaufverträgen idR zugleich die Erklärung der Auflassung vorgesehen ist und der Notar von den Parteien angewiesen ist, den Eintragungsantrag beim Grundbuchamt erst zu stellen, wenn die Kaufpreiszahlung nachgewiesen ist. In der Zwischenzeit kann somit der formbedürftige Kaufvertrag mit Auflassungserklärung durch eine privatschriftliche Vereinbarung zwischen Verkäufer und Käufer geändert, zB bezüglich der Zahlungsbedingungen modifiziert werden (BGH. aaO).

Das gilt natürlich ebenso für Änderungen nach Auflassung und Eintragung (Palandt/Heinrichs § 313 Anm. 10 c).

Ist die Form der notariellen Beurkundung nicht beobachtet worden, so ist der Vertrag seinem ganzen Inhalt nach nichtig, § 125 BGB.

Beim Grundstückskaufvertrag ist gesetzlich vorgesehen, daß die Erfüllung des Vertrages den Formmangel heilt, § 313 Satz 2 BGB. Ein nicht formgerecht abgeschlossenes Verpflichtungsgeschäft wird seinem ganzen Inhalt nach gültig, wenn die Auflassung erklärt und in das Grundbuch eingetragen wird. Geheilt aber wird nur der Formmangel, nicht die Mängel in der Geschäftsfähigkeit, Verfügungsbeschränkungen oder eine fehlende vormundschaftsgerichtliche Genehmigung.

Die Heilungswirkung erstreckt sich auf den gesamten Inhalt des Vertrages einschließlich aller mündlichen und schriftlichen Nebenabreden, also zB auch die Abrede über die Zahlung eines Schwarzkaufpreises. Der Vertrag wird nicht rückwirkend gültig (BGH NJW 1983, 1545).

Die Berufung auf einen Formmangel kann im Einzelfall gegen

Treu und Glauben verstoßen. Zwar gilt zunächst der Grundsatz, daß ein Verstoß gegen Treu und Glauben nicht vorliegt, wenn sich jemand auf Formmängel beruft. Denn dann werden nur die Rechtsfolgen geltend gemacht, die nach der gesetzlichen Regelung des § 125 BGB eintreten sollen. Jedoch sind in besonders liegenden Fällen Ausnahmen zulässig, wenn es nämlich nach dem Verhältnis der Parteien zueinander und den gesamten Umständen mit Treu und Glauben unvereinbar wäre, die vertragliche Abrede am Formmangel scheitern zu lassen (BGH NJW 1969, 1169). Die Rechtsprechung ist in diesem Punkt aber sehr streng: Das durch die Berufung auf den Formmangel eintretende Ergebnis muß für die betroffene Partei nicht bloß hart, sondern schlechthin untragbar sein (BGHZ 48, 398).

Wer den Formmangel schuldhaft herbeigeführt oder gar arglistig den formgerechten Abschluß verhindert hat, ist nicht berechtigt, sich auf die Nichtigkeit zu berufen.

II. Inhalt des Grundstückskaufvertrages

Im Kaufvertrag muß das Kaufobjekt, das Grundstück, durch die Wiedergabe des Grundbuchstandes individualisierbar beschrieben sein. Anzugeben sind die Fundstelle im Grundbuch (Grundbuch des Amtsgerichts ... Band ... Blatt ...) oder die genaue katastermäßige Bezeichnung (FlurNr. ... der Gemarkung ...), ggf. auch der Straßenname, die im Grundbuch eingetragenen Eigentümer und Belastungen.

Der genaue Verlauf der Grundstücksgrenzen ergibt sich nicht aus dem Grundbuch, sondern aus dem Grundstückskataster, das vom Katasteramt erstellt und geführt wird. Der Käufer sollte sich deshalb vor Kaufvertragsabschluß einen Lageplan des Katasteramtes aushändigen lassen.

Wird nur ein Teil eines Grundstücks verkauft, das noch nicht grundbuchmäßig und tatsächlich getrennt und vermessen ist, muß eine Nachtragsurkunde erstellt werden, in der die nach dem Kaufvertragsabschluß erfolgende Vermessung anerkannt wird. Ratsam ist es, bereits im Kaufvertrag die Folgen zu regeln, wenn die Vermessung ergibt, daß das von den Parteien angenommene Flächenmaß mit der tatsächlichen Größe des Grundstücksanteils nicht übereinstimmt.

Der Käufer ist verpflichtet, an den Verkäufer den vereinbarten Kaufpreis zu bezahlen, der wahrheitsgemäß in seiner vollen Höhe im Kaufvertrag beurkundet werden muß.

Die Fälligkeit richtet sich entweder nach einem kalendermäßig bestimmten Zeitpunkt oder nach bestimmten, im Kaufvertrag festgelegten Voraussetzungen, die der Sicherung des Käufers dienen sollen. IdR wird die Fälligkeit des Kaufpreises von der Eintragung einer Auflassungsvormerkung („8 Tage nach Mitteilung von der Eintragung der Auflassungsvormerkung") und von der Löschung nicht übernommener Belastungen abhängig gemacht. Ist eine Vereinbarung nicht getroffen, ist der Kaufpreis sofort zur Zahlung fällig, § 271 Abs. 1 BGB.

Üblich ist es, bereits im Kaufvertrag die Höhe der vom Käufer zu zahlenden Zinsen für den Fall, daß dieser nicht zum Zeitpunkt der Fälligkeit leistet, für die Dauer bis zum Zahlungseingang zu vereinbaren. Fehlt eine Vereinbarung, ist der Kaufpreis ab Eintragung des Käufers als Eigentümer im Grundbuch oder mit Übergabe des Kaufobjektes – der frühere Zeitpunkt ist maßgeblich – mit 4% zu verzinsen. Hiervon sind Verzugszinsen zu unterscheiden, die der Käufer nach Mahnung zu bezahlen hat, § 288 Abs. 1 Satz 1 BGB.

Üblich ist weiter die Erklärung des Käufers im Kaufvertrag, daß er sich wegen seiner Zahlungsverpflichtung der sofortigen Zwangsvollstreckung aus dieser Urkunde in sein gesamtes Vermögen unterwirft. Aus dieser Urkunde kann der Grundstücksverkäufer nach § 794 Abs. 1 Nr. 5 ZPO ohne vorheriges Gerichtsverfahren sofort die Zwangsvollstreckung betreiben.

Der Käufer erlangt mit dem Abschluß des Kaufvertrages erst einen Anspruch auf Übertragung des Eigentums am Grundstück, Eigentümer wird er erst mit der Eintragung im Grundbuch, § 873 BGB. In der Zeit zwischen Kaufvertragsabschluß und Eintragung des Käufers als Grundstückseigentümer im Grundbuch könnte der Verkäufer somit das Grundstück noch einmal an einen Dritten verkaufen; wird dieser dann im Grundbuch eingetragen, so wird er – und nicht der Erstkäufer – Grundstückseigentümer.

Bewilligt der Verkäufer daher zugunsten des Käufers die Eintragung einer sog. Auflassungsvormerkung im Grundbuch, was in der Regel im Kaufvertrag erfolgt, so wird der Käufer mit deren Eintragung gegen diese Risiken abgesichert (vgl. § 6).

Wird die Fläche eines noch herauszumessenden Grundstücks im Kaufvertrag mit ,,ca.'' angegeben, so ist dies die Zusicherung einer Eigenschaft (BGH WPM 1978, 1291). Von der Haftung für Sachmängel oder fehlende zugesicherte Eigenschaften wird der Verkäufer frei, wenn der Käufer den Mangel bei Vertragsabschluß kannte oder infolge grober Fahrlässigkeit nicht kannte, § 460 BGB. Nur bei Zusicherung der Abwesenheit dieses Fehlers oder bei arglistiger Täuschung haftet der Verkäufer trotzdem für diesen Mangel.

Neben den gesetzlich geregelten Rücktrittsmöglichkeiten können die Parteien auch dann von dem Kaufvertrag zurücktreten, wenn sie sich dieses Recht vertraglich vorbehalten haben. Beim Kauf von Grundstücken zum Zwecke der Bebauung ist es zweckmäßig, daß sich der Käufer – soweit die Bebaubarkeit ungeklärt ist – den Rücktritt für den Fall vorbehält, daß bis zu einem bestimmten Termin eine Baugenehmigung nicht erteilt ist.

Nach der gesetzlichen Regelung hat der Käufer die Kosten der Beurkundung des Kaufvertrages und der Auflassung, die Grunderwerbsteuer, die Gebühren der Eintragung von Auflassungsvormerkungen und Auflassungen im Grundbuch zu tragen. Der Verkäufer trägt die Kosten der Löschung nicht vom Käufer übernommener Belastungen sowie etwaig anfallende Vermessungskosten. Die Parteien können aber vertraglich etwas anderes bestimmen, zB daß Käufer und Verkäufer die Kosten je zur Hälfte tragen.

§ 6. Die Vormerkung

I. Zweck der Vormerkung

Wenn ein Grundstück notariell verkauft worden ist, hat der Käufer erst einen schuldrechtlichen Eigentumsverschaffungsanspruch, ist also noch nicht Eigentümer. Der Verschaffungsanspruch wirkt überdies nur zwischen den Parteien, nicht gegen Dritte – wie das Eigentumsrecht – (§§ 433, 241 BGB). Meistens wird mit der Beurkundung des Kaufvertrages auch die Auflassung vollzogen (§§ 873, 925 BGB). Jedoch kann der Vollzug der schuldrechtlichen Einigung und der Auflassung auseinanderfallen. Der Käufer will sich zB durch den notariellen Kaufvertrag das Grundstück sichern, im Einvernehmen mit dem Verkäufer die Auflassung aber erst vollziehen, wenn sein Bausparvertrag fällig geworden ist. In diesem Falle steht dem Käufer ein Auflassungsanspruch im eigentlichen Sinne zu.

Der Abbruch von Verhandlungen über den Abschluß eines Grundstücksveräußerungsvertrages durch den einen Partner ohne vorangegangenes Verschulden begründet eine Schadensersatzpflicht aus Verschulden beim Vertragsschluß auch dann nicht ohne weiteres, wenn der Abbrechende weiß, daß der andere Partner in Erwartung des Vertragsschlusses erhebliche Aufwendungen gemacht hat. Im übrigen ist eine Haftung wegen Verschuldens bei Vertragsverhandlungen auch bei formbedürftigen Verträgen möglich (BGH, Urteil vom 18. 10. 1974 – V ZR 17/ 73).

Wird mit dem notariellen Kaufvertrag auch die Auflassung vollzogen, so hat der Käufer nur einen Anspruch auf Vollzug des Eigentumserwerbs. Aber auch in diesem Falle spricht man ungenau von einem Auflassungsanspruch.

Wenn auch der Veräußerer an die dingliche Einigung gebunden ist (§ 873 Abs. 2 BGB), tritt damit für ihn keine Verfügungsbeschränkung ein. Er hat weiter die uneingeschränkte Herrschaftsmacht über sein Grundstück und kann daher mit diesem nach Belieben verfahren (§ 903 BGB). Aus dem notariell beurkundeten Verpflichtungsgeschäft ergibt sich für den Verkäufer nur das Gebot ,,Du sollst''; er kann aber auch noch anders verfahren, macht sich dann allerdings wegen schuldhafter Vertragsverletzung dem Käufer schadenersatzpflichtig.

Damit wird die Gefahrlage für den Käufer deutlich. Er muß sich gegen eine etwaige Vertragsuntreue seines Verkäufers absichern. Ebenso besteht das Bedürfnis nach einer Absicherung für den Fall, daß der Verkäufer in Konkurs fällt oder die Zwangsversteigerung des verkauften Grundstücks betrieben wird. Endlich kann ein Gläubiger des Verkäufers auf Grund eines Vollstreckungstitels oder eines dinglichen Attests auf das verkaufte Grundstück eine Zwangs- oder Arresthypothek eintragen lassen.

Zur Vermeidung einer eigenen Inanspruchnahme aus schuldhafter Amtspflichtverletzung gemäß § 19 BNotO belehrt der beurkundende Notar die Beteiligten über eine mögliche gefahrvolle Entwicklung. Zugleich weist er die Beteiligten darauf hin, daß es sich unbedingt empfiehlt, solche Risiken durch Eintragung einer Vormerkung in das Grundbuch auszuschalten.

II. Eintragung der Vormerkung

Zur Sicherung des Anspruchs auf Einräumung oder Aufhebung eines Rechtes an einem Grundstück oder an einem das Grundstück belastenden Rechte oder auf eine Änderung des Inhalts oder des Ranges eines solchen Rechtes kann eine Vormerkung in das Grundbuch eingetragen werden. Die Eintragung einer Vormerkung ist auch zur Sicherung eines künftigen oder eines bedingten Anspruchs zulässig (§ 883 Abs. 1 BGB).

Die Eintragung einer Vormerkung kann erfolgen:

a) auf Grund einer (gerichtlichen) einstweiligen Verfügung;

b) auf Grund einer öffentlich beglaubigten Bewilligung desjenigen, dessen Grundstück oder dessen Recht von der Vormerkung betroffen wird (§ 885 Abs. 1 S. 1 BGB);

c) auf Grund eines vorläufig vollstreckbaren Urteils zur Abgabe einer Willenserklärung, sofern wegen der titulierten Forderung eine Eintragung in das Grundbuch erfolgen kann (§ 895 ZPO).

Während grundsätzlich zum Erlaß einer einstweiligen Verfügung der Anspruch und die Gefährdung durch präsente Beweismittel glaubhaft zu machen sind (§§ 920 Abs. 2, 936, 292 ZPO), ist zur Erlassung einer einstweiligen Verfügung, auf Grund deren eine Vormerkung im Grundbuch eingetragen werden soll, nicht erforderlich, daß eine Gefährdung des zu sichernden Anspruchs glaubhaft gemacht wird (§ 885 Abs. 1 S. 2 BGB). Dies folgt daraus, daß die Gefährdung offenkundig ist, denn der Grundstücksverkäufer kann trotz des notariellen Verkaufs als Eigentümer mit dem Grundstück nach Belieben verfahren (§ 903 BGB).

Eine Vormerkung wird im Grundbuch in der Abteilung eingetragen, in der auch das endgültige Recht vermerkt wird. Demnach

erfolgt die Eintragung einer Vormerkung, die den Anspruch auf
Bestellung eines Nießbrauchs oder einer Dienstbarkeit absichert,
in Abteilung II des Grundbuchs, die Eintragung einer Vormerkung zur Absicherung des Anspruchs auf Bestellung einer Hypothek oder einer Grundschuld in Abteilung III des Grundbuchs.
Die Abteilung I des Grundbuchs gibt Auskunft über den Eigentümer des Grundstücks. Diese Abteilung soll für den Laien über-
sichtlich und leicht verständlich sein. Deshalb erfolgt die Eintragung einer Auflassungsvormerkung in der Abteilung II des
Grundbuchs (vgl. S. 13).

III. Wirkung der Vormerkung

Das Wesen der Vormerkung ist rechtstheoretisch umstritten.
Sie ist ein Sicherungsmittel mit teils dinglicher Wirkung (RGZ
151, 392; Reinicke NJW 1964, 2374; Wunner NJW 1969, 113).
Eine Grundbuchsperre tritt nicht ein.

1. Rechtsgeschäftliche Verfügungen

Eine Verfügung, die nach Eintragung der Vormerkung über
das Grundstück oder das Recht getroffen wird, ist insoweit unwirksam, als sie den Anspruch vereiteln oder beeinträchtigen
würde. Dies gilt auch, wenn die Verfügung im Wege der
Zwangsvollstreckung oder der Arrestvollziehung oder durch
den Konkursverwalter erfolgt (§ 883 Abs. 2 BGB). Die den
Anspruch vereitelnde oder beeinträchtigende Verfügung ist relativ unwirksam. Damit verschafft die Vormerkung dem künftigen dinglichen Rechtsverhältnis bereits Wirksamkeit gegen
Dritte und bestimmt auch die Rangordnung (§ 883 Abs. 3
BGB).
Alle Verfügungen, die nach der Eintragung der Vormerkung
getroffen werden, ergehen unter der stillschweigenden Klausel,
daß sie ungültig sind, soweit sie dem vorgemerkten Anspruch im
Wege stehen. Voraussetzung hierfür ist, daß es sich um eine Verfügung handelt. Das Wesen der Verfügung besteht in dem Eintritt
einer unmittelbaren Rechtsänderung. Wer sein Grundstück mit
einer Hypothek, einem Nießbrauch oder einem Wegerecht belastet, verfügt über das Grundstück.
Umstritten ist die bedeutsame Frage, ob die Auflassungsvor-

merkung auch bei Vermietung oder Verpachtung eines Grundstücks mit Besitzeinräumung wirkt. Bejaht man diese Frage, so
würde der Gläubiger des Auflassungsanspruchs nach Erwerb des
Eigentums nicht in den Mietvertrag eintreten, während sonst der
Grundsatz gilt, daß eine Übereignung den besitzenden Mieter
nicht vertreibt (§ 571 BGB). Der BGH (BGHZ 13, 1) hat entgegen einer weit verbreiteten Meinung die entsprechende Anwendung des § 883 Abs. 2 S. 1 BGB verneint und die Frage damit
i. S. der Gültigkeit des Mietanspruchs entschieden. Dieser Auffassung könnte man entgegenhalten, daß damit der Mieter als
schuldrechtlich Berechtigter einen größeren Rechtsschutz genießt
als der dinglich berechtigte Nießbraucher. Trotzdem muß man
sagen, daß der soziale Schutz, den § 571 BGB beabsichtigt, dem
Vormerkungsschutz vorgehen muß. Hinzukommt, daß der Mieter oder Pächter vor Abschluß des Vertrages das Grundbuch
nicht einzusehen pflegt.

2. Zwangsweise Verfügungen

Der rechtsgeschäftlichen Verfügung stehen zwangsweise Verfügungen (sog. Außenakte) gleich. Das ist für folgende Fälle bedeutsam:
Wenn ein Gläubiger des Grundstücksverkäufers die Zwangsvollstreckung in das verkaufte Grundstück betreiben will, so
steht der Anordnung der Zwangsversteigerung die Auflassungsvormerkung nicht entgegen. Der Vormerkungsberechtigte wird
als Beteiligter zu dem Verfahren zugezogen (§ 9 ZVG). Der vorgemerkte Anspruch ist in das geringste Gebot aufzunehmen (§ 48
ZVG). Der Ersteher muß also die Auflassungsvormerkung beachten.
Auch im Konkurs wirkt die Vormerkung wie das vorgemerkte
Vollrecht (§ 24 KO). Bei einer Auflassungsvormerkung kann der
Vormerkungsberechtigte vom Konkursverwalter die Auflassung
und Eintragung verlangen. Das Grundstück, das an sich zur Konkursmasse gehört, kann der Vormerkungsberechtigte aussondern
(§§ 1, 43 KO). Der Konkursverwalter hat kein Wahlrecht zwischen Erfüllung und Schadensersatz in Gestalt einer Konkursdi-
vidende. § 17 KO greift nicht Platz. Endet der Konkurs mit einem Zwangsvergleich, so bleiben die Rechte aus der Vormerkung
unberührt (§ 103 KO). Bei einer Vormerkung auf Eintragung

einer Hypothek kann der Vormerkungsberechtigte vom Konkursverwalter die Einigung über die Bestellung und die Eintragung der Hypothek verlangen. Das Grundpfandrecht gewährt im Konkurse ein Recht auf abgesonderte Befriedigung (§ 43 KO).

3. Beeinträchtigende Verfügungen

Hat der Vormerkungspflichtige beeinträchtigende Verfügungen vorgenommen, so stehen dem Vormerkungsberechtigten bei Fälligkeit des Anspruchs zwei Klagen offen:

Er kann den Verkäufer des Grundstücks auf Verschaffung der Zustimmung des Dritten, der nach der Eintragung der Vormerkung ein Recht an dem Grundstück erworben hat, verklagen. Er kann sich aber auch unmittelbar gegen den Dritten mit der Vormerkungsklage wenden, welcher die zur Eintragung oder Löschung erforderliche Zustimmung zu erteilen hat (§ 888 BGB), RGZ 108, 356.

Der Dritte kann aber gegenüber dem Anspruch aus § 888 BGB die aus dem persönlichen Rechtsverhältnis sich ergebenden Einreden geltend machen.

Dagegen ist der Vormerkungsberechtigte nicht verpflichtet, die Vormerkungsklage gegen den Dritten zu erheben. Bei Verzug des Verkäufers mit der Erfüllung des Kaufvertrages kann der Käufer gegen diesen lediglich nach § 326 BGB vorgehen. Nach fruchtloser Fristsetzung mit Ablehnungsandrohung kann er Schadenersatz wegen Nichterfüllung verlangen. Der Verkäufer kann ihm dann kein mitwirkendes Verschulden entgegenhalten, weil er es unterlassen habe, gegen den Dritten die Vormerkungsklage zu erheben (§ 254 BGB). § 888 BGB berechtigt den Vormerkungsberechtigten zu einem Vorgehen gegen den Dritten, verpflichtet ihn aber nicht dazu.

4. Haftung des Erben

Wie ist nun die Rechtslage, wenn der aus der Vormerkung Verpflichtete vor der Auflassung stirbt? Der Erbe haftet für die Nachlaßverbindlichkeiten. Dazu zählen vor allem die vom Erblasser herrührenden Schulden (§ 1967 BGB). Zunächst haftet der Erbe für die Nachlaßverbindlichkeiten auch mit seinem eigenen Vermögen. Jedoch hat er die Möglichkeit, die Haftung auf das ererbte Vermögen zu beschränken. Die Faustregel für die Erben-

haftung lautet daher: ,,Der Erbe haftet für die Nachlaßverbindlichkeiten unbeschränkt, aber beschränkbar.'' Eine Beschränkung
der Haftung auf den Nachlaß erreicht der Erbe vor allem durch
Anordnung von Nachlaßverwaltung oder Eröffnung des Nach-
laßkonkurses (§ 1975 BGB). Gleichwohl kann der Erbe, wenn
der Vormerkungspflichtige stirbt, sich gegenüber dem Vormerkungsberechtigten auf die beschränkte Erbenhaftung nicht berufen (§ 884 BGB). Auch wird ein durch Vormerkung geschützter
Gläubiger vom Aufgebot der Nachlaßgläubiger nicht betroffen
(§ 1971 BGB).

5. Verjährung

Eine eingetragene Vormerkung hindert nicht die Verjährung
des vorgemerkten Anspruchs. Steht demjenigen, dessen Grundstück oder dessen Recht von der Vormerkung betroffen wird,
eine Einrede zu, durch welche die Geltendmachung des durch die
Vormerkung gesicherten Anspruchs dauernd ausgeschlossen
wird, so kann er von dem Gläubiger die Beseitigung der Vormerkung verlangen (§ 886 BGB). Das ist bei der Verjährung der Fall.
An sich hindert die Verjährung der zugrundeliegenden
Forderung den Gläubiger nicht, seine Befriedigung aus einer Hypothek zu suchen (§ 223 BGB). Damit geht § 886 BGB dem § 223
BGB als Sonderregel vor.

IV. Gutgläubiger Erwerb der Vormerkung

Nehmen wir z. B. an, der im Grundbuch eingetragene Eigentümer habe infolge einer Anfechtung der Veräußerung durch den
Verkäufer wegen arglistiger Täuschung des Käufers das Eigentum
mit rückwirkender Kraft verloren (§§ 123, 142 BGB). Das
Grundbuch ist dann unrichtig, weil es die wirkliche Rechtslage
nicht wieder gibt. Hat der Bucheigentümer das Grundstück notariell einer Vormerkung bewilligt und beantragt und wurde die
Vormerkung im Grundbuch eingetragen, so entsteht die Frage,
ob der Zweiterwerber Eigentümer geworden ist.

Ein gutgläubiger Erwerb nach § 892 BGB entfällt, da die Vormerkung kein ,,Recht an einem Grundstück'' ist. Die Bewilligung
einer Vormerkung in Verbindung mit der Eintragung stellt aber
eine Verfügung über das Grundstück dar. Daher ist ein gutgläubi-

ger Erwerb der Vormerkung nach § 893 BGB möglich. Er würde
dagegen entfallen, wenn die Vormerkung auf Grund einer einstweiligen Verfügung im Grundbuch eingetragen worden wäre.

V. Abtretung

Wird der vorgemerkte Anspruch abgetreten, so geht die Vormerkung nach §§ 401, 413 BGB kraft Gesetzes auf den Zessionar
über. Die Umschreibung im Grundbuch hat nur die Bedeutung
einer Grundbuchberichtigung (RGZ 142, 331). Damit ist für einen gutgläubigen Erwerb der Vormerkung kein Raum, wenn der
Anspruch besteht, die Vormerkung aber nicht entstanden ist.

VI. Löschungsvormerkung und Löschungsanspruch

1. Löschungsvormerkung

In diesem Zusammenhang ist die Löschungsvormerkung zu
erwähnen. Hat der Eigentümer eines Grundstücks die durch eine
Hypothek abgesicherte Geldforderung getilgt oder bei der Siche-
rungsgrundschuld auf die Grundschuld bezahlt, so führt dies
nicht zum Erlöschen des Grundpfandrechts. Aus der Hypothek
wird vielmehr eine Eigentümergrundschuld (§ 1163 Abs. 1 Satz 2
BGB), die Fremdgrundschuld wird zur Eigentümergrundschuld.
Grundsätzlich wird zwar eine Zahlung des Eigentümers bei Kre-
ditinstituten auf die durch die Grundschuld abgesicherte
Forderung angerechnet. Alsdann bleibt das Kreditinstitut Inhaber der Grundschuld, da diese von einer Forderung unabhängig
ist (vgl. § 1192 BGB).

Hat der Eigentümer eine Eigentümergrundschuld an seinem
Grundstück erworben, so kann er damit in verschiedener Weise
verfahren. Er hat die Möglichkeit, die Hypothek als Eigentümergrundschuld auf sich umschreiben zu lassen und sie zu behalten,
er kann sie löschen lassen oder auf einen anderen übertragen.
Damit kann er das erworbene Grundpfandrecht anderweitig ein-
setzen. Insbesondere hat er die Möglichkeit, zur Absicherung
eines neuen Kredits das Grundpfandrecht an eine andere Bank
abzutreten.

Will er die Hypothek nur auf sich umschreiben oder löschen

lassen, dann bedarf er keiner Bewilligung des früheren Gläubigers, da dieser nicht mehr Inhaber des Grundpfandrechtes ist. Erforderlich ist eine öffentlich beglaubigte Quittung. Die löschungsfähige Quittung muß angeben, durch wen und wann die Tilgung erfolgte. Sie dient dem Nachweis der Unrichtigkeit des Grundbuchs, zu der es durch den gesetzlichen Übergang der Hypothek gekommen ist (§ 1163 Abs. 1 Satz 2 BGB). Zur Löschung bedarf es dann noch der Löschungsbewilligung des allein verfügungsberechtigten Eigentümers.

Den Gegensatz bildet eine Löschungsbewilligung. Die Löschungsbewilligung des eingetragenen Hypothekengläubigers genügt in Verbindung mit der Zustimmungserklärung des Eigentümers zur Löschung. Dies gilt auch dann, wenn die Hypothek nicht mehr dem eingetragenen Gläubiger zusteht (§ 27 GBO). Dem Grundbuchamt obliegt nicht die Prüfung, ob die Hypothek bezahlt ist oder warum sie sonst gelöscht werden soll (s. S. 14).

Die nachrangigen Gläubiger waren daran interessiert, ihre Rangstellung zu verbessern, indem der Eigentümer sich verpflichtete, vor- oder gleichrangige Rechte löschen zu lassen, sobald er sie erworben hat. Eine solche Verpflichtung wurde durch die Löschungsvormerkung gesichert.

Verpflichtet sich der Eigentümer einem anderen gegenüber, die Hypothek löschen zu lassen, wenn sie sich mit dem Eigentum in einer Person vereinigt, so kann zur Sicherung des Anspruchs auf Löschung eine Vormerkung in das Grundbuch eingetragen werden, wenn demjenigen, zu dessen Gunst die Eintragung vorgenommen werden soll,

1. ein anderes gleichrangiges oder nachrangiges Recht als eine Hypothek, Grundschuld oder Rentenschuld am Grundstück zusteht oder

2. Ein Anspruch auf Einräumung eines anderen Rechts oder auf Übertragung des Eigentums am Grundstück zusteht; der Anspruch kann auch ein künftiger oder bedingter sein (§ 1179 BGB).

Die Löschungsvormerkung erweitert materiell die Vormerkung gem. § 883 BGB. Der Schuldner des Löschungsanspruchs braucht noch nicht Inhaber des Rechtes zu sein. Außerdem ist eine Voreintragung des Betroffenen für die Eintragung nicht erforderlich (§ 39 GBO).

Durch die Löschungsvormerkung wird das Aufrückungsinter-

esse anderer dinglicher Berechtigter als Grundpfandgläubiger gesichert (Palandt/Bassenge § 1179 Anm. 1).

Schuldner ist der Eigentümer z. Zt. der Bestellung der Vormerkung.

Der Anspruch ist gerichtet auf Löschung, d. h. genauer Aufhebung eines Grundpfandrechtes für den Fall der Vereinigung mit
dem Eigentum. Die Vereinigung muß eine endgültige sein.

Die Löschungsvormerkung bewirkt, daß alle Verfügungen des
Eigentümers, die die Löschung beeinträchtigen könnten, dem
Vormerkungsberechtigten gegenüber relativ unwirksam sind
(§ 888 BGB). Sollte der Eigentümer wechseln, bleibt die Vormerkung bei Bestand.

2. Löschungsanspruch

Um die Grundbuchämter zu entlasten, ist die bisherige Löschungsvormerkung weitgehend durch einen gesetzlichen Löschungsanspruch ersetzt worden.

Der Gläubiger einer Hypothek, Grundschuld oder Rentenschuld kann von dem Eigentümer verlangen, daß dieser eine vor-
rangige oder gleichrangige Hypothek löschen läßt, wenn sie im
Zeitpunkt der Eintragung des Grundpfandrechtes des Gläubigers
mit dem Eigentum in einer Person vereinigt ist oder eine solche
Vereinigung später eintritt (§ 1179 a Abs. 1 BGB).

Der Grundpfandgläubiger kann auch die Löschung eines eigenen Rechts im Falle der Vereinigung verlangen (§ 1179 b BGB).
Ist eine Hypothek einer Bank zur Absicherung eines Kredites
bestellt und getilgt worden, so kann die Bank von dem Grundstückseigentümer die Löschung der Eigentümergrundschuld verlangen. Sie kann die Erteilung einer löschungsfähigen Quittung,
aus der sich ergeben müßte, durch wen und wann die Rückzahlung des Kredites erfolgt ist, verweigern und auf Löschung bestehen. Damit ist die Bank in die Lage versetzt, nach Rückzahlung
des Kredites abstrakte Löschungsbewilligungen auszustellen.

Der Löschungsanspruch gehört zum gesetzlichen Inhalt eines
Grundpfandrechtes. Soll der Anspruch ausgeschlossen oder beschränkt werden, so bedarf es einer in das Grundbuch einzutra-
genden Vereinbarung (§ 1179 a Abs. 5 BGB).

In drei Fällen entfällt der Löschungsanspruch:
1. Eine Hypothek, für welche die Erteilung des Hypotheken-

briefs nicht ausgeschlossen ist, steht bis zur Übergabe des Briefes an den Gläubiger dem Eigentümer zu (§ 1163 Abs. 2 BGB).

Die Briefübergabe und damit die Entstehung einer Briefhypothek ist jedoch jederzeit möglich (§ 1179a Abs. 2 Satz 2 BGB). In der Praxis wird im übrigen die Übergabe des Briefes meistens auch durch die Vereinbarung ersetzt, daß der Gläubiger berechtigt sein soll, sich den Brief von dem Grundbuchamt aushändigen zu lassen (§ 1117 Abs. 2 BGB).

2. Ein Löschungsanspruch ist auch nicht gegeben, wenn eine Grundschuld für den Eigentümer eingetragen worden ist und noch nicht einem anderen Grundschuldgläubiger zugestanden hat (§ 1196 Abs. 3 BGB). Andernfalls würde die Eigentümergrundschuld ihren Sinn verlieren (§ 1196 Abs. 1 BGB). Durch sie soll gerade für den Eigentümer eine u. U. gut situierte Rangstelle begründet werden, die er später durch Umwandlung in eine Fremdgrundschuld oder Hypothek verwertet.

3. Für die Forderung aus einer Schuldverschreibung auf den Inhaber, aus einem Wechsel oder aus einem anderen Papiere, das durch Indossament übertragen werden kann, kann nur eine Sicherungshypothek eingetragen werden. Bei ihr besteht kein Anspruch auf Löschung der Hypothek nach den §§ 1179a, 1179b BGB (§ 1187 BGB).

Nach alledem kann für den Gläubiger einer Hypothek, Grundschuld oder Rentenschuld eine Löschungsvormerkung nicht mehr eingetragen werden. Diese kommt nur noch für den Inhaber eines anderen gleich- oder nachrangigen Rechtes (Nießbrauch, dingliches Wohnungsrecht, Reallast) in Betracht. Der Gläubiger eines schuldrechtlichen Anspruchs auf Bestellung eines solchen Rechts oder auf Übereignung des belasteten Grundstücks – wichtig für den Käufer eines Grundstücks – kann sich ebenfalls durch Löschungsvormerkung sichern (§ 1179 BGB).

VII. Annex: Amtsvormerkung und Veräußerungsverbot

1. Amtsvormerkung

Von der Vormerkung nach § 883 BGB ist die Amtsvormerkung gemäß § 18 GBO scharf zu unterscheiden.

Die beim Grundbuchamt eingehenden Anträge sind entsprechend dem Eingangsvermerk nach § 13 Abs. 1 Satz 2 GBO zu

erledigen. Einer Eintragung können Hindernisse entgegenstehen.
Diese können behebbar oder unbehebbar sein. Fehlt z. B. eine
Vollmacht, eine vormundschaftsgerichtliche Genehmigung, eine
Genehmigung der Landwirtschaftsbehörde, der Nachweis der
Zahlung, Stundung oder Befreiung der Grunderwerbsteuer, so
kann ein solches der Eintragung entgegenstehendes Hindernis
behoben werden. Ist das Hindernis nicht auszuräumen, wird der
Antrag durch das Grundbuchamt zurückgewiesen. Bei einem
auszuräumenden Hindernis ergeht eine sog. „temporisierende
Zwischenverfügung" (tempus = Zeit). Die Zwischenverfügung,
die an den Antragsteller ergeht, muß eine Frist enthalten, innerhalb deren das Hindernis zu beseitigen ist. Innerhalb dieser Lauf-
zeit kann nun ein Antrag eingehen, durch den dasselbe Recht
betroffen wird. Um zu gewährleisten, daß die Anträge entsprechend dem Eingangsvermerk erledigt werden, wird zu Gunsten
des ersten Antrages eine Amtsvormerkung in das Grundbuch
eingetragen. Dadurch wird auch verhindert, daß wegen schuldhafter Amtspflichtverletzung eines Grundbuchbeamten an den
Staat ein Schadensersatzanspruch geltend gemacht wird (§ 839
BGB, Art. 34 GG). Wird innerhalb der Frist das Hindernis beseitigt, so wird der erste Antrag endgültig bearbeitet.

Die Amtsvormerkung dient einem anderen Zweck als die Vormerkung nach BGB (§ 18 GBO, § 883 BGB). Die Amtsvormerkung sichert einen öffentlich-rechtlichen Anspruch an den Staat
auf Vollendung des Erwerbstatbestandes. Die Vormerkung nach
BGB sichert dagegen einen privatrechtlichen Anspruch, der auf
die Herbeiführung einer dinglichen Rechtsänderung an einem
Grundstück gerichtet ist. Mit Rücksicht auf die unterschiedliche
Zielsetzung findet auf die Amtsvormerkung die Vormerkungsklage des § 888 BGB keine Anwendung.

2. Veräußerungsverbot

§ 888 Abs. 1 BGB (s. hierzu S. 32) gilt auch, wenn der Anspruch durch ein Veräußerungsverbot gesichert ist (§ 888 Abs. 2
BGB).

§ 7. Das landwirtschaftlich und forstwirtschaftlich genutzte Grundstück

I. Allgemeines

Land- und Forstwirtschaft haben seit jeher besondere Bedeutung und besondere Strukturen. Das hat auch immer seinen Niederschlag in der Rechtsordnung gefunden. Das wachsende Umweltbewußtsein führt in jüngerer Zeit immer mehr zu der Erkenntnis, daß Landwirtschaft nicht nur der Produktion, sondern auch der Erhaltung der Landschaft dient, zwei Ziele, die oft miteinander in Widerstreit geraten.

Der Gesetzgeber hält deshalb staatliche Eingriffe für unvermeidlich. Von komplizierten Subventionsvorschriften nach nationalem und europäischen Recht bis hin zu Vorschriften für Schädlingsbekämpfungsmitteln gibt es ein fast unübersehbares Regelungswerk, dessen Darstellung den Rahmen dieses Buches sprengen würde. Zwei besonders wichtige Gesetze sollen hier jedoch erwähnt werden: Das Grundstücksverkehrsgesetz und das Bundeswaldgesetz.

II. Das Grundstücksverkehrsgesetz

1. Zielsetzung und Anwendungsbereich

Einerseits soll land- und forstwirtschaftlich genutztes Gelände als solches erhalten werden, andererseits wird dieser Grund und Boden auch für Wohnungen, Fabriken und Straßen benötigt. Zur Erhaltung leistungsfähiger landwirtschaftlicher Betriebe hat das Gesetz über Maßnahmen zur Verbesserung der Agrarstruktur und zur Sicherung land- und forstwirtschaftlicher Betriebe (Grundstücksverkehrsgesetz) Genehmigungspflichten festgelegt und die Möglichkeit der Zuweisung eines landwirtschaftlichen Betriebes an einen Miterben geschaffen.

Die Genehmigungspflichten für rechtsgeschäftliche Veräußerungen gelten für landwirtschaftliche und forstwirtschaftliche Grundstücke sowie für Moor- und Ödland, das in landwirtschaftliche oder forstwirtschaftliche Kultur gebracht werden kann (§ 1 Abs. 1 GrdstVG).

2. Begriffsbestimmungen

Landwirtschaft iS des Gesetzes ist die Bodenbewirtschaftung und die mit der Bodennutzung verbundene Tierhaltung, um pflanzliche oder tierische Erzeugnisse zu gewinnen, besonders der Ackerbau, die Wiesen- und Weidewirtschaft, der Erwerbsgartenbau, der Erwerbsobstbau und der Weinbau sowie die Fischerei in Binnengewässern (§ 1 Abs. 2 GrdstVG).

Grundstück iS des Grundstücksverkehrsgesetzes ist auch ein Teil des Grundstücks (§ 1 Abs. 3 GrdstVG).

3. Genehmigungspflicht

Genehmigungspflichtig ist sowohl die rechtsgeschäftliche Veräußerung eines Grundstücks (das dingliche Geschäft) als auch der schuldrechtliche Vertrag hierüber. Ist ein schuldrechtlicher Vertrag genehmigt worden, so gilt auch die in Ausführung des Vertrages vorgenommene Auflassung als genehmigt. Die Genehmigung kann auch vor der Beurkundung des Rechtsgeschäfts erteilt werden (§ 2 Abs. 1 GrdstVG).

Der Veräußerung eines Grundstücks stehen gleich:

a) Die Einräumung und Veräußerung eines Miteigentumsanteils an einem Grundstück;

b) die Veräußerung eines Erbanteils an einen anderen als einen Miterben, wenn der Nachlaß im wesentlichen aus einem land- oder forstwirtschaftlichen Betrieb besteht;

c) Die Bestellung des Nießbrauchs an einem Grundstück (§ 2 Abs. 2 GrdstVG).

Über den Antrag auf Genehmigung entscheidet die nach Landesrecht zuständige Behörde (§ 3 Abs. 1 GrdstVG).

In bestimmten Fällen ist eine Genehmigung nicht notwendig. Dies ist zB der Fall, wenn der Bund oder ein Land als Vertragteil an der Veräußerung beteiligt ist oder eine mit den Rechten einer Körperschaft des öffentlichen Rechts ausgestattete Religionsgesellschaft ein Grundstück erwirbt, es sei denn, daß es sich um einen land- oder forstwirtschaftlichen Betrieb handelt (§ 4 GrdstVG). Für kirchliche Anstalten und Stiftungen greift Genehmigungspflicht Platz (BGHZ 39, 299).

Ist zur Veräußerung die Genehmigung nicht notwendig, so hat die Genehmigungsbehörde auf Antrag ein Zeugnis darüber zu erteilen. Das Zeugnis steht der Genehmigung gleich.

Auf Grund einer genehmigungsbedürftigen Veräußerung darf eine Rechtsänderung in das Grundbuch erst eingetragen werden, wenn dem Grundbuchamt die Unanfechtbarkeit der Genehmigung nachgewiesen wird.

Ist im Grundbuch auf Grund eines nicht genehmigten Rechtsgeschäfts eine Rechtsänderung eingetragen, so hat das Grundbuchamt auf Ersuchen der Genehmigungsbehörde einen Widerspruch (vgl. § 15) einzutragen.

Besteht die auf Grund eines nicht genehmigten Rechtsgeschäfts vorgenommene Eintragung einer Rechtsänderung ein Jahr, so gilt das Rechtsgeschäft als genehmigt, es sei denn, daß vor Ablauf dieser Frist ein Widerspruch im Grundbuch eingetragen oder ein Antrag auf Berichtigung des Grundbuchs oder ein Antrag oder ein Ersuchen auf Eintragung eines Widerspruchs gestellt worden ist.

Nicht genehmigungspflichtig ist die Veräußerung von Bestandteilen und Zubehör (s. o. §§ 2, 3).

Die Genehmigung darf auch nicht deshalb versagt werden, weil es sich bei dem Erwerb um eine Kapitalanlage handelt (BVerfG NJW 1967, 619).

Die Genehmigung ist zB zu erteilen, wenn ein landwirtschaftlicher oder forstwirtschaftlicher Betrieb veräußert oder im Wege vorweggenommener Erbfolge übertragen wird oder an einem Grundstück ein Nießbrauch bestellt wird und der Erwerber oder Nießbraucher entweder der Ehegatte des Eigentümers oder mit dem Eigentümer in gerader Linie oder bis zum dritten Grad in der Seitenlinie verwandt oder bis zum zweiten Grad verschwägert ist (§ 8 Nr. 2 GrdstVG; zur vorweggenommenen Erbfolge vgl. Weimar JR 1967, 97).

Die Genehmigung darf nur versagt oder durch Auflagen oder Bedingungen eingeschränkt werden, wenn Tatsachen vorliegen, aus denen sich zB ergibt, daß die Veräußerung eine ungesunde Verteilung des Grund und Bodens bedeuten würde oder wenn der Gegenwert in einem groben Mißverhältnis zum Wert des Grundstücks steht (§ 9 GrdstVG).

Die zulässigen Auflagen und Bedingungen sind abschließend geregelt.

Dem Erwerber kann zB die Auflage gemacht werden, das erworbene Grundstück an einen Landwirt zu verpachten oder zur Sicherung einer ordnungsgemäßen Waldbewirtschaftung ei-

nen Bewirtschaftungsvertrag mit einem forstlichen Sachverstän-
digen oder einer Forstbehörde abzuschließen oder nach einem
genehmigten Wirtschaftsplan zu wirtschaften (§ 10 GrdstVG).

Die Genehmigung kann ferner unter der Bedingung erteilt wer-
den, daß binnen einer bestimmten Frist der Erwerber an anderer
Stelle Land abgibt, jedoch nicht mehr als der Größe oder dem
Wert des zu erwerbenden Grundstücks entspricht (§ 11
GrdstVG).

4. Gerichtliche Zuweisung an einen Miterben

Gehört ein landwirtschaftlicher Betrieb einer durch gesetzliche
Erbfolge entstandenen Erbengemeinschaft, so kann das Gericht
auf Antrag eines Miterben die Gesamtheit der Grundstücke, aus
denen der Betrieb besteht, ungeteilt einem Miterben zuweisen.
Das Gericht hat die Zuweisung auch auf Zubehörstücke, Miteigentum, Kapital- und Geschäftsanteile, dingliche Nutzungsrechte
und ähnliche Rechte zu erstrecken, soweit diese Gegenstände zur
ordnungsgemäßen Bewirtschaftung des Betriebes notwendig
sind.

Das Eigentum an den zugewiesenen Sachen und die zugewiesenen Rechte gehen grundsätzlich mit der Rechtskraft der gerichtlichen Entscheidung auf den Erwerber über. Die Zuweisung ist nur
zulässig, wenn der Betrieb mit einer zur Bewirtschaftung geeigneten Hofstelle versehen ist und seine Erträge ohne Rücksicht auf
die privatrechtlichen Belastungen im wesentlichen zum Unterhalt
einer bäuerlichen Familie ausreichen. Die Zuweisung ist auch zulässig, wenn sich die Miterben über die Auseinandersetzung nicht
einigen.

Der Betrieb ist dem Miterben zuzuweisen, dem er nach dem
wirklichen oder mutmaßlichen Willen des Erblassers zugedacht
war (§§ 13–15 GrdstVG).

Wird der Betrieb einem Miterben zugewiesen, so steht insoweit
den übrigen Miterben anstelle ihres Erbteils ein Anspruch auf
Zahlung eines Geldbetrages zu, der dem Wert des Anteils an dem
zugewiesenen Betrieb entspricht.

Die Nachlaßverbindlichkeiten, die zur Zeit des Erwerbs noch
bestehen, sind aus dem außer dem Betriebe vorhandenen Vermögen zu berichtigen, soweit es ausreicht. Ist eine Nachlaßverbind-
lichkeit dinglich gesichert (zB Hypothek zur Absicherung eines

Kredites), so kann das Gericht auf Antrag mit Zustimmung des Gläubigers festsetzen, daß der Erwerber dem Gläubiger für sie allein haftet (§ 16 GrdstVG).

Solange eine Genehmigung nicht erteilt ist, ist der Vertrag schwebend unwirksam. Eine Auflassungsvormerkung kann schon vor der Genehmigung eingetragen werden. Bei erteilter Genehmigung wirkt diese auf den Zeitpunkt des Vertragsabschlusses zurück.

Gegen die Versagung der Genehmigung oder bei Erteilung einer Genehmigung unter Auflagen und Bedingungen können die Beteiligten binnen zwei Wochen nach Zustellung Antrag auf Entscheidung durch das nach dem Gesetz über das gerichtliche Verfahren in Landwirtschaftssachen zuständige Gericht stellen (§ 22 GrdstVG).

III. Das Bundeswaldgesetz

Der Zweck dieses Gesetz ist inbesondere,

1. den Wald wegen seines wirtschaftlichen Nutzens (Nutzfunktion) und wegen seiner Bedeutung für die Umwelt, insbesondere für die dauernde Leistungsfähigkeit des Naturhaushaltes, das Klima, den Wasserhaushalt, die Reinhaltung der Luft, die Bodenfruchtbarkeit, das Landschaftsbild, die Agrar- und Infrastruktur und die Erholung der Bevölkerung (Schutz- und Erholungsfunktion) zu erhalten, erforderlichenfalls zu mehren und seine ordnungsgemäße Bewirtschaftung nachhaltig zu sichern.

2. die Forstwirtschaft zu fördern und

3. einen Ausgleich zwischen dem Interesse der Allgemeinheit und den Belangen der Waldbesitzer herbeizuführen (§ 1 BWaldG).

Die Vorschriften über die Erhaltung des Waldes sind Rahmenvorschriften für die Landesgesetzgebung (§ 5 BWaldG).

Der Wald darf nur mit Genehmigung der nach Landesrecht zuständigen Behörde gerodet und in eine andere Nutzungsart umgewandelt werden. Er soll im Rahmen seiner Zweckbestimmung ordnungsgemäß und nachhaltig bewirtschaftet werden (§§ 9, 11 BWaldG).

Wald kann zu Erholungswald erklärt werden, wenn es das Wohl der Allgemeinheit erfordert, Waldflächen für Zwecke der

Erholung zu schützen, zu pflegen oder zu gestalten. Das Betreten des Waldes zum Zwecke der Erholung ist gestattet. Das Radfahren, das Fahren mit Krankenfahrstühlen und das Reiten im Walde ist nur auf Straßen und Wegen gestattet. Die Benutzung geschieht auf eigene Gefahr (§§ 13, 14 BWaldG). Unberührt bleiben davon jedoch in besonderen Fällen die Grundsätze der Verkehrssicherungspflicht (vgl. hierzu § 23), zB bei einem gemeindlichen Trimmpfad im Walde.

Zu Schutzwald kann ein Wald erklärt werden, wenn es zur Abwehr von Gefahren, erheblichen Nachteilen oder erheblichen Belästigungen für die Allgemeinheit notwendig ist, bestimmte forstliche Maßnahmen durchzuführen oder zu unterlassen. Schutzzwecke sind zB der Schutz vor Erosion durch Wasser und Wind, Austrocknung, schädliches Abfließen von Niederschlagswasser oder Lawinen. In Schutzwäldern bedarf es einer Genehmigung für Kahlhieb oder gleichkommende Lichthauung (§ 12 BWaldG).

Um einen Überblick über die großflächigen Waldverhältnisse und forstlichen Produktionsmöglichkeiten zu gewinnen, sieht der neu eingefügte § 41 a BWaldG eine Großrauminventur auf Stichprobenbasis vor, eine Bundeswaldinventur.

§ 8. Wohnungseigentum und Dauerwohnrecht

Einzelne Gebäudeteile sind nicht sonderrechtsfähig, so daß sie nicht losgelöst vom übrigen Gebäude Gegenstand von Sondereigentum sein können.

Im 19. Jahrhundert dagegen existierten Rechtsinstitute, die die reale Teilung eines Gebäudes zB in der Weise zuließen, daß einzelne Stockwerke verschiedenen Eigentümern gehörten (Merle, Das Wohnungseigentum im System des Bürgerlichen Rechts, 1978, II. 1, IV.2). Das sog. Stockwerkseigentum erlangte nie überragende Bedeutung. Bestehendes Stockwerkeigentum blieb zwar durch das Inkrafttreten des BGB unberührt, konnte aber nicht mehr neu begründet werden (§ 182 EGBGB).

Nach dem Gesetz über das Wohnungseigentum und das Dauerwohnrecht (WEG) kann an Wohnungen Wohnungseigentum begründet werden oder ein Grundstück mit einem Dauerwohnrecht in der Weise belastet werden, daß der Berechtigte eine bestimmte Wohnung unter Ausschluß des Eigentümers bewohnen oder in anderer Weise nutzen kann.

Wohnungseigentum ist das Sondereigentum einer Wohnung in Verbindung mit dem Miteigentumsanteil an dem gemeinschaftlichen Eigentum, zu dem es gehört (§ 1 Abs. 2 WEG). Das Sondereigentum an gewerblichen Räumen heißt Teileigentum (§ 1 Abs. 3 WEG). Unter den Begriff des gemeinschaftlichen Eigentums fallen das Grundstück sowie die Teile, Anlagen und Einrichtungen des Gebäudes, die nicht im Sondereigentum oder im Eigentum eines Dritten, sondern im Miteigentum aller Sondereigentümer stehen (§ 1 Abs. 5 WEG). Das Sondereigentum und der Miteigentumsanteil sind untrennbar miteinander verbunden und können nur zusammen veräußert oder belastet werden (§ 6 WEG).

Das Dauerwohnrecht dagegen ist eine beschränkte persönliche, aber veräußerliche und vererbliche Dienstbarkeit an einem bebauten Grundstück, die dem Berechtigten die Befugnis gewährt, in dem Gebäude eine bestimmte, in sich abgeschlossene Wohnung zu bewohnen oder sonst zu nutzen, § 31 WEG. Möglich ist auch ein dem Dauerwohnrecht gleichartiges Dauernutzungsrecht an nicht zu Wohnzwecken dienenden Räumen. Sonstige Benutzung bedeutet, daß auch Vermietung und Verpachtung erlaubt sind. Im Gegensatz zum Wohnungseigentum besteht aber keine Verbindung des Dauerwohnrechts mit dem Gemeinschaftseigentum.

Das WEG eröffnet zwei verschiedene Wege, wie Wohnungseigentum begründet werden kann. Besteht an einem Grundstück bereits Miteigentum, so können die Miteigentümer jedem von ihnen das Sondereigentum an einer bestimmten Wohnung durch Vertrag einräumen. Die Begründung durch Vertrag zwischen Miteigentümern setzt voraus, daß die künftigen Wohnungseigentümer als Miteigentümer im Grundbuch eingetragen sind. Das Verpflichtungsgeschäft bedarf der notariellen Beurkundung. Die Rechtsänderung wird herbeigeführt durch Einigung der Beteiligten über den Eintritt der Rechtsänderung und durch Eintragung in das Grundbuch. Die Einigung bedarf der für die Auflassung vorgeschriebenen notariellen Form, § 4 WEG, §§ 125, 313 BGB. Der Alleineigentümer eines Grundstücks begründet Wohnungseigentum dadurch, daß er dem Grundbuchamt gegenüber die Erklärung abgibt, daß das Eigentum an dem Grundstück in der Weise in Miteigentumsanteile geteilt wird, daß mit jedem Miteigentumsanteil das Sondereigentum an einer bestimmten Wohnung oder nicht zu Wohnzwecken dienenden bestimmten Räumen in einem auf dem Grundstück errichteten oder zu errichtenden Gebäude verbunden ist (§ 8 WEG).

Jeder Wohnungseigentümer kann, soweit nicht das Gesetz oder Rechte Dritter entgegenstehen mit den im Sondereigentum stehenden Gebäudeteilen nach Belieben verfahren, insbesondere sie bewohnen, vermieten, verpachten oder in sonstiger Weise nutzen und andere von Einwirkungen ausschließen (§ 13 Abs. 1 WEG). Diese Vorschrift ist § 903 BGB nachgebildet.

Beschränkungen für Gebrauch und Verfügungen ergeben sich aus den Pflichten als Wohnungseigentümer (§ 14 WEG), Vereinbarungen (§ 10 WEG), den Gebrauchsregelungen (§ 15 WEG), dem Nachbarrecht (§§ 904 ff. BGB) und der Sozialpflichtigkeit des Eigentums (Art. 14 GG).

Aus dem Wohnungseigentum folgen auch die Ansprüche der Wohnungseigentümer auf Herausgabe der im Sondereigentum befindlichen Räume gegen den unberechtigten Besitzer gem. § 985 BGB und auf Beseitigung und Unterlassung von Beeinträchtigungen in anderer Weise gem. § 1004 BGB. Wird das gemeinschaftliche Eigentum beeinträchtigt, so ist damit auch jeder Wohnungseigentümer in seinem Miteigentum betroffen. Jeder Miteigentümer kann die Ansprüche aus dem Eigentum Dritten gegenüber in Ansehung der ganzen Sache geltend machen, §§ 1011, 985, 1004 BGB (BayObLGZ 1975, 177).

Die Gemeinschaft der Wohnungs- und Teileigentümer ist eine besonders ausgestaltete Miteigentümergemeinschaft nach Bruchteilen iSd §§ 1008 ff. iVm 741 ff. BGB. Ihre Mitglieder stehen in einem gesetzlichen Schuldverhältnis zueinander (RGRK/Augustin § 10 WEG, Rdnr. 1). Die Wohnungseigentümergemeinschaft ist weder rechts- noch parteifähig (BGH NJW 1977, 1686); sie kann weder Inhaber von Rechten sein noch Träger von Pflichten, kann weder klagen noch verklagt werden (OLG Hamm BauR 1980, 462). Rechtsträger sind allein die Wohnungseigentümer selbst, die klagen und verklagt werden können.

Die Gemeinschaft der Wohnungseigentümer ist unauflöslich (§ 11 WEG), dh weder ein Wohnungseigentümer noch ein Pfändungsgläubiger oder ein Konkursverwalter können die Aufhebung der Gemeinschaft verlangen. Die Wohnungseigentümergemeinschaft endet gem. § 9 Abs. 1 WEG, wenn die Sondereigentumsrechte entsprechend einer Vereinbarung der Wohnungseigentümer aufgehoben sind oder auf Antrag aller Wohnungseigentümer, wenn alle Sondereigentumsrechte durch völlige Zerstörung des Gebäudes gegenstandslos geworden sind und der Nachweis hierfür durch eine Bescheinigung der Baubehörde erbracht ist, oder auf Antrag eines Wohnungseigentümers, wenn sich sämtliche Wohnungseigentumsrechte in einer Person vereinigt haben.

Das Verhältnis der Wohnungseigentümer untereinander wird bestimmt durch das WEG, durch Vereinbarungen und Beschlüsse. Jeder Wohnungseigentümer ist zB verpflichtet, die im Sondereigentum stehenden Gebäudeteile so instandzuhalten und von diesen sowie von dem gemeinschaftlichen Eigentum nur in solcher Weise Gebrauch zu machen, daß dadurch keinem der anderen Wohnungseigentümer über das bei einem geordneten Zusammenleben unvermeidliche Maß hinaus ein Nachteil erwächst (§ 14 Nr. 1 WEG). Desweiteren ist jeder Wohnungseigentümer den anderen Wohnungseigentümern gegenüber verpflichtet, die Lasten des gemeinschaftlichen Eigentums sowie die Kosten der Instandhaltung, Instandsetzung, sonstigen Verwaltung nach dem Verhältnis seines Anteils zu tragen (§ 16 Abs. 2 WEG).

IdR wird von Wohnungseigentümergemeinschaften ein Verwalter bestellt. Der Verwalter ist neben der Wohnungseigentümerversammlung das wichtigste Organ der Eigentümergemeinschaft (OLG Düsseldorf OLGZ 1984, 290). Die Bestellung eines Verwalters kann deshalb gem. § 20 Abs. 2 WEG nicht durch Vereinbarung/Gemeinschaftsordnung ausgeschlossen werden (LG Hannover DWW 1983, 124). Die Wohnungseigentümer können zwar davon Abstand nehmen, einen Verwalter zu bestellen; jeder einzelne Wohnungseigentümer kann aber die Bestellung eines Verwalters verlangen und von den anderen Wohnungseigentümern fordern, daß sie hierbei mitwirken. Der erste Verwalter wird idR vom Voreigentümer/Bauträger in der Teilungserklärung zulässig mit Wirkung gegen die Erwerber gem. § 10 Abs. 2 WEG bestimmt (Merle, Bestellung und Abberufung des Verwalters nach § 26 WEG, 1977, Seite 56).

Die Aufgaben und Befugnisse des Verwalters sind in den §§ 20 ff., insbesondere § 27 WEG im einzelnen geregelt. Der Verwalter ist kaufmännischer Geschäftsführer und Organisator im Bereich der allgemeinen Verwaltung. Hierher gehören zB

- die Vorbereitung, Einberufung und Durchführung von Woh-
  nungseigentümerversammlungen,
- die Auswahl, Einstellung, Führung und Entlassung eines Haus-
  meisters,
- der Abschluß von Dienstleistungs-, Versicherungs- und Liefer-
  verträgen
- die allgemeine Betreuung der Wohnungseigentümer in gemeinschaftlichen Angelegenheiten.

Der Verwalter ist weiter Finanz- und Vermögensverwalter der
Wohnungseigentümer; ihm obliegt
- die Einrichtung und Führung einer auf kaufmännischen
  Grundlagen basierenden Buchhaltung,
- die Aufstellung und Durchführung des Wirtschaftsplanes,
- die Verwaltung der gemeinschaftlichen Gelder, insbesondere
  die Führung der Bankkonten der Gemeinschaft.

Weiter ist der Verwalter technischer Geschäftsführer der Wohnungseigentümergemeinschaft; zu seinen diesbezüglichen Aufgaben gehört.
- die laufende Überwachung des baulichen Zustandes der Woh-
  nungseigentumsanlage.
- die Vorbereitung und Durchführung von Maßnahmen der Instandhaltung und Instandsetzung des gemeinschaftlichen Eigentums.

Schließlich ist der Verwalter juristischer Berater der Wohnungseigentümergemeinschaft in Angelegenheiten der laufenden
Verwaltung.

§ 9. Das Erbbaurecht

Das Erbbaurecht ist in der Verordnung über das Erbbaurecht
vom 15. 1. 1919 (RGBl. 72) geregelt.

Das Erbbaurecht ist das vererbliche und veräußerliche Recht an
einem Grundstück, auf oder unter der Oberfläche des Grundstücks ein Bauwerk zu haben, § 1 ErbbauVO. Demgemäß räumt
ein Grundstückseigentümer einem Dritten, dem sog. Erbbauberechtigten durch Erbbauvertrag das Recht ein, auf einem Grundstück ein Gebäude zu errichten oder zu nutzen.

Der Vertrag über die Verpflichtung zur Bestellung oder Übertragung eines Erbbaurechtes bedarf gemäß § 313 Satz 1 BGB der

notariellen Beurkundung. Alle Abreden müssen vollständig beurkundet werden; insbesondere müssen zu errichtende Gebäude nach Art, Zahl und Beschaffenheit in etwa bezeichnet werden, eine genaue Beschreibung ist nicht erforderlich.

Die Bestellung des Erbbaurechtes selbst ist formfrei möglich, muß aber, damit das Grundbuchamt die Eintragung in das Grundbuch vollzieht, wodurch das Recht erst entsteht, notariell beglaubigt sein.

Der nähere Inhalt des Erbbaurechtes wird durch die Vereinbarungen bestimmt, die gemäß § 2 ErbbauVO mit dinglicher Wirkung getroffen werden können, was zur Folge hat, daß diese Vereinbarungen nicht nur zwischen den Parteien wirken, sondern gegenüber jedermann.

Zum regelbaren Inhalt gehören Vereinbarungen über
- die Errichtung des Bauwerks einschließlich der Erschließung nach Art und Umfang (Schulte BWNotZ 1961, 321);
- die Instandhaltung, ggf. bauliche Veränderungen, die von der Zustimmung des Grundstückseigentümers abhängig gemacht werden können (BGHZ 48, 296);
- die Verwendung des Bauwerks und unbebauter Grundstücksteile;
- die Vermietung kann von der Zustimmung des Grundstückseigentümers abhängig gemacht werden (BGH DNotZ 1968, 302); er kann sich ein Besichtigungsrecht ausbedingen (LG Lüneburg MDR 1955, 36);
- die Versicherung des Gebäudes gegen Feuer, Sturm, Leitungswasser usw.;
- den Wiederaufbau bei Zerstörung;
- die Tragung der öffentlichen (Erschließungskosten, Grundsteuer) und privaten (Hypothekenzinsen) Lasten und Abgaben;
- die Verpflichtung, das Erbbaurecht bei Eintritt bestimmter Voraussetzungen auf den Grundstückseigentümer zu übertragen (Heimfall); die Voraussetzungen des Heimfalls müssen mit dem Erbbaurecht zusammenhängen (LG Oldenburg Rpfleger 1979, 383), zB Tod des Berechtigten (OLG Hamm DNotZ 1966, 41), Vernachlässigung oder Untergang des Bauwerks, nicht aber jederzeitiges Verlangen des Grundstückseigentümers (LG Oldenburg aaO); die Veräußerung oder Belastung des Erbbaurechts ohne ausbedungene Zustimmung des Grundstückseigentümers oder ein Zahlungsrückstand von weniger als

zwei Jahreserbbauzinsen (§ 9 Abs. 2 ErbbauVO) kann ein Heimfallrecht nicht begründen;
- die Verpflichtung zur Zahlung von Vertragsstrafe, zB bei unpünktlicher Zahlung von Erbbauzinsen; in diesem Fall könnten gesetzliche Verzugszinsen gemäß § 289 BGB nicht verlangt werden (BGH NJW 1970, 243);
- ein Vorrecht des Erbbauberechtigten auf Erneuerung des Erbbaurechts bei Ablauf;
- eine Verpflichtung des Grundstückseigentümers, das Grundstück an den jeweiligen Erbbauberechtigten zu veräußern; die Konditionen müssen im wesentlichen festgelegt werden und können insbesondere zu einer starken Annäherung an ein dingliches Vorkaufsrecht führen (BGH NJW 1954, 1444);
- das Erfordernis der Zustimmung des Grundstückseigentümers zur Veräußerung des Erbbaurechts, § 5 Abs. 1 ErbbauVO, die aber nur aus wichtigem Grund versagt und nach § 7 ErbbauVO eingeklagt werden kann;
- das Erfordernis der Zustimmung des Grundstückseigentümers zur Belastung des Erbbaurechts, § 5 Abs. 2 ErbbauVO, die gemäß § 7 Abs. 2 ErbbauVO nur versagt werden kann, wenn sie mit den Regeln ordnungsmäßiger Wirtschaft und dem Zweck der Erbbaurechtsbestellung nicht vereinbar ist.

Die Vereinbarung eines Erbbauzinses ist nicht Inhalt des Erbbaurechts und erfolgt zunächst nur mit schuldrechtlicher Wirkung. Der Erbbauzins kann jedoch gemäß § 9 ErbbauVO mit einem festen Betrag in das Grundbuch eingetragen werden. Es entsteht dann eine Erbbauzinsreallast, die das Erbbaurecht dinglich belastet.

Eine schuldrechtliche Vereinbarung, daß der Erbbauzins in bestimmten Zeitabständen oder unter bestimmten Voraussetzungen neu festzusetzen ist, ist zulässig (BGHZ 61, 209). Eine Wertsicherungsklausel bedarf gemäß § 3 WährungsG der Genehmigung der örtlich zuständigen Landeszentralbank. Dient das Bauwerk Wohnzwecken, kann die Erhöhung gemäß § 9a ErbbauVO nur alle drei Jahre durchgeführt werden und unterliegt einer Billigkeitsprüfung. Die vereinbarte Erhöhung ist beschränkt auf die Veränderung der allgemeinen wirtschaftlichen Verhältnisse. Diese werden nach den im jeweiligen Bezugszeitraum eingetretenen Veränderungen des Preisindex für die Lebenshaltung eines 4-Personen-Arbeitnehmer-Haushaltes (zu 50%) sowie der Bruttoverdienste der Arbeiter in der Industrie (zu 25%) und der Angestellten in Industrie und Handel (zu 25%) ermittelt, wobei die Indexzahlen des Statistischen Bundesamtes für die männliche und weibliche Gesamtbevölkerung maßgeblich sind (BGHZ 87, 198).

Der Anspruch auf Änderung des Erbbauzinses kann im Grundbuch durch eine Vormerkung nach § 883 BGB auf Bestellung einer der Erhöhung angepaßten Erbbauzinsreallast gesichert werden.

Das Erbbaurecht ist zwar nach dem Wortlaut des § 1 Erbbau-VO eine dingliche Belastung des Grundstücks, wird jedoch als grundstücksgleiches Recht wie ein Grundstück behandelt; so wird zB ein eigenes Erbbaugrundbuch angelegt. Das Erbbaurecht ist veräußerlich, vererblich und kann selbständig belastet werden (BayObLGZ 1977, 93).

Das Erbbaurecht endet durch Aufhebung, § 26 ErbbauVO oder durch Zeitablauf, § 27 ErbbauVO.

Das Erbbaurecht kann auf unbestimmte Zeit bestellt werden, idR wird es jedoch auf bestimmte Zeit bestellt, zumeist auf 75 oder 99 Jahre. Eine Anknüpfung an die Lebensdauer eines Beteiligten ist nichtig.

Erlischt das Erbbaurecht durch Zeitablauf, so hat der Grundstückseigentümer nach § 27 ErbbauVO dem Erbbauberechtigten eine Entschädigung für das Bauwerk zu leisten.

Ist das Erbbaurecht zur Befriedigung des Wohnbedürfnisses minderbemittelter Bevölkerungskreise zur Verfügung gestellt, hat der Grundstückseigentümer bei Beendigung des Erbbaurechts mindestens zwei Drittel des Verkehrswertes des Bauwerks an den Erbbauberechtigten zu bezahlen.

Für den Käufer, der vor der Entscheidung steht, ein Grundstück zu kaufen oder ein Erbbaurecht zu erwerben, steht zunächst im Vordergrund, daß er bei Erwerb eines Erbbaurechts zunächst den Kaufpreis für das Grundstück spart. Wertgesicherte Erbbauzinsen steigen aber während der Erbbaurechtsdauer auf ein Vielfaches der Belastung, die bei einer Finanzierung des Grundstückskaufpreises üblicherweise anfällt.

Eine genaue Kalkulation ist zu empfehlen.

§ 10. Übergang von Gefahr, Nutzungen und Lasten

I. Sachgefahr und Preisgefahr

Man unterscheidet rechtlich zwei Arten der Gefahrtragung: Sachgefahr und Preisgefahr.

a) Die Sachgefahr trifft den Eigentümer. Brennt ein Haus ab, ohne daß sich die Ursache des Brandes ermitteln läßt, so hat der Eigentümer diese Gefahr zu tragen.

b) bei der Preisgefahr steht zur Erörterung, ob zB der Verkäufer eines Grundstücks bei einem zufälligen Untergang vom Käufer trotzdem die Zahlung des Kaufpreises verlangen kann (§ 433 Abs. 2 BGB). Ein Grundstück kann in verschiedener Weise untergehen: Bei Hochwasser wird ein Teil der verkauften Rheinwiese überspült und der Erdboden abgerissen. Das verkaufte Haus wird durch Blitzschlag eingeäschert oder das Fachwerkhaus durch einen aufprallenden LKW schwer beschädigt. Den Verkäufer trifft an dem teilweisen oder vollständigen Untergang der verkauften Sache kein Verschulden. Es wäre daher nach den allgemein für den Untergang geschuldeter Gegenstände geltenden Vorschriften des BGB wegen nachträglicher, nicht zu vertretender Unmöglichkeit von der Leistungspflicht frei (§ 275 Abs. 1 BGB). Grundsätzlich verliert er damit aber auch den Anspruch auf die Gegenleistung (§ 323 BGB). Dabei ist Zufall alles, was der Schudlner im konkreten Fall nicht zu vertreten hat.

II. Gefahrenübergang

1. Gesetzliche Regelung

Diese Grundsatzregelung erfährt aber durch die Sondervorschriften über den Übergang der Preisgefahr beim Kauf eine Durchbrechung. Danach geht die Gefahr des zufälligen Unterganges und einer zufälligen Verschlechterung mit der Übergabe der verkauften Sache auf den Käufer über (§ 446 Abs. 1 Satz 1 BGB). Voraussetzung ist, daß fest verkauft wurde. Daran fehlt es, wenn der Kaufvertrag unter einer aufschiebenden Bedingung

abgeschlossen wurde. Sie macht das Wirksamwerden des Vertrages von einem objektiv ungewiß zukünftigen Ereignis abhängig (§ 158 Abs. 1 BGB). Anders ist der Verkauf unter einer auflö-
senden Bedingung zu beurteilen. Sie macht das Wirksambleiben
des Vertrages von einem objektiv ungewiß zukünftigen Ereignis
abhängig (§ 158 Abs. 2 BGB).

Übergabe bedeutet konsentierter Besitzwechsel. Dem Käufer
muß die tatsächliche Sachherrschaft an dem Grundstück eingeräumt werden. Beim Verkauf eines Hausgrundstücks erfolgt dies
dadurch, daß dem Käufer alle Schlüssel und die das Haus betreffenden Urkunden ausgehändigt werden. Beim Verkauf des Wie-
sen- oder Waldgrundstück wird übergeben, indem man z. B.
Grenzen abgeht. Zu beachten ist, daß sich der Gefahrübergang
nicht mit der Eigentumsverschaffung deckt. Der Käufer des
Grundstücks kann bereits die Preisgefahr tragen, obwohl er erst
durch Auflassung und Umschreibung im Grundbuch das Eigentum erlangt (§§ 873, 925 BGB).

Wird der Käufer eines Grundstücks vor der Übergabe als Eigentümer in das Grundstück eingetragen, so trägt er die Preisgefahr von der Eintragung an (§ 446 Abs. 2 BGB). Für den Übergang der Preisgefahr ist mangels einer Vereinbarung der jeweils
frühere Augenblick maßgebend, d. h. entweder die Übergabe
oder die Umschreibung im Grundbuch. Die Auflassung hat für
den Übergang der Preisgefahr keine Bedeutung.

2. Rechtsgeschäftliche Regelung

Die gesetzliche Regelung über den Gefahrübergang ist nicht
zwingend. Die Parteien können deshalb auch einen anderen Zeitpunkt für den Gefahrübergang vereinbaren, zB den Abschluß des
notariellen Kaufvertrages.

III. Nutzungen und Lasten

Von der Übergabe an gebühren dem Käufer die Nutzungen
und er trägt die Lasten der Sache (§ 446 Abs. 1 Satz 2 BGB). Aus
dem Tatbestandsmerkmal **gebühren** ergibt sich, daß dem Käufer
ein Anspruch auf die Nutzungen zusteht. Ob er Eigentum an den
Erzeugnissen des Grundstücks erwirbt, beurteilt sich nach §§ 953
BGB.

Auch hier sind jedoch abweichende rechtsgeschäftliche Regelungen möglich und bei Grundstückskaufverträgen häufig, zB durch Festlegung eines bestimmten Kalenderzeitpunktes.

Schwierigkeiten ergeben sich dabei, wenn das Objekt vermietet ist, weil für den Eintritt des Erwerbers in das Mietverhältnis nicht der Zeitpunkt der Übergabe, sondern nach § 571 BGB der Zeitpunkt des Eigentumserwerbs maßgebend ist (AG Heidelberg WM 1976, 15). Sofern der Mieter einem vorherigen Vermietwechsel nicht zustimmt, empfiehlt sich eine vertragliche Vereinbarung zwischen Veräußerer und Erwerber, die zu einer möglichsten Kongruenz der Rechte und Pflichten aller Beteiligter führt. Dies kann dadurch geschehen, daß in dem gesetzlich zulässigen Umfang der Veräußerer seine Ansprüche gegenüber dem Mieter an den Erwerber abtritt und der Erwerber sich verpflichtet, den Veräußerer von Ansprüchen des Mieters freizustellen (vgl. Schmid, Die Vermietung von Eigentumswohnungen, Rdnr. III/38 ff.).

§ 11. Die Übereignung eines Grundstückes

I. Kauf und Übereignung

Durch den Kaufvertrag wird, wie bereits oben S. 22 dargelegt, der Verkäufer einer Sache verpflichtet, dem Käufer die Sache zu übergeben und das Eigentum an der Sache zu verschaffen (§ 433 Abs. 1 S. 1 BGB).

Von dem Verpflichtungsgeschäft ist die Übereignung (Verfügung) zu unterscheiden. Zur Übertragung des Eigentums an einem Grundstück ist die Einigung des Berechtigten und des anderen Teiles über den Eintritt der Rechtsänderung und die Eintragung der Rechtsänderung in das Grundbuch erforderlich, soweit nicht das Gesetz ein anderes vorschreibt (§ 873 Abs. 1 BGB). Man spricht von materiellen Konsensprinzip.

Zum formellen Konsensprinzip s. S. 51.

II. Auflassung

Die zur Übertragung des Eigentums an einem Grundstück erforderliche Einigung des Veräußerers und des Erwerbers (**Auflassung**) muß bei gleichzeitiger Anwesenheit beider Teile vor einer
zuständigen Stelle erklärt werden (§ 925 Abs. 1 Satz 1 BGB). Eine
persönliche Anwesenheit ist nicht erforderlich, Vertretung also
zulässig. Nach § 167 Abs. 2 BGB ist die Vollmachtserteilung materiell formfrei, dem Grundbuchamt gegenüber jedoch in öffentlicher Form nachzuweisen (§ 29 GBO).

Zur Entgegennahme der Auflassung sind grundsätzlich die Notare zuständig; ferner Konsularbeamte und Gerichte, wenn die
Auflassung in einem gerichtlichen Vergleich erklärt wird, wobei es
umstritten ist, ob auch Straf- und Verwaltungsgerichte zuständig
sind (§ 925 Abs. 1 Satz 2 und 3 BGB; vgl. Palandt/Bassenge § 925
Anm. 4).

Die Erklärung einer Auflassung soll zwar nur entgegengenom-
men werden, wenn die notarielle Urkunde über den Kaufvertrag
vorgelegt oder gleichzeitig errichtet wird (§ 925 a BGB). Es handelt sich nur um eine Ordnungsvorschrift. Ein Verstoß macht die
trotzdem erfolgte Auflassung nicht unwirksam.

Eine Auflassung, die unter einer Bedingung oder einer Zeitbe-
stimmung erfolgt, ist unwirksam (§ 925 Abs. 2 BGB). Der Verkäufer, der durch den Käufer nicht sofort den vollen Kaufpreis
erhält, sollte die Restkaufpreisforderung durch Eintragung einer
Restkaufpreishypothek an dem veräußerten Grundstück absichern (§ 1113 BGB). Der Käufer kann sich auch in dem notariellen Kaufvertrag verpflichten, das Grundstück an den Verkäufer
zurückzuübereignen, falls er seinen Zahlungsverpflichtungen
nicht nachkommt. Der Anspruch des Verkäufers auf Rückauflas-
sung des Grundstücks kann durch eine Vormerkung für den Verkäufer abgesichert werden (§ 883 BGB).

III. Eintragung im Grundbuch

Die Eintragung im Grundbuch erfolgt nach dem formellen
Konsensprinzip (s. S. 14).

Der Notar, der den Vertrag beurkundet hat, gilt als ermächtigt,
den Umschreibungsantrag beim Grundbuchamt zu stellen (§ 15
GBO). Der Grundbuchbeamte prüft grundsätzlich nur, ob die

formellen Voraussetzungen für eine Eintragung des beantragten Rechtes gegeben sind. Beantragt der Grundstückseigentümer zur Absicherung eines Kredites für ein Kreditinstitut eine Hypothek einzutragen, so prüft er nur, ob der Antrag und die Eintragungsbewilligung in öffentlich beglaubigter Form vorliegen. Er prüft also zB nicht, ob das Darlehen inzwischen zur Auszahlung gelangt ist oder sich die Beteiligten geeinigt haben. Eine Ausnahme gilt nur für die Auflassung und das Erbbaurecht. In diesen beiden Fällen prüft der Grundbuchführer, ob auch eine Einigung zwischen den Beteiligten vollzogen worden ist (§ 20 GBO).

Die Umschreibung des Eigentums an einem Grundstück nimmt geraume Zeit in Anspruch, da unter Umständen der Grundbuchführer noch prüfen muß, ob notwendige Bescheinigungen (Grunderwerbsteuer, Nichtausübung des Vorkaufsrechtes einer Gemeinde, Genehmigungen nach dem Grundstücksverkehrsgesetz usw.) vorliegen.

Die Übergabe, d. h. die Besitzräumung an dem Grundstück, gehört aber nicht zur Übereignung. Wohl ist aber der Verkäufer auch zur Übergabe des Grundstücks verpflichtet. Die Übergabe des Grundstücks spielt zB eine Rolle für den Übergang der Preisgefahr (§ 446 BGB), Ersatz von Verwendungen (§ 450 BGB), und für den Beginn der Verjährung der Ansprüche aus der Sachmängelhaftung bei Grundstücken (§ 477 BGB).

IV. Bindungswirkung

Vor der Eintragung sind die Beteiligten an die Einigung nur gebunden, wenn
    a) die Erklärungen notariell beurkundet oder
    b) vor dem Grundbuchamt abgegeben oder
    c) bei diesem eingereicht sind oder
    d) wenn der Berechtigte dem anderen Teile eine den Vorschriften der Grundbuchordnung entsprechende Eintragungsbewilligung ausgehändigt hat (§ 873 Abs. 2 BGB).

Die Bindung bedeutet den Ausschluß eines einseitigen Widerrufs. Jedoch kann eine Bindung bei formnichtigem Kaufvertrag aus dem Gesichtspunkt der ungerechtfertigten Bereicherung herausverlangt werden (§ 812 BGB).

Diese Regelung gilt auch für Änderungen des Inhalts eines Rechtes an einem Grundstück (§ 877 BGB).

Besondere Bedeutung hat die Bindung bei einer nachträglich eintretenden Verfügungsbeschränkung des Veräußerers. Eine von dem Berechtigten bindend abgegebene Erklärung wird nicht dadurch unwirksam, daß der Berechtigte in der Verfügung beschränkt wird, nachdem die Erklärung für ihn bindend geworden und der Antrag auf Eintragung bei dem Grundbuchamt gestellt worden ist (§ 878 BGB).

Das ist wichtig zB für den Fall, daß der Grundstücksverkäufer in Konkurs fällt. Mit der Eröffnung des Konkursverfahrens erfährt zwar der Gemeinschuldner keine Minderung seiner Geschäftsfähigkeit und bleibt auch Eigentümer der Konkursmasse. Er kann aber darüber nicht mehr verfügen (§§ 6, 7 KO). Diese Verfügungsbeschränkung ist gleichwohl für den Erwerb von Grundstücksrechten ohne Bedeutung, wenn die Einigung bindend geworden und zustäzlich der Antrag auf Eintragung beim Grundbuchamt gestellt worden ist (§ 15 KO). Der Antrag muß zur Eintragung führen. Eine Zurücknahme oder Zurückweisung des Antrags lassen die Verfügung unwirksam werden. Dies gilt nicht bei einer temporisierenden Zwischenverfügung gém. § 18 GBO (KG, DNotZ 30, 631).

§ 12. Sonstige Erwerbsarten bei Grundstücken

Der Eigentumserwerb an einem Grundstück kann sich auch außerhalb eines Rechtsgeschäftes (also zB eines Kaufs) vollziehen.

I. Ersitzung

Wer als Eigentümer eines Grundstücks im Grundbuch eingetragen ist, ohne daß er das Eigentum erlangt hat, erwirbt das Eigentum, wenn die Eintragung 30 Jahre bestanden und er während dieser Zeit das Grundstück im Eigenbesitze gehabt hat; sog. Buchersitzung. Der Lauf der Frist ist gehemmt, solange ein Widerspruch gegen die Richtigkeit der Eintragung im Grundbuch eingetragen ist (§ 900 Abs. 1 BGB). Bei Doppelbuchungen des Grundstücks zugunsten verschiedener Eigentümer entfällt eine Buchersitzung (JFG 18, 182).

Der Eigentümer eines Grundstücks kann, wenn das Grundstück seit 30 Jahren im Eigenbesitz eines anderen ist, im Wege des Aufgebotsverfahrens mit seinem Rechte ausgeschlossen werden. Ist der Eigentümer im Grundbuch eingetragen, so ist das Aufgebotsverfahren nur zulässig, wenn er gestorben oder verschollen ist und eine Eintragung in das Grundbuch, die der Zustimmung des Eigentümers bedurfte, seit 30 Jahren nicht erfolgt ist (§ 927 Abs. 1 BGB). Derjenige, welcher das Ausschlußurteil erwirkt hat, erlangt das Eigentum dadurch, daß er sich als Eigentümer in das Grundbuch eintragen läßt (§ 927 Abs. 2 BGB). Er kann seine Eintragung zwar nicht durch Vormerkung aber durch Widerspruch sichern. Ist vor der Erlassung des Ausschlußurteils ein Dritter als Eigentümer oder wegen des Eigentums eines Dritten ein Widerspruch gegen die Richtigkeit des Grundbuchs eingetragen worden, so wirkt das Urteil nicht gegen den Dritten (§ 927 Abs. 3 BGB).

II. Aneignung

An einem eigentümerlosen Grundstück erwirbt der Fiskus das Eigentum dadurch, daß er sich als Eigentümer in das Grundbuch eintragen läßt (§ 928 Abs. 2 BGB). Er kann das Aneignungsrecht auf Dritte übertragen. Vgl. unten § 20.

III. Ehevertrag

Vereinbaren Ehegatten durch notariellen Ehevertrag Gütergemeinschaft (§§ 1408, 1410 BGB), so werden das Vermögen des Mannes und das Vermögen der Frau durch die Gütergemeinschaft gemeinschaftliches Vermögen beider Ehegatten (Gesamtgut). Zu dem Gesamtgut gehört auch das Vermögen, das der Mann oder die Frau während der Gütergemeinschaft erwirbt. Die einzelnen Gegenstände werden gemeinschaftlich, ohne daß es einer Übertragung durch Rechtsgeschäft bedarf. Bei Grundstücken hängt daher der Rechtsübergang nicht von Auflassung und Eintragung ab. Wird ein Recht gemeinschaftlich, das im Grundbuch eingetragen ist oder in das Grundbuch eingetragen werden kann – dazu gehören außer dem Grundstückseigentum z. B. auch Hypotheken usw. – so kann jeder Ehegatte von dem anderen verlangen, daß er zur Berichtigung des Grundbuchs mitwirkt (§ 1416 BGB). Der Nachweis, daß zwischen Ehegatten Gütertrennung oder ein vertragsmäßiges Güterrecht besteht oder daß ein Gegenstand zum Verhaltensgut eines Ehegatten gehört, wird durch ein Zeugnis des Gerichts über die Eintragung des güterrechtlichen Verhältnisses im Güterrechtsregister geführt (§ 31 GBO).

Dieser Mitwirkung bedarf es nicht, wenn die Unrichtigkeit des Grundbuchs durch den Ehevertrag nachgewiesen wird.

Erwirbt ein Ehegatte für sich ein Grundstück, so kann er das Recht ohne Zustimmung des anderen sofort auf den Namen beider Ehegatten als Gesamtgut eintragen lassen.

IV. Erbfall

Mit dem Tode einer Person geht deren Vermögen als ganzes auf den oder die Erben über (§§ 1922, 1942 BGB). Mit dem Tode des Erblassers wird das Grundbuch unrichtig (§ 894 BGB). Er kann als Toter nicht mehr Träger von Rechten sein. Der Eigentumserwerb an dem Nachlaßgrundstück vollzieht sich kraft Gesetzes, auch wenn der Erbe von dem Erbfall überhaupt noch keine Kenntnis erlangt hat. Der Eigentumserwerb tritt sogar ein, wenn der Erbe geschäftsunfähig oder in der Geschäftsfähigkeit beschränkt ist.

V. Zuschlag

Wird ein Grundstück zwangsversteigert (s. S. 124 ff.), so wird der Ersteher durch den Zuschlag Eigentümer des Grundstücks, sofern nicht dieser Beschluß im Beschwerdeverfahren ausgehoben wird (§ 90 ZVG).

VI. Enteignung

Schließlich kann ein Eigentumserwerb auch durch staatlichen Eingriff erfolgen, zB durch Enteignung.

§ 13. Grundstücksverkehr Minderjähriger

Minderjährige im Alter unter 7 Jahren sind geschäftsunfähig, § 104 Nr. 1 BGB, ihre Willenserklärungen sind nach § 105 BGB nichtig. Ab dem 7. Lebensjahr sind Minderjährige beschränkt geschäftsfähig, § 106 BGB. Durch sie selbst abgeschlossene Verträge können von vornherein wirksam sein, § 108 BGB, anderenfalls hängt die Wirksamkeit von der Einwilligung des gesetzlichen Vertreters ab, § 107 BGB.

1. Kinder im Alter unter 7 Jahren

Wirksame Erklärungen für Kinder dieser Altersgruppe kann nur deren gesetzlicher Vertreter abgeben. Das sind bei Kindern die sorgeberechtigten Eltern – denen die Vertretung gemäß § 1629 Abs. 1 BGB nur gemeinschaftlich zusteht – oder in Ausnahmefällen ein vom Gericht zu bestellender Vormund, §§ 1773, 1793 BGB. Die gesetzliche Vertretung ist gemäß §§ 1629 Abs. 2, 1795 BGB eingeschränkt, so insbesondere für Verträge zwischen Kind und Eltern/Vormund, § 1795 Abs. 1 Nr. 1 BGB. Wollen zB Eltern, auch nur ein Elternteil (BayObLG FamRZ 1976, 168), in vorweggenommener Erbfolge ihrem noch nicht 7-jährigem Kind eine Eigentumswohnung übertragen, so können sie hierbei das Kind nicht vertreten. Grundsätzlich muß deshalb in diesem Fall das Kind durch einen auf Antrag vom Vormundschaftsgericht zu bestellender Ergänzungspfleger gemäß § 1909 BGB vertreten werden. Ausgenommen hiervon sind nach dem Schutzzweck der §§ 104 ff. BGB solche Rechtsgeschäfte, die dem Kind ausschließlich einen rechtlichen Vorteil verschaffen (BGH NJW 1975, 1885). Dies ist vor allem bei einer Schenkung die Regel (hierzu näher unten 2.).

2. Beschränkt geschäftsfähige Minderjährige bedürfen für den Abschluß von Rechtsgeschäften gemäß § 107 BGB grundsätzlich der Einwilligung ihres gesetzlichen Vertreters (siehe oben). Bis zu deren Vorliegen sind ihre Willenserklärungen gemäß § 108 BGB schwebend unwirksam. Ausnahmsweise können sie Rechtsgeschäfte selbst wirksam abschließen, wenn

– sie dadurch lediglich einen rechtlichen Vorteil erlangen, § 107 BGB,
– sie die vertragsmäßige Leistung mit Mitteln bewirken, die ihnen zu diesem Zweck oder zu freier Verfügung von dem Ver-

treter oder mit dessen Zustimmung von einem Dritten (Taschengeld) überlassen wurden, § 110 BGB,

- es sich um ein Rechtsgeschäft im Rahmen eines von dem Minderjährigen mit Ermächtigung des gesetzlichen Vertreters und Zustimmung des Vormundschaftsgerichts betriebenen selbständigen Erwerbsgeschäfts handelt, § 112 Abs. 1 BGB, oder

- das Rechtsgeschäft im Rahmen eines von dem gesetzlichen Vertreter genehmigten Dienst- oder Arbeitsverhältnisses vorgenommen wird, § 113 Abs. 1 BGB.

Bei der Veräußerung oder der Belastung eines dem Minderjährigen gehörenden Grundstücks liegen die vorgenannten Ausnahmen idR nicht vor. Zur Wirksamkeit des Kaufvertrages und der Übereignung ist deshalb die Einwilligung des gesetzlichen Vertreters erforderlich. Der Vormund benötigt nach § 1821 Abs. 1 Nr. 1 und 4 BGB, die Eltern benötigen nach § 1643 Abs. 1 iVm § 1821 Abs. 1 Nr. 1 und 4 BGB hierzu der Genehmigung des Vormundschaftsgerichts, das zu prüfen hat, ob beim Vertragsabschluß die Interessen des Kindes gewahrt sind. Das Vormundschaftsgericht kann die Genehmigung nur gegenüber dem gesetzlichen Vertreter erteilen, § 1643 Abs. 3, 1828 BGB. Wird die vormundschaftsgerichtliche Genehmigung erst nachträglich erteilt, so ist der Vertrag bis zur Mitteilung der Genehmigung schwebend unwirksam. Die Genehmigung wird dem Käufer gegenüber erst mit der Mitteilung durch den gesetzlichen Vertreter wirksam. Fordert der Käufer den gesetzlichen Vertreter zur Mitteilung darüber auf, ob die Genehmigung erteilt sei, so muß die Mitteilung der Genehmigung bis zum Ablauf von zwei Wochen nach dem Empfang der Aufforderung erfolgen, anderenfalls gilt die Genehmigung als verweigert, § 1829 Abs. 2 BGB. Wird der Minderjährige während der schwebenden Unwirksamkeit volljährig, so kann er durch seine eigene Genehmigung die des Vormundschaftsgerichts ersetzen, § 1829 Abs. 3 BGB.

Ob die schenkweise Übereignung eines Grundstücks an einen beschränkt geschäftsfähigen Minderjährigen diesem lediglich einen rechtlichen Vorteil iSd § 107 BGB bringt und ihre Wirksamkeit deshalb nicht von der Genehmigung durch den gesetzlichen Vertreter abhängt, ist aufgrund einer Gesamtbetrachtung von Schenkungs- und Übereignungsvertrag zu beurteilen (BGHZ 78, 32).

Abzustellen ist dabei allein auf die rechtlichen Folgen des Geschäfts (BGH LM § 107 nr. 7) und nicht auf das Ergebnis einer wirtschaftlichen Betrachtungsweise (Palandt/Heinrichs, § 107 Anm. 2a). Nicht entscheidend ist daher, ob das Grundbuch zB mit öffentlichen Lasten (BayObLG NJW 1968, 941) oder Grundpfandrechten (BayObLGZ 1979, 53) oder einem Wohnrecht (BayObLG NJW 1967, 1912) belastet ist, daß das Kind die Verkehrssicherungspflicht trifft und Steuern bezahlen muß usw., denn bei diesen Pflichten handelt es sich um Reflexwirkungen des Eigentumserwerbs, auf die es bei der Beurteilung der Frage, ob der Eigentumserwerb lediglich rechtlich vorteilhaft ist, nicht ankommt. So bleibt das Geschäft sogar dann zustimmungsfrei, wenn die Belastungen größer sind als der Grundstückswert (BayObLGZ 1979, 53). Dagegen ist der Erwerb eines vermieteten Grundstücks wegen § 571 BGB nicht rechtlich vorteilhaft (Palandt/Heinrichs § 107 Anm. 2b aa). Die Schenkung einer Eigentumswohnung bedarf auch dann der Genehmigung, wenn Teilungserklärung und Gemeinschaftsordnung wesentlich strengere Pflichten als das Gesetz begründen (BGHZ 78, 32). Der Eintritt in bestehende Verträge mit der Wohnungseigentümergemeinschaft birgt keinen rechtlichen Nachteil, da er lediglich Reflexwirkung des Eigentumserwerbs ist (aA OLG Celle NJW 1976, 2214 für den Eintritt in den Verwaltervertrag).

Zur Vermeidung von Zweifeln empfiehlt es sich, bei Erwerb und Schenkungen von Grundstücken durch bzw. an beschränkt geschäftsfähige Minderjährige die Zustimmung des gesetzlichen Vertreters einzuholen.

§ 14. Das Grundstück in der Erbengemeinschaft

I. Allgemeines

Hinterläßt der Erblasser mehrere Erben, so wird der Nachlaß gemeinschaftliches Vermögen der Erben (§ 1922 Abs. 1 BGB). Es handelt sich um eine Gesamthandsgemeinschaft. Dies besagt, daß der gesamte Nachlaß allen Erben zusammen gehört. Im Unterschied zu anderen Gesamthandsgemeinschaften, wie zB der bürgerlich rechtlichen Gesellschaft (§ 705 BGB) oder der offenen Handelsgesellschaft (§ 105 HGB) drängt die Erbengemeinschaft nach Auflösung. Jeder Miterbe kann jederzeit die Auseinandersetzung verlangen (§ 2042 Abs. 1 BGB). Für die Zwangsversteigerung eines Grundstücks zum Zwecke der Aufhebung einer Gemeinschaft gelten besondere Vorschriften (§§ 180 ff. ZVG). Ein vollstreckbarer Titel ist nicht erforderlich (§ 181 Abs. 1 ZVG). Steht der Erblasser im Grundbuch noch als Eigentümer des Grundstücks, so ist das Grundbuch unrichtig, weil es die wirkliche Rechtslage nicht wiedergibt (§ 894 BGB).

Die Eintragung in Abteilung I des Grundbuchs müßte daher lauten: „A, B und C in ungeteilter Erbengemeinschaft." Der Nachweis der Erbfolge kann im Grundbuchverkehr nur durch einen Erbschein oder durch ein öffentliches Testament in Verbindung mit dem Eröffnungsprotokoll geführt werden (§ 35 GBO). Auch in dem letzteren Falle kann der Grundbuchrichter die Vorlage eines Erbscheins verlangen. Durch ein eigenhändig geschriebenes Testament allein kann der Nachweis der Erbfolge nicht geführt werden. Allerdings bedarf es einer Voreintragung des Erben nicht, wenn er das Nachlaßgrundstück veräußern oder das Eigentum daran aufgeben will (§ 40 GBO).

Jeder Miterbe kann über seinen Anteil an dem Nachlaß (im ganzen) verfügen. Dieser Vertrag bedarf der notariellen Beurkundung. Über seinen Anteil an den einzelnen Nachlaßgegenständen kann ein Miterbe nicht verfügen (§ 2033 BGB). Die Erben können über einen Nachlaßgegenstand, aber auch über ein zum Nachlaß gehörendes Grundstück nur gemeinschaftlich verfügen (§ 2040 Abs. 1 BGB). Die vom einzelnen Miterben getroffene Verfügung wird wirksam, wenn die anderen Miterben nachträglich genehmigen BGHZ 19, 138.

II. Verwaltung

Die Verwaltung des Nachlasses steht den Erben gemeinschaftlich zu. Jeder Miterbe ist den anderen gegenüber verpflichtet, zu Maßregeln mitzuwirken, die zur ordnungsmäßigen Verwaltung erforderlich sind. Die zur Erhaltung notwendigen Maßregeln kann jeder Miterbe ohne Mitwirkung der anderen treffen (§ 2038 Abs. 1 BGB). Zu den Verwaltungsmaßnahmen zählen der

Abschluß von Mietverträgen, die Einziehung der Mietzinsen aus einem der Erbengemeinschaft gehörigen Haus, die Kündigung des Pachtvertrages über ein zum Nachlaß gehöriges Landgut (Palandt/Ederhofer § 2038 Anm. 1). Notwendige Maßregeln, die jeder Miterbe allein treffen kann, sind insbesondere dringende Reparaturen am Nachlaßgrundstück.

III. Vorerbschaft und Testamentsvollstreckung

Ist der Erbe nur Vorerbe oder ist eine Testamentsvollstreckung angeordnet, so müssen diese Anordnungen im Erbschein wiedergegeben werden (§§ 2363, 2364 BGB). Der Erbschein muß zum Ausdruck bringen, daß Testamentsvollstreckung angeordnet ist. Es darf also nicht angegeben werden, wer Testamentsvollstrecker ist. In diesem Falle würde es ich um die Ausstellung eines Testamentsvollstreckerzeugnisses handeln.

Dieselben Beschränkungen sind auch im Grundbuch zu verzeichnen (§§ 51, 52 GBO).

Bei der Vor- und Nacherbnachfolge handelt es sich um eine zeitlich gestaffelte Erbfolge in denselben Nachlaß. Der Vorerbe ist gewissermaßen ein zwischenzeitlicher Platzhalter. Der Nacherbe beerbt auch nicht den Vorerben, sondern den Erblasser. Fällt die Erbschaft dem Vorerben an, so erhält der Nacherbe ein Anwartschaftsrecht, das er nach den Vorschriften des Erbschaftskauf verkaufen kann (§§ 2100, 2371 BGB).

Der Vorerbe unterliegt gewissen Verfügungsbeschränkungen:

Die Verfügung des Vorerben über ein zur Erbschaft gehörendes Grundstück oder Recht an einem Grundstück (Hypothek usw.) ist im Falle des Eintritts der Nacherbfolge insoweit unwirksam, als sie das Recht des Nacherben vereiteln oder beeinträchtigen würden (§ 2113 Abs. 1 BGB). Der Vorerbe bestellt zB seiner Freundin an dem Nachlaßgrundstück ein dingliches Wohnrecht (§ 1093 BGB).

Das gleiche gilt von der Verfügung über einen Erbschaftsgegenstand, die unentgeltlich oder zum Zwecke der Erfüllung eines von dem Vorerben erteilten Schenkungsversprechens erfolgt (§ 2113 Abs. 2 BGB). Unentgeltlichkeit einer Verfügung ist gegeben, wenn es an einer gleichwertigen, dem Nachlaß zufließenden Gegenleistung fehlt. Als entgeltlich können nur solche Leistungen angesehen werden, durch die dem Nachlaß selbst ein Vermögensvorteil erwächst.

Die Unwirksamkeit ist von absoluter Wirkung. Solange die Vorerbschaft besteht, ist jedoch die Wirksamkeit nicht berührt.

Ist der Nacherbenvermerk im Grundbuch eingetragen, so kann die Verfügung des Vorerben über das Grundstück oder das Grundstücksrecht ohne weiteres ins Grundbuch eingetragen werden. Die Einsetzung eines Nacherben bewirkt keine Grundbuchsperre BGHZ 7, 274.

Der Nacherbe kann vom Vorerben die Eintragung des Nacherbevermerks im Wege der Grundbuchberichtigung verlangen.

Trotz der Bindung des Vorerben, die im Hinblick auf die Anwartschaft des Nacherben besteht, ist Raum für einen gutgläubigen Rechtserwerb. Die sogenannten Redlichkeitsvorschriften über den gutgläubigen Erwerb einer Sache vom Nichteigentümer finden zugunsten eines gutgläubigen Dritten beim Erwerb des Nachlaßgrundstückes vom Vorerben entsprechende Anwendung (§ 2113 Abs. 3 BGB). Für eine unmittelbare Anwendung ist kein Raum; denn der Vorerbe ist Eigentümer des Nachlasses. Der gute Glaube des Erwerbers braucht daher nicht fehlendes Eigentum zu heilen; er heilt vielmehr in diesem Falle die fehlende Verfügungsbefugnis.

Der befreite Vorerbe kann dagegen auch über Grundstücke verfügen. Eine Befreiung von dem Verbot unentgeltlicher Verfügungen kann der Erblasser aber nicht bestimmen (§ 2136 BGB).

Über einen der Verwaltung des Testamentsvollstreckers unterliegenden Nachlaßgegenstand kann der Erbe nicht verfügen. Jedoch besteht auch hier die Möglichkeit eines gutgläubigen Erwerbs (§ 2211 BGB). Das kommt bei Gegenständen in Betracht, die der Testamentsvollstrecker nicht in Besitz genommen (§ 2205 BGB), sondern im Besitz eines Erben belassen hat.

Die Möglichkeit des gutgläubigen Erwerbs wird aber durch die Kundmachung der Anordnung der Testamentsvollstreckung im Erbschein und im Grundbuch eingeschränkt.

IV. Nießbrauch als Vermächtnis

Hat der begüterte Erblasser in seinem Testament seine vier Kinder zu Alleinerben eingesetzt und bestimmt, daß seine Ehefrau an sämtlichen Nachlaßgrundstücken für die Dauer ihres Lebens den Nießbrauch erhalten soll, so handelt es sich bei dieser Anordnung um ein Vermächtnis (§ 1939 BGB). Das Eigentum an den Nachlaßgrundstücken geht mit dem Erbfall auf die Erbengemeinschaft über. Der Nießbrauch kann an den einzelnen Nachlaßgrundstücken nicht ohne weiteres eingetragen werden. Auf Grund des Vermächtnisses kann die Ehefrau von ihren Kindern nur verlangen, daß ihr der Nießbrauch an den einzelnen Grundstücken durch Einigung und Eintragung im Grundbuch eingeräumt wird (§§ 2174, 873 BGB). Die Erben müssen sich zuvor als Eigentümer der Nachlaßgrundstücke im Grundbuch eintragen lassen. Einer solchen Voreintragung bedarf es nur dann nicht, wenn die Erben die Grundstücke übereignen oder ihr Eigentumsrecht aufgeben wollen (§ 40 GBO).

§ 15. Gutgläubiger Eigentumserwerb am Grundstück und Widerspruch bei Unrichtigkeit des Grundbuches

I. Öffentlicher Glaube des Grundbuches

Zur Begründung von Rechten an Grundstücken oder an Grundstücksrechten (Hypothek, Grundschuld) ist erforderlich, daß sich der Berechtigte mit dem Erwerber einigt. Berechtigter ist der Eigentümer des Grundstücks oder zB der Inhaber der zu verpfändenden Hypothek.

Die fehlende Berechtigung kann aber durch guten Glauben des Erwerbers in Verbindung mit einem Rechtsschein geheilt werden. Dies hat seine Grundlage in dem öffentlichen Glauben des Grundbuches.

Zunächst stellt das Gesetz Vermutungen auf. Ist im Grundbuche für jemand ein Recht eingetragen, so wird vermutet, daß ihm das Recht zusteht. Ist im Grundbuch ein eingetragenes Recht gelöscht, so wird vermutet, daß das Recht nicht besteht (§ 891 BGB).

Im Hypothekenrecht wird vermutet, daß die Übergabe des Hypothekenbriefes erfolgt sei, wenn ein Gläubiger ihn in Besitz hat (§ 1117 Abs. 3 BGB).

Vermutungen allein führen aber nicht zu der notwendigen

Rechtssicherheit. Eine Vermutung ist widerlegbar (§ 292 ZPO). Deswegen stellt der Gesetzgeber eine Fiktion auf. Sie findet Ausdruck durch das Tatbestandsmerkmal „gilt". Für einen Gegenbeweis ist kein Raum.

Zugunsten desjenigen, welcher ein Recht an einem Grundstück oder ein Recht an einem solchen Rechte durch Rechtsgeschäft erwirbt, gilt der Inhalt des Grundbuches als richtig, sofern nicht eine der nachstehend zu behandelnden Ausnahmen vorliegt (§ 892 Abs. 1 Satz 1 BGB). Ist der Berechtigte in der Verfügung über ein im Grundbuch eingetragenes Recht zugunsten einer bestimmten Person beschränkt, so ist die Beschränkung dem Erwerber gegenüber nur wirksam, wenn sie aus dem Grundbuch ersichtlich oder dem Erwerber bekannt ist (§ 892 Abs. 1 Satz 2 BGB). In Betracht kommen hier relative Verfügungsbeschränkungen, zB durch Anordnung einer Testamentsvollstreckung oder einer Vor- und Nacherbschaft (s. S. 60).

Der gutgläubige Rechtserwerb gewinnt also Bedeutung, wenn das Grundbuch unrichtig ist. Eine Unrichtigkeit des Grundbuchs liegt vor, wenn sein Inhalt in Ansehung eines Rechts an dem Grundstück, eines Rechts an einem solchen Rechte oder einer Verfügungsbeschränkung mit der wirklichen Rechtslage nicht in Einklang steht.

II. Rechtsgeschäftlicher Erwerb

Der öffentliche Glaube des Grundbuchs greift aber nur bei einem rechtsgeschäftlichen Erwerb Platz. Dabei ist unter Rechtsgeschäft nicht das Verpflichtungsgeschäft, sondern die dingliche Einigung über die Bestellung des Grundstücksrechtes zu verstehen (§§ 873, 925 BGB).

Im Gegensatz zum rechtsgeschäftlichen Erwerb steht ein Erwerb, der beruht:

a) auf Gesetz;
b) auf einer Zwangsvollstreckung;
c) Arrestvollziehung.

War beispielsweise ein Ehegatte zu Unrecht als Eigentümer eines Grundstücks im Grundbuch eingetragen und vereinbart er mit seinem anderen Ehegatten Gütergemeinschaft, so kann dieser an dem Grundstück auf Grund des öffentlichen Glaubens des

Grundbuchs kein Eigentum erwerben. Der Ehevertrag, durch den die Ehegatten ihre güterrechtlichen Verhältnisse regeln (§ 1408 BGB), ist zwar ein Rechtsgeschäft. Die Rechtsfolgen, daß das Vermögen beider Ehegatten Gesamtgut wird (§ 1416 BGB), tritt jedoch kraft Gesetzes ein. Der Gutglaubensschutz nach § 892 BGB greift also nicht Platz.

Läßt ein Gläubiger auf Grund eines Urteils oder eines Arrestes auf dem Grundstück eines Bucheigentümers eine Zwangshypothek eintragen, so kann er diese, da es sich nicht um einen rechtsgeschäftlichen Erwerb handelt, gutgläubig nicht erwerben (§§ 866 Abs. 3, 932 ZPO).

Bei dem Rechtsgeschäft, das dem gutgläubigen Erwerb zugänglich ist, muß es sich um ein Verkehrsgeschäft handeln. Ein Verkehrsgeschäft ist ein solches, das mit einem Dritten abgeschlossen wird. Läßt der Bucheigentümer zu seinen Gunsten an dem nicht zu Eigentum erworbenen Grundstück eine Eigentümergrundschuld eintragen (§ 1196 BGB), so erwirbt er diese nicht, auch wenn er bezüglich der Unrichtigkeit des Grundbuchs gutgläubig ist. Es fehlt an einem Verkehrsgeschäft.

III. Guter Glaube

Ein gutgläubiger Erwerb tritt nicht ein, wenn die Unrichtigkeit des Grundbuches dem Erwerber positiv bekannt ist. Unschädlich ist dagegen eine auf grober Fahrlässigkeit beruhende Unkenntnis; anders als beim Erwerb beweglicher Sachen vom Nichtberechtigten (§ 932 Abs. 2 BGB). Unbeachtlich für den gutgläubigen Erwerb ist die Kenntnis des Notars von der Unrichtigkeit des Grundbuches (RGZ 81, 86).

Der maßgebende Zeitpunkt für die Kenntnis des Erwerbers bestimmt sich nach § 892 Abs. 2 BGB: Ist zu dem Erwerb des Rechts die Eintragung erforderlich, so ist für die Kenntnis des Erwerbers die Zeit der Stellung des Antrages maßgebend; wenn die nach § 873 BGB erforderliche Einigung jedoch erst später zustande kommt, ist die Zeit der Einigung maßgebend.

Beweispflichtig für die Kenntnis ist der Gegner des Erwerbers (Palandt/Bassenge § 892 Anm. 6).

IV. Erweiterter öffentlicher Glaube

Für zwei weitere Tatbestände greift ein erweiterter öffentlicher Glaube des Grundbuchs Platz. Dies ist der Fall, wenn an denjenigen, für welchen ein Recht im Grundbuch eingetragen ist, auf Grund dieses Rechtes eine Leistung bewirkt oder wenn zwischen ihm und einem anderen in Ansehung dieses Rechtes ein nicht unter die Vorschriften des § 892 BGB fallendes Rechtsgeschäft vorgenommen wird, das eine Verfügung über das Recht enthält (§ 893 BGB). Hierzu gehören zB Geldleistungen an den eingetragenen Gläubiger oder Löschung des Grundstücksrechts.

Bei Briefhypotheken können Kapitalzahlungen an den eingetragenen Gläubiger befreiend nur geleistet werden, sofern er im Besitz des Hypothekenbriefes ist (§§ 1144, 1145, 1150, 1155 BGB; vgl RGZ 150, 356).

Auch der persönliche Schuldner oder der Bürge sind bei Tilgung nicht geschützt, weil sie keine Leistung für die Hypothek erbringen.

Notwendig ist, daß die Leistung auf Grund des dinglichen Rechts erfolgt. Dies ist nicht der Fall, wenn ein Mieter an den vermeintlichen Eigentümer und Vermieter die Miete zahlt.

Die Vermietung und Verpachtung eines Grundstücks stellen auch in Verbindung mit der Besitzeinräumung kein Rechtsgeschäft dar, das eine Verfügung über das Eigentumsrecht enthält. Verfügungen müssen unmittelbar auf die Änderung dinglicher Rechte gerichtet sein (RGZ 90, 399).

Wohl zählt aber dazu die Bewilligung einer Vormerkung in Verbindung mit ihrer Eintragung im Grundbuch.

V. Ausschluß des Gutglaubensschutzes

Ist auf dem mit der Grunddienstbarkeit belasteten Grundstück eine Anlage, durch welche die Grunddienstbarkeit beeinträchtigt wird, errichtet worden, so unterliegt der Anspruch des Berechtigten auf Beseitigung der Beeinträchtigung der Verjährung, auch wenn die Dienstbarkeit im Grundbuch eingetragen ist. Mit der Verjährung des Anspruchs erlischt die Dienstbarkeit, soweit der Bestand der Anlage mit ihr in Widerspruch steht. Die Vorschriften über den öffentlichen Glauben des Grundbuchs finden keine Anwendung (§ 1028 BGB).

Die Störungsanlage (Mauer) ist für jeden sichtbar. Sie muß daher stärker wirken als die juristische Publizität des Grundbuchs.

Soweit eine hypothekarisch abgesicherte Forderung auf Rückstände von Zinsen oder andere Nebenleistungen gerichtet ist, bestimmt sich die Übertragung sowie das Rechtsverhältnis zwischen dem Eigentümer und dem neuen Gläubiger nach den für die Übertragung von Forderungen geltenden allgemeinen Vorschriften (§ 1159 Abs. 1 S. 1 BGB). stehen dem Eigentümer alle Einwendungen zu. Für Rückstände von vereinbarten und gesetzlichen Zinsen und Nebenleistungen gilt der öffentliche Glaube des Grundbuchs nicht (§ 1159 Abs. 2 BGB). Dies folgt daraus, daß das Grundbuch nur Auskunft über das Zinsrecht im ganzen, jedoch nicht über die einzelnen Zinsbeträge zu geben hat (Palandt/Bassenge § 1159 Anm. 1).

Die Berufung auf §§ 892, 893 BGB ist auch ausgeschlossen, wenn die Unrichtigkeit des Grundbuches aus dem Hypothekenbrief oder aus einem hierauf befindlichen Vermerk hervorgeht (§ 1140 Satz 1 BGB).

VI. Widerspruch

Ein gutgläubiger Erwerb ist auch dann ausgeschlossen, wenn im Grundbuch ein Widerspruch gegen die Richtigkeit eingetragen ist. Ein Widerspruch gegen die Richtigkeit des Grundbuchs, der aus dem Hypothekenbrief oder einem Vermerk auf dem Briefe hervorgeht, steht einem im Grundbuch eingetragenen Widerspruch gleich (§ 1140 Satz 2 BGB).

Derjenige, dessen Recht nicht oder nicht richtig eingetragen oder durch die Eintragung einer nicht bestehenden Belastung oder Beschränkung beeinträchtigt ist, kann die Zustimmung zu der Berichtigung des Grundbuchs von demjenigen verlangen, dessen Recht durch die Berichtigung betroffen wird (§ 894 BGB). Der Berichtigungsanspruch ist ein dinglicher Anspruch. Er unterliegt nicht der Verjährung (§ 898 BGB).

Muß der Berichtungsanspruch gerichtlich geltend gemacht werden, so kann es geraume Zeit dauern, bis der Kläger ein obsiegendes Urteil erstritten hat (§ 894 ZPO). Es besteht daher ein Bedürfnis für eine schnelle Absicherung. Diesem Zweck dient der Widerspruch. Er protestiert und bereitet lediglich eine Textänderung vor.

Ähnlich wie die Vormerkung (oben § 6) erfolgt die Eintragung eines Widerspruchs:

a) Auf Grund einer einstweiligen Verfügung;

b) auf Grund einer Bewilligung desjenigen, dessen Recht durch die Berichtigung des Grundbuchs betroffen wird (§ 899 BGB);

c) auf Grund eines vorläufig vollstreckbaren Urteils (§ 895 ZPO); auch für Anspruch auf Entziehung des Wohnungseigentums (KG MDR 79, 674).

Zur Erlassung der einstweiligen Verfügung ist nicht erforderlich, daß eine Gefährdung des Rechtes des Widersprechenden glaubhaft gemacht wird (§ 899 Abs. 2 Satz 2 BGB). Die Gefährdung ist offenkundig. Sie ergibt sich aus dem öffentlichen Glauben des Grundbuchs, der einen gutgläubigen Rechtserwerb ermöglicht.

Grundsätzlich schließen sich Vormerkung und Widerspruch aus. Dies folgt daraus, daß eine Vormerkung der Absicherung schuldrechtlicher Ansprüche, ein Widerspruch der Absicherung eines dinglichen Anspruchs dient.

Möglich ist aber auch ein schuldrechtlicher Grundbuchberichtigungsanspruch, der durch eine Vormerkung abgesichert werden kann. Hat zB ein Paralytiker ein Grundstück veräußert und ist der Käufer im Grundbuch eingetragen, so ist die Verkaufs- und Übereignungsofferte nichtig (§ 105 Abs. 1 BGB). Der gute Glaube des Käufers heilt auch nicht Mängel in der Geschäftsfähigkeit. Ein Geschäftsunfähiger wird immer auf Kosten seines Gegenkontrahenten geschützt. Das Grundbuch ist daher unrichtig. Der Vormund des Paralytikers müßte deshalb einen Widerspruch gegen die Richtigkeit des Grundbuchs eintragen lassen.

In diesem Falle bietet sich aber auch wahlweise eine Vormerkung an. Der Käufer ist um die Eintragung im Grundbuch ungerechtfertigt bereichert. Die Eintragung im Grundbuch ist ein Rechtsschein und ein ,,etwas" iS des § 812 BGB. Mit dem Anspruch aus ungerechtfertigter Bereicherung, einem schuldrechtlichen Anspruch, kann der Verkäufer zwar nicht die Rückübereignung verlangen, da er Eigentümer geblieben ist. Er kann aber die Rückübertragung des Bucheigentums fordern. Zur Absicherung dieses Anspruchs kann eine Vormerkung eingetragen werden.

Ausnahmsweise kann ein Widerspruch auf die einfache Behauptung, daß das Grundbuch unrichtig sei, eingetragen werden. Dies ist bei der nicht valutierten Darlehnsbuchhypothek der Fall.

Ist bei der Bestellung einer Hypothek für ein Darlehn – also nicht bei einer Kaufpreisforderung, falls der Kaufvertrag gewandelt wird – die Erteilung des Hypothekenbriefes ausgeschlossen worden, so genügt zur Eintragung eines Widerspruchs, der sich darauf gründet, daß die Hingabe des Darlehns unterblieben sei, der von dem Eigentümer an das Grundbuchamt gerichtete Antrag, sofern er vor dem Ablauf eines Monats nach der Eintragung der Hypothek gestellt wird. Wird der Widerspruch innerhalb des Monats eingetragen, so hat die Eintragung die gleiche Wirkung, wie wenn der Widerspruch zugleich mit der Hypothek eingetragen worden wäre (§ 1139 BGB). Die Eintragung des Widerspruchs hat also rückwirkende Kraft. Der öffentliche Glaube des Grundbuchs greift erst nach Ablauf eines Monats Platz.

Zu beachten ist, daß ein eingetragener Widerspruch in jedem Falle gegen einen Dritten wirkt. Es kommt nicht darauf an, daß er von der Eintragung des Widerspruchs Kenntnis erlangt hat.

Entsprechend der Amtsvormerkung (oben § 6) kennt die Grundbuchordnung auch einen Amtswiderspruch (§ 53 GBO). Auch dieser setzt eine Unrichtigkeit des Grundbuchs voraus. Die Unrichtigkeit des Grundbuchs muß aber darauf zurückzuführen sein, daß das Grundbuch infolge Verletzung gesetzlicher Vorschriften unrichtig geworden ist. Dies wäre gegeben, wenn irrtümlich auf ein Grundstück eine Grundschuld eingetragen worden wäre, von dessen Eigentümer aber überhaupt keine Eintragungsbewilligung vorlag; so etwa, wenn dem Grundbuchbeamten eine Namensverwechslung unterlaufen ist.

§ 16. Vorkaufsrechte bei Grundstücken

I. Die verschiedenen Vorkaufsrechte

Im BGB geregelt ist das schuldrechtliche (unten II.) und das dingliche (unten III.) Vorkaufsrecht. Diese Vorkaufsrechte müssen vertraglich begründet werden. Lediglich der Miterbe hat nach § 2034 BGB ein gesetzliches Vorkaufsrecht, wenn ein anderer Miterbe seinen Anteil verkauft. Gesetzliche Vorkaufsrechte, die für Grundstücke bedeutsam sind, finden sich jedoch in anderen Gesetzen (unten IV.).

II. Das schuldrechtliche Vorkaufsrecht

Das schuldrechtliche Vorkaufsrecht begründet das Recht, das Grundstück zu den Bedingungen zu erwerben, zu denen der Verpflichtete es an einen Dritten verkauft hat. Es erfolgt kein Eintritt in den Kaufvertrag. Vielmehr kommt durch Erklärung des Berechtigten gegenüber dem Verpflichteten ein neuer Kaufvertrag zustande (§ 505 Abs. 2 BGB). Es kann für Gegnstände jeder Art begründet werden. Der schuldrechtliche Vertrag wirkt aber – wie grundsätzlich alle Schuldverhältnisse – nur zwischen den Parteien, nicht gegenüber Dritten. Das ist anders beim dinglichen Vorkaufsrecht, das im übrigen ähnliche Wirkungen hat, das aber – wie noch auszuführen sein wird – nur an einem Grundstück oder grundstücksgleichen Recht zulässig ist.

Die Regelung des BGB über das schuldrechtliche Verkaufsrecht besagt folgendes:

Wer in Ansehung eines Gegenstandes zum Vorkaufe berechtigt ist, kann das Vorkaufsrecht ausüben, sobald der Verpflichtete mit einem Dritten einen Kaufvertrag über den Gegenstand geschlossen hat (§ 504 BGB). Zur Begründung ist ein formgültiger Vorkaufvertrag erforderlich. Bei Grundstücken bedarf er der notariellen Beurkundung (§ 313 BGB). Dies ist von besonderer Bedeutung, wenn in einem langfristigen Grundstücksmietvertrag, der der Schriftform bedarf (§ 566 BGB), ein Vorkaufsrecht vereinbart wird. Der nur schriftlich festgelegte Vorkaufsvertrag ist wegen Formmangels nichtig (§ 125 BGB) (RGZ 125, 263).

Ebenso bedarf ein Vorvertrag über die Verpflichtung zur Bestellung eines Vorkaufsrechtes an einem Grundstück der notariellen Beurkundung (RGZ 107, 39).

Eine Heilung erfolgt nicht schon durch Eintragung einer Vormerkung für den formgültigen Anspruch (RG JW 1934, 2545).

Das Vorkaufsrecht kann nur ausgeübt werden, wenn der Verpflichtete mit einem Dritten einen Kaufvertrag über den Gegenstand abgeschlossen hat. Der Vorkaufsfall entsteht daher nicht bei Abschluß eines Tauschvertrages, einer Schenkung oder Einbringung in eine Gesellschaft.

Die Ausübung des Vorkaufsrechts erfolgt durch Erklärung gegenüber dem Verpflichteten. Die Erklärung bedarf nicht der für den Kaufvertrag bestimmten Form (§ 505 Abs. 1 BGB).

Mit der Ausübung des Vorkaufsrechts kommt der Kauf zwischen dem Berechtigten und dem Verpflichteten unter den Bedingungen zustande, welche der Verpflichtete mit dem Dritten vereinbart hat. Der Vorkaufsberechtigte tritt also nicht in den abgeschlossenen Kaufvertrag ein. Es entstehen keine Rechtsbeziehungen zwischen dem Berechtigten und dem ersten Käufer (BGH LM Nr. 4).

Eine Vereinbarung des Verpflichteten mit dem Dritten, durch welche der Kauf von der Nichtausübung des Vorkaufsrechts abhängig gemacht oder dem Verpflichteten für den Fall der Ausübung des Vorkaufsrechts der Rücktritt vorbehalten wird, ist dem Vorkaufsberechtigten gegenüber unwirksam (§ 506 BGB).

Umgehungsgeschäfte, durch die das Vorkaufsrecht vereitelt wird, sind grundsätzlich wegen Verstoßes gegen die guten Sitten nichtig (§ 138 BGB). Hierher zählt zB die Bestellung des Nießbrauchs an dem Grundstück, um die Ausübung des Vorkaufsrechts zu verhindern (BGH BB 1961, 311).

Hat sich der Dritte in dem Vertrage zu einer Nebenleistung – zB die Winterkartoffeln zu liefern, dem Sohn Nachhilfestunden zu erteilen – verpflichtet, die der Vorkaufsberechtigte nicht erbringen kann, so hat der Vorkaufsberechtigte statt der Nebenleistung ihren Wert zu entrichten. Läßt sich die Nebenleistung nicht in Geld schätzen, so ist die Ausübung des Vorkaufsrechts nicht möglich. Die Vereinbarung der Nebenleistung kommt jedoch nicht in Betracht, wenn der Vertrag mit dem Dritten auch ohne sie geschlossen sein würde (§ 507 BGB).

Ist dem Dritten in dem Vertrage der Kaufpreis gestundet worden, so kann der Vorkaufsberechtigte die Stundung, die eine Angelegenheit persönlichen Vertrauens ist, nur dann beanspruchen, wenn er für den gestundeten Betrag Sicherheit leistet. Ist ein Grundstück Gegenstand des Vorkaufs, so bedarf es aber der Sicherheitsleistung insoweit nicht, als für den gestundeten Kaufpreis die Bestellung einer Hypothek an dem Grundstück vereinbart oder in Anrechnung auf den Kaufpreis eine Schuld, für die eine Hypothek an dem Grundstück besteht, übernommen worden ist (§ 509 BGB).

Von dem Vorkaufsfall erhält der Vorkaufsberechtigte durch eine Anzeige Kenntnis. Der Verpflichtete muß dem Vorkaufsberechtigten den Inhalt des mit dem Dritten geschlossenen Vertrages ohne schuldhaftes Zögern mitteilen. Allerdings genügt

auch eine Mitteilung des Dritten. Mitzuteilen ist auch eine Ge-
nehmigungsbedürftigkeit des Vertrages. Ist die Genehmigung erteilt, so ist auch dieses mitzuteilen (BGHZ 23, 342). Das gilt zB,
wenn das Grundstück eines Minderjährigen verkauft werden soll
(Genehmigung des Vormundschaftsgerichts, s.o. § 13).

Für die Ausübung des Vorkaufsrechts sind Fristen vorgesehen,
die vertraglich verlängert oder verkürzt werden können. Das
Vorkaufsrecht kann bei Grundstücken nur bis zum Ablaufe von
zwei Monaten, bei anderen Gegenständen nur bis zum Ablaufe
einer Woche nach dem Empfange der Mitteilung ausgeübt werden (§ 510 Abs. 2 BGB).

Im Zweifel erstreckt sich das Vorkaufsrecht nicht auf einen
Verkauf, der mit Rücksicht auf ein künftiges Erbrecht an einen
gesetzlichen Erben erfolgt (§ 511 BGB). Ob der Käufer als Ver-
trags- oder Testamentserbe eingesetzt ist, spielt keine Rolle, sofern er nur zu den gesetzlichen Erben zählt.

Das Vorkaufsrecht ist ausgeschlossen, sofern der Verkauf im
Wege der Zwangsvollstreckung oder durch den Konkursverwalter erfolgt (§ 512 BGB).

Mangels einer anderweitigen Vereinbarung ist das Vorkaufsrecht nicht übertragbar und geht auch nicht auf die Erben des
Berechtigten über. Ist das Recht auf eine bestimmte Zeit beschränkt, so ist es im Zweifel vererblich (§ 514 BGB).

Die durch Ausübung des Vorkaufsrechts erworbenen Rechte
sind dagegen frei übertragbar und vererblich (RGZ 163, 148).

III. Das dingliche Vorkaufsrecht

Ein dingliches Vorkaufsrecht kann bei Grundstücken vereinbart werden. Bei beweglichen Sachen gibt es kein dingliches Vorkaufsrecht. Das schuldrechtliche Vorkaufsrecht bei Grundstük-
ken kann durch eine Vormerkung abgesichert werden.

Ein Grundstück kann in der Weise belastet werden, daß derjenige, zu dessen Gunsten die Belastung erfolgt, dem Eigentümer
gegenüber zum Vorkaufe berechtigt ist (§ 1094 Abs. 1 BGB). Die
Bestellung erfolgt durch Einigung und Eintragung (§ 873 BGB).
Es kann auch zu Gunsten des jeweiligen Eigentümers eines anderen Grundstücks bestellt werden.

Eine Erstreckung auf das Zubehör, das mit dem Grundstück

verkauft wird, ist möglich. Im Zweifel ist anzunehmen, daß sich das Vorkaufsrecht auf dieses Zubehör erstrecken soll.

Ein Bruchteil eines Grundstücks kann mit dem Vorkaufsrecht nur belastet werden, wenn er in dem Anteil eines Miteigentümers besteht (§ 1095 BGB). Der Anteil eines Gesamthandseigentümers ist nicht belastbar.

Das Vorkaufsrecht beschränkt sich auf den Fall des Verkaufs durch den Eigentümer, welchem das Grundstück zur Zeit der Bestellung gehört, oder durch dessen Erben. Es kann jedoch auch für mehrere oder für alle Verkaufsfälle bestellt werden (§ 1097 BGB).

Das Rechtsverhältnis zwischen dem Berechtigten und dem Verpflichteten bestimmt sich weitgehend nach den Vorschriften des schuldrechtlichen Vorkaufsrechtes. Das dingliche Vorkaufsrecht kann jedoch auch dann ausgeübt werden, wenn das Grundstück von dem Konkursverwalter aus freier Hand verkauft wird (§ 1098 Abs. 1 BGB).

Dritten gegenüber hat das dingliche Vorkaufsrecht die Wirkung einer Vormerkung (vgl oben § 6) zur Sicherung des durch die Ausübung des Rechtes entstehenden Anspruchs auf Übertragung des Eigentums (§§ 1098 Abs. 2, 888 BGB).

Das Vorkaufsrecht kann immer erst nach Abschluß eines formgültigen Kaufvertrages ausgeübt werden (BGHZ 14, 1).

Mit der Ausübung des Vorkaufsrechts kommt ein selbständiger schuldrechtlicher Kaufvertrag zwischen dem Verpflichteten und dem Berechtigten zustande. Der Berechtigte kann nach Ausübung des Vorkaufsrechtes von dem ersten Käufer und dessen Rechtsnachfolger die Herausgabe des Grundstücks verlangen. War der Käufer bereits Eigentümer geworden, so kann er von ihm die Zustimmung zur Auflassung verlangen.

Ein dingliches Vorkaufsrecht mit einem fest bestimmten Kaufpreis kann jedoch nicht in das Grundbuch eingetragen werden (RGZ 104, 122). Das Rechtsverhältnis zwischen dem Berechtigten und dem Verpflichteten bestimmt sich auch beim dinglichen Vorkaufsrecht nach den Vorschriften der §§ 504–514 BGB. Durch diese Inbezugnahme der Vorschriften über das schuldrechtliche Vorkaufsrecht werden sie für das dingliche Vorkaufsrecht zwingendes Recht. In den erwähnten Bestimmungen des Schuldrechts ist aber von einem Vorkaufsrecht mit einem Preislimit nicht die Rede. Daraus folgt, daß ein dingliches Vorkaufsrecht mit Preislimit im Grundbuch nicht eingetragen werden kann.

Ein trotzdem eingetragenes limitiertes Vorkaufsrecht kann jedoch in ein vorgemerktes obligatorisches Vorkaufsrecht mit festem Preis umgedeutet werden. Möglich ist auch, daß die Löschung der Preisbestimmung im Grundbuch erfolgt, wenn sich die Parteien auch ohne das Preislimit geeinigt hätten RGZ 110, 328).

Während die Auflassungsvormerkung (s. oben § 6) in der Zwangsversteigerung wie das Vollrecht wirkt (§ 48 ZVG), erlischt das dingliche Vorkaufsrecht in der Zwangsversteigerung (§§ 1098 Abs. 1, 512 BGB).

Der neue Eigentümer kann, wenn er Käufer oder Rechtsnachfolger des Käufers ist, die Zustimmung zur Eintragung des Vorkaufsberechtigten als Eigentümer und die Herausgabe des Grundstückes an diesen verweigern, bis ihm der zwischen den Verpflichteten und dem Käufer vereinbarte Kaufpreis, soweit er berichtigt ist, erstattet wird. Erlangt der Berechtigte die Eintragung als Eigentümer, so kann der bisherige Eigentümer von ihm die Erstattung des berichtigten Kaufpreises gegen Herausgabe des Grundstücks fordern (§ 1100 BGB).

Die Kosten des ersten Kaufvertrages, einschließlich der Notarkosten, kann er auch erstattet verlangen. Jedoch besteht kein Anspruch auf Rückerstattung der gezahlten Grunderwerbsteuer.

Soweit der Berechtigte dem Käufer oder dessen Rechtsnachfolger den Kaufpreis zu erstatten hat, wird er von der Verpflichtung zur Zahlung des aus dem Vorkaufe geschuldeten Kaufpreises frei (§ 1101 BGB).

Verliert der Käufer oder sein Rechtsnachfolger infolge der Geltendmachung des Vorkaufsrechts das Eigentum, so wird der Käufer, soweit der von ihm geschuldete Kaufpreis noch nicht berichtigt ist, von seiner Verpflichtung frei. Den berichtigten Kaufpreis kann er nicht zurückfordern (§ 1102 BGB).

Ein zugunsten des jeweiligen Eigentümers eines Grundstücks bestehendes Vorkaufsrecht kann nicht von dem Eigentum an diesem Grundstück getrennt werden. Ein zugunsten einer bestimmten Person bestehendes Vorkaufsrecht kann nicht mit dem Eigentum an einem Grundstück verbunden werden (§ 1103 BGB). Ein subjektiv persönliches Vorkaufsrecht kann also nicht in ein subjektiv dingliches oder umgekehrt umgewandelt werden.

IV. Gesetzliche Vorkaufsrechte

Gesetzliche Vorkaufsrechte der Gemeinde enthält das BBauG in seinen §§ 24 ff. Voraussetzung für die Ausübung des allgemeinen Vorkaufsrechts (§ 24 BBauG) ist, daß ein Grundstück verkauft wird, das entweder

1. im Geltungsbereich eines Bebauungsplanes liegt oder
2. in einem Gebiet liegt, für das die Gemeinde die Aufstellung eines Bebauungsplanes beschlossen hat und in dem kein Vorkaufsrecht nach § 25 BBauG (s. u.) besteht, oder
3. in ein Verfahren zur Bodenordnung einbezogen ist.

Das Vorkaufsrecht darf nur ausgeübt werden, wenn das Wohl der Allgemeinheit dies rechtfertigt (§ 24 Abs. 2 Satz 1 BBauG).

Ein besonderes Vorkaufsrecht hat die Gemeinde zur Sicherung von städtebaulichen Erhaltungszielen (§§ 24 a, 39 h BBauG) und zur Sicherung einer geordneten städtebaulichen Entwicklung, sofern eine entsprechende Satzung besteht (§ 25 BBauG). Schließlich besteht unter den Voraussetzungen des § 25 a BBauG ein besonderes Vorkaufsrecht, wenn die Gemeinde aus städtebaulichen Gründen ein anderes Grundstück benötigt und dessen Eigentümer das verkaufte Grundstück als Austausch- oder Ersatzland zur Verfügung stellen will.

Unter Umständen kann das Vorkaufsrecht auch zugunsten eines Dritten ausgeübt werden (vgl § 27 BBauG).

Die Ausübung des Vorkaufsrechts erfolgt binnen zwei Monaten nach Mitteilung des Kaufvertrages an die Gemeinde durch Verwaltungsakt (§ 24 Abs. 4 Satz 1 BBauG). Zu dieser Mitteilung ist der Veräußerer verpflichtet, das Grundbuchamt darf den Eigentümerwechsel in das Grundbuch nur eintragen, wenn ihm die Nichtausübung oder das Nichtbestehen des Vorkaufsrechts nachgewiesen ist (§ 23 Abs. 5 BBauG).

Die Gemeinde erwirbt das Eigentum, wenn der Bescheid über die Ausübung des Vorkaufsrechts unanfechtbar oder im Falle eines Rechtsstreits das Urteil über die Zulässigkeit der Ausübung des Vorkaufsrechts rechtskräftig ist und der Übergang des Eigentums auf Ersuchen der Gemeinde in das Grundbuch eingetragen ist (§ 28 a Abs. 5 BBauG).

Die Vorkaufsrechte nach dem BBauG werden ergänzt durch dasjenige nach § 17 StBauFG. Danach steht der Gemeinde unter den dort näher bezeichneten Voraussetzungen ein Vorkaufsrecht beim Kauf von bebauten und unbebauten Grundstücken zu, die in einem förmlich festgelegten Sanierungsgebiet belegen sind.

V. Anhang: Ankaufsrecht

Gelegentlich kommt es vor, daß die Parteien vertraglich ein Ankaufsrecht (Option) vereinbaren. Eine gesetzliche Regelung hierfür besteht nicht. Es muß deshalb im Wege der Auslegung geklärt werden, was die Parteien unter einem Ankaufsrecht verstehen (BGH NJW 1967, 16095). In Betracht kommen dabei insbesondere folgende Möglichkeiten:
1. Ein einseitiges Verkaufsangebot.
2. Ein Vorvertrag.
3. Ein Kaufvertrag, der dadurch aufschiebend bedingt ist, daß der Berechtigte das vereinbarte Ankaufsrecht ausübt.

§ 17. Rechte Dritter an Grundstücken

An Grundstücken können einem Dritten nur solche Rechte eingeräumt werden, die das Sachenrecht vorsieht. Während im Schuldrecht der Grundsatz der Vertragsfreiheit gilt, ist der Kreis der Sachenrechte abgeschlossen. Nur ausnahmsweise gilt beim Nießbrauch der Grundsatz der Vertragsfreiheit. Er kann durch den Ausschluß einzelner Nutzungen beschränkt werden (§ 1030 Abs. 2 BGB). Den Parteien steht es also nicht frei, neue Sachenrechte, die das Gesetz nicht vorsieht, zu schaffen. So kann zB kraft Vereinbarung ein dingliches Wiederkaufsrecht im Grundbuch nicht eingetragen werden.

Wenn man von den Rechten Dritter an einem Grundstück spricht, denkt man in erster Linie an die Grundpfandrechte. In Betracht kommen die Hypothek, Grundschuld und Rentenschuld.

I. Hypothek

1. Grundsätzliches

Ein Grundstück kann nach § 1113 BGB in der Weise belastet werden, daß der Begünstigte eine bestimmte Geldsumme zur Befriedigung wegen einer ihm zustehenden Forderung (auch einer künftigen oder bedingten) aus dem Grundstücke verlangen kann.

Hieraus ergibt sich, daß die Hypothek immer vom Bestehen einer Forderung abhängig ist. Sie kann ohne Forderung nicht begründet werden. Sie wird zur Eigentümergrundschuld, wenn die Forderung erlischt. Sie kann ohne die Forderung nicht abgetreten, belastet oder gepfändet werden.

Der persönliche Forderungsschuldner und der Grundstückseigentümer müssen jedoch nicht identisch sein. Der Eigentümer kann auch zur Sicherung einer Forderung gegen einen Dritten eine Hypothek an seinem Grundstück bestellen. Da die Zahlung aus dem Grundstücke erfolgt, haftet der Grundstückseigentümer, sofern nicht eine andere Abrede getroffen ist, nicht persönlich. Er ist zwar berechtigt, den Gläubiger zu befriedingen (§ 1142 BGB), hierzu aber nicht verpflichtet. Er muß lediglich die Zwangsvollstreckung dulden (§ 1147 BGB).

2. Die verschiedenen Hypothekenarten

a) Briefhypothek

Die Briefhypothek ist der gesetzliche Regelfall der Verkehrshypothek (s. u.). Sie hat ihren Namen daher, daß nach § 1116 Abs. 1 BGB ein Hypothekenbrief erteilt wird.

b) Buchhypothek

Der Gegensatz zur Briefhypothek ist die Buchhypothek. Bei Buchhypotheken ist die Erteilung des Hypothekenbriefes ausgeschlossen. Dies beruht bei der Sicherungshypothek (s. S. 77) auf § 1185 Abs. 1 BGB. Bei der Verkehrshypothek kann die Erteilung des Briefes rechtsgeschäftlich ausgeschlossen werden.

c) Verkehrshypothek

Die Verkehrshypothek ist die gewöhnliche Form der Hypothek. Sie wird so genannt, weil sie dadurch „verkehrsfähig" ist,

daß nach § 1138 BGB der gute Glaube auch hinsichtlich der zugrunde liegenden Forderung und eventueller Einreden geschützt
wird.

d) Sicherungshypothek

Den Gegensatz hierzu bildet die Sicherungshypothek (§ 1184
BGB). Sie muß im Grundbuch als solche bezeichnet werden. Das
Recht des Gläubigers aus der Hypothek bestimmt sich nur nach
der zugrundeliegenden Forderung; der Gläubiger kann sich zum
Beweis der Forderung nicht auf die Eintragung berufen. Der
Gutglaubensschutz nach § 1138 BGB ist durch § 1185 Abs. 2
BGB ausgeschlossen.

e) Gesamthypothek

Die Gesamthypothek (§ 1132 BGB) ist dadurch gekennzeich-
net, daß für eine Forderung eine Hypothek an mehreren Grundstücken besteht. Der Gläubiger kann nach seinem Belieben aus
jedem belasteten Grundstück ganz oder teilweise Befriedigung
suchen. Er kann auch den Betrag der Forderung auf die einzelnen
Grundstücke so verteilen, daß jedes Grundstück nur für den zugeteilten Betrag haftet.

f) Höchstbetragshypothek

Bei der Höchstbetragshypothek (§ 1190 BGB) wird nur der
Höchstbetrag bestimmt, bis zu dem das Grundstück haftet, im
übrigen wird die Feststellung der Forderung vorbehalten. Zinsen
werden in den Höchstbetrag eingerechnet. Auch ohne besondere
Bezeichnung im Grundbuch gilt die Höchstbetragshypothek als
Sicherungshypothek (s. o.).

3. Die Begründung der Hypothek

a) Verkehrshypothek

Die Begründung der Verkehrshypothek erfordert:
- eine Forderung (s. S. 76);
- die Einigung mit dem Grundstückseigentümer;
- die Eintragung der Hypothek im Grundbuch;
- die Übergabe des Hypothekenbriefes vom Eigentümer an den
  Gläubiger oder die Vereinbarung, daß sich der Gläubiger den
  Brief vom Grundbuchamt aushändigen lassen kann
  oder

bei einer Verkehrshypothek, die als Buchhypothek bestellt wird, die Einigung des Gläubigers und des Grundstückseigentümers sowie die Eintragung im Grundbuch, daß die Erteilung des Hypothekenbriefes ausgeschlossen wird.

Ein Bruchteil eines Grundstücks kann mit einer Hypothek nur belastet werden, wenn er in dem Anteil eines Miteigentümers besteht (§ 1114 BGB).

Gehört das Grundstück mehreren zur gesamten Hand, so kann der ideelle Anteil eines Gesamthänders nicht mit einer Hypothek belastet werden (RGZ 88, 21). Würde eine solche Belastung in das Grundbuch eingetragen, so handelte es sich um eine inhaltlich unzulässige Eintragung. Sie ist von Amts wegen zu löschen (§ 53 GBO). Als unzulässige Eintragung nimmt sie am öffentlichen Glauben des Grundbuchs nicht teil.

Während die Auflassung bedingungsfeindlich ist, kann für eine unbedingte Geldforderung eine bedingte Hypothek eingetragen werden. Die dingliche Einigung gem. § 873 BGB ist nicht bedingungsfeindlich. Bei einer bedingten Hypothekenbestellung bedarf die Bedingung der Eintragung in das Grundbuch.

Für die Eintragung der Hypothek gilt das Spezialitätsprinzip. Dies besagt, daß bei der Eintragung der Hypothek der Gläubiger, der Geldbetrag der Forderung und, wenn die Forderung verzinslich ist, der Zinssatz, wenn andere Nebenleistungen zu entrichten sind, der Geldbetrag im Grundbuch angegeben werden müssen; im übrigen kann zur Bezeichnung der Forderung auf die Eintragungsbewilligung Bezug genommen werden (§ 1115 Abs. 1 BGB).

Der Zinssatz muß bestimmt sein. Zulässig ist auch die Eintragung, daß der Gläubiger berechtigt ist, bei künftig eintretenden Änderungen der von den öffentlichen Sparkassen für Hypothekendarlehn angesetzten Zinsen auch die der Hypothek im Rahmen des Höchst-Mindestsatzes durch Erklärung gegenüber dem Schuldner zu ändern (BGHZ 85, 22).

Große Bedeutung hat der gleitende Zinssatz erlangt. Er bringt zum Ausdruck, daß die Zinsen entsprechend dem Zinssatz der Kreditinstitute oder entsprechend dem jeweiligen Bankdiskont zu bestimmen sind. Der gleitende Zinssatz muß jedoch durch Eintragung eines Höchstsatzes nach oben begrenzt sein.

Ist die Geldforderung noch nicht bestimmt, so kommt nur eine Höchstbetragshypothek in Betracht.

Für Forderungen aus Inhaber-, nicht aber Orderpapieren und für Eigentümergrundschulden genügt statt der Einigung die Erklärung des Eigentümers gegenüber dem Grundbuchamt, daß er die Hypothek bestelle sowie die Eintragung in das Grundbuch (§§ 1188, BGB). Hier ist also das materielle Konsensprinzip durchbrochen.

b) Sicherungshypothek

Für die rechtsgeschäftliche Bestellung einer Sicherungshypothek gelten die gleichen Grundsätze wie bei der Verkehrshypothek, jedoch mit einer Ausnahme: Da die Erteilung des Hypothekenbriefes kraft Gesetzes (§ 1185 Abs. 1 BGB) ausgeschlossen ist, kann ein Hypothekenbrief nicht übergeben werden und es bedarf auch keines Ausschlusses der Erteilung.

Kraft Gesetzes entsteht die Sicherungshypothek bei Pfändung oder Verpfändung eines Auflassungsanspruches, wenn die Eigentumsübertragung vorgenommen wird (§ 848 Abs. 2 ZPO, § 1287 Satz 2 BGB; s. S. 23 ff.).

Sicherungshypotheken können auch im Wege der Zwangsvollstreckung eingetragen werden (§§ 866, 867, 932 ZPO).

Schließlich kann eine Sicherungshypothek auch auf gerichtliches Ersuchen im Grundbuch eingetragen werden (§ 130 ZVG im Zwangsversteigerungsverfahren; § 54 FGG als Sicherheit bei Vormundschaft, Pflegschaft oder Beistandschaft).

Einen gesetzlichen Anspruch auf Einräumung einer Sicherungshypothek hat der Unternehmer eines Bauwerks (§ 648 BGB). Während sonst der Unternehmer für seine Forderungen aus dem Werkvertrag an den von ihm hergestellten oder ausgebesserten beweglichen Sachen des Bestellers ein gesetzliches, mit Besitz verbundenes Pfandrecht hat (§ 647 BGB), hat der Bauwerkunternehmer keine gesetzliche Hypothek. Ihm steht nach Baubeginn entsprechend der geleisteten Arbeiten nur ein Anspruch auf Bestellung einer Hypothek zu (§ 648 BGB).

Unternehmer eines Bauwerks ist auch der Architekt, der im Rahmen eines Werkvertrages mit dem Besteller tätig wird (BGH 51, 190). Allerdings muß die Leistung des Architekten in eine so enge Beziehung zu dem Grundstück getreten sein, daß dadurch sein Wert vergrößert wird. Besteht zwischen Statiker und Bauherrn ein Werkvertrag, so ist auch ihm ein Anspruch auf Bestellung der Sicherungshypothek zuzubilligen. Der Eintragung einer

Sicherungshypothek kommt jedoch dann keine Bedeutung zu, wenn das Grundstück bereits erheblich mit Grundpfandrechten belastet ist (vgl. § 879 BGB).

Unter Umständen entfällt ein Anspruch auf Bestellung einer Sicherungshypothek. Dies mag folgender Fall verdeutlichen: Eigentümerin eines Grundstücks ist eine Ehefrau, die mit ihrem Ehemann in Zugewinngemeinschaft lebt (§ 1363 BGB). Der Ehemann läßt auf Grund eines von ihm im eigenen Namen abgeschlossenen Werkvertrages auf dem Grundstück seiner Ehefrau ein Haus errichten. Der Bauunternehmer hat nur einen Anspruch auf Bestellung der Sicherungshypothek gegen den Schuldner aus dem Werkvertrag (§ 631 BGB). Dies aber ist der Ehemann. Er ist aber nicht Eigentümer des Grundstücks. Andererseits haftet bei dem gesetzlichen Güterstand der Zugewinngemeinschaft ein Ehegatte nicht für Schulden des anderen Ehegatten. Aus diesen Gründen entfällt ein Anspruch auf Bestellung einer Sicherungshypothek.

Eine Sicherungshypothek muß stets als solche im Grundbuch bezeichnet werden (§ 1184 Abs. 2 BGB).

Bei der Sicherungshypothek für verbriefte Forderungen sowie bei der Höchstbetragshypothek ist dies nicht notwendig (§§ 1187 Satz 2, 1190 Abs. 3 BGB).

4. Rang

Für den Hypothekengläubiger ist die Frage von grundsätzlicher Bedeutung, welchen Rang seine Hypothek hat und an welche Gegenstände er sich zum Zwecke seiner Befriedigung halten kann.

Das Rangverhältnis unter mehreren Rechten, mit denen ein Grundstück belastet ist, bestimmt sich, wenn die Rechte in derselben Abteilung des Grundbuchs eingetragen sind, nach der Reihenfolge der Eintragung. Sind die Rechte in verschiedenen Abteilungen (s. o. § 4) eingetragen, so hat das unter Angabe eines früheren Tages eingetragene Recht den Vorrang, die unter Angabe desselben Tages eingetragen sind, haben gleichen Rang (§ 879 BGB).

Will man also den Rang unter mehreren Hypotheken ermitteln, so sind die in Abteilung III des Grundbuchs verzeichneten Rangstellen (Post Nr. 1, Nr. 2) entscheidend. Ein nachrangiger Hypothekar erhält grundsätzlich höhere Hypothekenzinsen als die

Hypothekengläubiger, die ihm im Range vorgehen. Für jeden nachrangigen Hypothekar ist das Risiko größer. Er kann bei einer Zwangsversteigerung des Grundstücks ausfallen. Dieses Risiko wird zu einem geringen Teil dadurch ausgeglichen, daß Hypothekare an gefahrvoller Rangstelle höhere Zinsen erhalten. Deswegen pflegt man auch zu sagen: „Der Hypothekar an erster Rangstelle schläft besser, aber lebt schlechter (geringere Zinsen). Der Hypothekar an dritter oder vierter Stelle schläft schlechter, aber lebt besser (höhere Zinsen)."

Soll der Rang zwischen einer in Abteilung III eingetragenen Hypothek und einem in Abteilung II des Grundbuchs eingetragenen Nießbrauch oder einer Dienstbarkeit ermittelt werden, so ist das frühere Datum der Eintragung entscheidend.

Da die Anträge in Grundbuchsachen entsprechend dem Eingangsvermerk zu erledigen sind, muß man stets auch die Grundakten einsehen. In ihnen kann sich noch ein unerledigter Antrag befinden, so daß das beantragte Recht vorrangig ist (§ 12 GBO).

5. Sicherung von Geldforderungen

Auf Grund der Hypothek haftet das Grundstück für die zu sichernde Geldforderung.

Ohne Eintragung haftet kraft der Hypothek das Grundstück auch für die gesetzlichen Zinsen der Forderung sowie für die Kosten der Kündigung und der die Befriedigung aus dem Grundstück bezweckenden Rechtsverfolgung (§ 1118 BGB).

Wird die Sicherheit einer Hypothek durch Entfernung mithaftender Gegenstände gefährdet, so zählen die Kosten einer Unterlassungsklage nicht zu den Kosten der Rechtsverfolgung i. S. des § 1118 BGB (§ 1134 BGB).

Ist die Forderung unverzinslich oder ist der Zinssatz niedriger als 5 v. H., so kann die Hypothek ohne Zustimmung der im Range gleich- oder nachstehenden Berechtigung dahin erweitert werden, daß das Grundstück für Zinsen bis zu 5 v. H. haftet. Zu einer Änderung der Zahlungszeit und des Zahlungsorts ist die Zustimmung dieser Berechtigten gleichfalls nicht erforderlich (§ 1119 BGB).

6. Haftung für persönliche Schuld und Hypothek

Der Hypothekengläubiger hat gegen den persönlichen Schuldner die sog. Schuldklage (vgl. § 25 ZPO). Macht der Gläubiger die persönliche Forderung gerichtlich geltend, so muß er den Schuldner auf Zahlung verklagen. Ein obsiegendes Urteil kann er in das ganze Vermögen des Schuldners vollstrecken. Neben der Schuldklage steht ihm gegen den Grundstückseigentümer die Duldungsklage aus der Hypothek zu, sog. dinglicher Anspruch (vgl. § 221 BGB). Auf Grund der Hypothek kann er die Verurteilung des Grundstückseigentümers zur Duldung der Zwangsvollstreckung in das Grundstück und die mithaftenden Gegenstände verlangen (§§ 1147, 1120 ff. BGB).

Persönlicher und dinglicher Schuldner fallen häufig auseinander. Dagegen müssen der persönliche Gläubiger und der Hypothekar ein und dieselbe Person sein.

Für die Hypothek haftet nicht das ganze Vermögen des Eigentümers, sondern bestimmte Gegenstände. Diese sind:

a) Das Grundstück oder der Anteil eines Miteigentümers (§ 1114 BGB). Mehrere Grundstücke haften bei der Gesamthypothek nach Belieben des Gläubigers für die ganze Forderung. Der Gläubiger kann die Befriedigung nach seinem Belieben aus jedem der Grundstücke ganz oder zu einem Teile suchen. Er ist aber auch berechtigt, den Betrag der Forderung auf die einzelnen Grundstücke in der Weise zu verteilen, daß jedes Grundstück nur für den zugeteilten Betrag haftet (§ 1132 BGB).

b) Erzeugnisse, Bestandteile, Zubehör, soweit sie dem Grundstückseigentümer gehören. Fremdes Zubehör haftet nicht. Guter Glaube spielt auch keine Rolle, da das Grundbuch über das Eigentum am Zubehör nichts aussagt. Jedoch erstreckt sich die Hypothek auf das Anwartschaftsrecht am Zubehör (BGHZ 35, 85). Sie werden jedoch haftungsfrei, sofern sie auf Grund einer Veräußerung oder im ordentlichen Wirtschaftsbetriebe vom Grundstück entfernt werden. Sie bleiben aber trotzdem verhaftet, wenn sie beschlagnahmt sind und der Erwerber bei der Entfernung die Beschlagnahme kannte oder infolge grober Fahrlässigkeit nicht kannte (§§ 1120, 1121 BGB). Die Beschlagnahme auf Grund des Duldungstitels im Wege der Zwangsversteigerung, Zwangsverwaltung oder Pfändung durch Mobiliarzwangsvollstreckung hat die Wirkung eines Veräußerungsverbotes zugunsten des betreibenden Gläubigers (§ 23 ZVG). Hinsichtlich beweglicher Sachen gilt die Beschlagnahme mit der Eintragung des Versteigerungsvermerks als bekannt (§ 23 Abs. 2 ZVG). Für die Enthaftung bleibt nur der Zeitraum zwischen Antrag und Eintragung.

c) Miet- und Pachtzinsforderungen (§§ 1123 ff. BGB). Trotz der Haftung ist eine Verfügung über Miet- und Pachtzinsforderungen dem Hypothekengläubiger gegenüber wirksam. Unwirksam ist jedoch die Verfügung dem Hypothekengläubiger gegenüber, soweit sie sich auf den Miet- oder Pachtzins für eine spätere Zeit als den zur Zeit der Beschlagnahme laufenden Kalendermonat bezieht; erfolgt die Beschlagnahme nach dem 15. des Monats, so ist die Verfügung jedoch insoweit wirksam, als sie sich auf den Miet- und Pachtzins für den folgenden Kalendermonat bezieht (§ 1124 Abs. 2 BGB). Vorauszahlungen des Miet- und Pachtzinses, die entsprechend einer Vereinbarung erfolgen, sind keine Vorausverfügungen (RGZ 144, 196).

Wird auf Grund eines Aufbauvertrages ein nicht verlorener Baukostenzuschuß im voraus unter Verrechnung auf den Mietzins geleistet, so ist dies dem Hypothekengläubiger gegenüber voll wirksam (BGHZ 6, 203).

d) Rechte auf wiederkehrende Leistungen, wie Überbau- und Notwegrente (§§ 1126, 912, 917 Abs. 2 BGB).

e) Versicherungsforderungen, welche anstelle des versicherten Gegenstandes treten (§§ 1127–1130 BGB).

f) Nicht haften Entgelte für einen Nießbrauch.

Pfändet der Hypothekengläubiger auf Grund eines gegen den Eigentümer erstrittenen Duldungstitels Miet- und Pachtzinsen, so benötigt er keinen Duldungstitel gegen den nachstehenden Nießbraucher. Dieser kann gegen die Pfändung nicht die Drittwiderspruchsklage nach § 771 ZPO erheben (RGZ 81, 146).

Hierbei spielt es keine Rolle, ob der Eigentümer oder der dem Hypothekengläubiger im Range nachstehende Nießbraucher verpachtet hat.

Geht der Nießbrauch der Hypothek jedoch im Range vor, so kann der Hypothekengläubiger infolge seiner schlechteren Rangstellung sich aus den Nutzungen des Grundstücks nicht befriedigen. Den Ausschlag gibt das Rangprinzip (§ 879 BGB).

Tritt ein Erlöschen der Haftung ein, so setzt sich die Hypothek am Entgelt nicht fort.

Die Sicherheit der Hypothek kann durch die Entfernung mithaftender Gegenstände beeinträchtigt werden. Zu diesem Zweck erfolgt eine Kreditüberwachung.

Ist infolge einer Verschlechterung des Grundstücks die Sicherheit der Hypothek gefährdet, so kann der Gläubiger dem Eigentümer eine angemessene Frist zur Beseitigung der Gefährdung bestimmen. Nach dem Ablaufe der Frist ist der Gläubiger berechtigt, sofort Befriedigung aus dem Grundstücke zu suchen, wenn nicht die Gefährdung durch Verbesserung des Grundstücks oder durch anderweitige Hypothekenbestellung beseitigt worden ist (§ 1133 BGB). Zu beachten ist, daß nur die Hypothek vorzeitig fällig wird, nicht aber die persönliche Forderung.

Wirkt der Eigentümer oder ein Dritter auf das Grundstück in solcher Weise ein, daß eine die Sicherheit der Hypothek gefährdende Verschlechterung des Grundstücks zu besorgen ist, so kann der Gläubiger auf Unterlassung klagen (§ 1134 Abs. 1 BGB). In Betracht kommt zB das Abholzen eines Waldes oder der vorzeitige Abbruch eines nicht baufälligen Hauses.

Einer Verschlechterung des Grundstücks steht es gleich, wenn Zubehörstücke, auf die sich die Hypothek erstreckt, verschlechtert oder den Regeln einer ordnungsmäßigen Wirtschaft zuwider entfernt werden (§ 1135 BGB).

Der Hypothekar kann im Falle einer schuldhaft widerrechtlichen Beeinträchtigung seiner Hypothek durch Entfernung mithaftender Gegenstände wegen Verletzung eines sonstigen Rechts nach § 823 Abs. 1 BGB gegen den Grundstückseigentümer oder den Erwerber Schadensersatzansprüche stellen. Außerdem stellen die §§ 1134, 1135 BGB Schutzgesetze i. S. des § 823 Abs. 2 BGB dar (RGZ 73, 333).

Geht die Einwirkung von dem Eigentümer aus, so hat das Gericht auf Antrag des Gläubigers die zur Abwendung der Gefährdung erforderlichen Maßregeln anzuordnen. Das gleiche gilt, wenn die Verschlechterung deshalb zu besorgen ist, weil der Eigentümer die erforderlichen Vorkehrungen gegen Einwirkung Dritter oder gegen andere Beschädigungen unterläßt (§ 1134 Abs. 2 BGB). Im Wege einstweiliger Verfügung kann auch eine Zwangsverwaltung angeordnet werden, auf welche die Vorschriften der §§ 146 ff. ZVG entsprechend angewandt werden können (RGZ 92, 18).

Denkbar ist, daß auch Entschädigungsansprüche wegen einer Grundstücksenteignung oder eines Bergschadens für die Hypothek haften (Art. 52, 53, 67 EGBGB).

Der Hypothekengläubiger ist durch das verpfändete Grundstück und die mithaftenden Gegenstände genügend abgesichert. deshalb ist eine Vereinbarung, durch die sich der Eigentümer dem Hypothekengläubiger gegenüber verpflichtet, das Grundstück nicht zu veräußern oder nicht weiter zu belasten, nichtig (§ 1136 BGB).

Jedoch kann für den Fall einer Veräußerung des Grundstücks die sofortige Fälligkeit der Hypothek vereinbart werden. der Hypothekengläubiger kann sich auch für diesen Fall ein Vorkaufsrecht an dem Grundstück bestellen lassen.

Dritten gegenüber kann sich der Grundstückseigentümer schuldrechtlich verpflichten, das Grundstück nicht zu veräußern oder nicht zu belasten (§ 137 BGB).

Bezweckt ein Veräußerungsverbot nicht den Schutz des Hypothekengläubigers, so ist es ebenfalls rechtswirksam. Ein Schankwirt kann sich verpflichten, das Grundstück nicht zu veräußern, solange er vom Vertragsgegner das Bier bezieht (RGZ 169, 335).

7. Abtretung der Forderung und Grundstücksveräußerung

a) Abtretung der Forderung

Wird eine Forderung abgetreten, so gehen mit der Abtretung die Hypotheken auf den neuen Gläubiger über (§ 401 BGB). Dieser Grundsatz ist im Sachenrecht wiederholt. Mit der Übertragung der Forderung geht die Hypothek auf den neuen Gläubiger über. Die Forderung kann nicht ohne die Hypothek, die Hypothek kann nicht ohne die Forderung übertragen werden (§ 1153 BGB). Nur bei der Höchstbetragshypothek besteht die Möglichkeit, die Forderung ohne die Hypothek zu übertragen. Aus der Hypothek wir dann eine Eigentümergrundschuld (§ 1190 Abs. 4 BGB).

Die Übertragung einer durch eine Hypothek abgesicherten Forderung erfordert eine Einigung über den Übergang der Hypothek, die Übergabe des Briefes, die durch ein Übergabesurrogat ersetzt werden kann, sowie eine schriftliche Abtretungserklärung (§ 1154 Abs. 1 BGB). Der Hypothekenbrief ermöglicht also eine Übertragung der Hypothek, ohne daß auf das Grundbuch zurückgegriffen zu werden braucht. Die schriftliche Form der Abtretungserklärung kann dadurch ersetzt werden, daß die

Abtretung in das Grundbuch eingetragen wird (§ 1154 Abs. 2 BGB).

Bei der Vornahme von Rechtsgeschäften muß man häufig unterscheiden, was notwendig und darüber hinaus zweckdienlich ist. Auf Grund einer nur schriftlichen Abtretungserklärung kann der Erwerber seine Eintragung im Grundbuch nicht herbeiführen. Dazu bedarf es einer öffentlich beglaubigten Abtretungserklärung (§ 29 GBO). Aus diesem Grunde empfiehlt sich für den Erwerber eine öffentlich beglaubigte Abtretungserklärung.

Der bisherige Gläubiger hat auf Verlangen des neuen Gläubigers die Abtretungserklärung auf seine Kosten öffentlich beglaubigen zu lassen (§ 1154 Abs. 1 Satz 2).

Eine Buchhypothek kann nur durch Einigung und Umschreibung im Grundbuch übertragen werden (§ 1154 Abs. 3 BGB).

Wird eine Hypothek abgetreten, so kann sich für den Eigentümer die Frage ergeben, ob er etwaige Einreden auch gegenüber dem Erwerber der Hypothek vorbringen kann. Dabei sind zwei Gruppen von Einreden zu unterscheiden. Der persönliche Schuldner kann gegenüber der abgesicherten Forderung eine Einrede haben. Die Forderung ist zB gestundet.

Alsdann kann der Eigentümer gegen die Hypothek die dem persönlichen Schuldner gegen die Forderung zustehenden Einreden geltend machen (§ 1137 BGB). Er „entleiht" gewissermaßen diese Einrede aus den persönlichen Rechtsbeziehungen des Schuldners gegenüber dem Gläubiger. Eine solche Einrede entfällt gegenüber einem gutgläubigen Erwerber (§ 1138 BGB).

Die zweite Gruppe betrifft Einreden, die der Eigentümer selbst gegenüber dem Hypothekengläubiger hat. Dazu zählt zB die Einrede der Stundung der Hypothek. Eine solche Einrede, die also dem Eigentümer auf Grund eines zwischen ihm und dem Hypothekengläubiger bestehenden Rechtsverhältnisses gegen die Hypothek zusteht, kann auch dem neuen Gläubiger entgegengesetzt werden. Auch hier schneidet guter Glaube des Erwerbers dem Grundstückseigentümer die Einrede ab (§ 1157 BGB).

Durch Vereinbarung können Grundpfandrecht auch unveräußerlich gestaltet werden (§§ 399, 413 BGB).

b) Grundstücksveräußerung

Von praktischer Bedeutung ist die Frage, wie sich die Rechtslage gestaltet, wenn der Grundstückseigentümer das mit einer Hypothek belastete Grundstück veräußert. Wie ist dann das Schicksal der Hypothek? Was wird aus der persönlichen Schuld?

Da die Hypothek auf dem Grundstück lastet, erlangt der neue
Eigentümer ein mit der Hypothek belastetes Grundstück. Die
Veräußerung kann bewirken, daß der dingliche Schuldner (Eigentümer) und der persönliche Schuldner (Veräußerer als Darlehns-
schuldner) auseinanderfallen. Der Gesetzgeber strebt jedoch an,
daß nach Möglichkeit der dingliche und persönliche Schuldner
identisch sind. Es entspricht auch dem Interesse des Veräußerers,
von der persönlichen Schuld befreit zu werden. Deswegen vereinbaren die Vertragsparteien bei Veräußerung eines Grundstücks
einen bestimmten Kaufpreis, der zum Teil bar zu zahlen ist und
im übrigen dadurch beglichen wird, daß der Käufer in Anrechnung auf den Kaufpreis die Darlehnsschuld des Veräußerers
übernimmt. Eine Auswechslung des Schuldners bedarf aber der
Zustimmung des Gläubigers. Diesem kann es wegen der Kredit-
würdigkeit nicht gleichgültig sein, wen er als persönlichen
Schuldner hat. Die Auswechslung des Schuldners wird aber
durch das Gesetz begünstigt.

Übernimmt der Erwerber eines Grundstücks durch Vertrag
mit dem Veräußerer eine Schuld des Veräußerers, für die eine
Hypothek an dem Grundstück besteht, so kann der Gläubiger die
Schuldübernahme nur genehmigen, wenn der Veräußerer sie ihm
mitteilt. Sind seit dem Empfange der Mitteilung sechs Monate
verstrichen, so gilt die Genehmigung als erteilt, wenn nicht der
Gläubiger sie dem Veräußerer gegenüber vorher verweigert hat.

Die Mitteilung des Veräußerers kann erst erfolgen, wenn der
Erwerber als Eigentümer im Grundbuch eingetragen ist. Sie muß
schriftlich geschehen und den Hinweis enthalten, daß der Über-
nehmer an die Stelle des bisherigen Schuldners tritt, wenn nicht
der Gläubiger die Verweigerung innerhalb der sechs Monate erklärt (§ 416 BGB). In Abweichung von der allgemeinen Regel
bedeutet, um die Schuldnerauswechselung zu begünstigen,
Schweigen ausnahmsweise Zustimmung.

Schweigt der Gläubiger innerhalb der vorgesehenen Frist oder
erklärt er sich mit dem Neuerwerber als persönlichem Schuldner

einverstanden, so fallen damit der dingliche und der persönliche Schuldner wieder zusammen.

Erklärt sich jedoch der Gläubiger mit einem Schuldneraustausch nicht einverstanden, so hat er die Wahl, ob er sich bei Fälligkeit des Kredites an den persönlichen Schuldner oder auf Grund der Hypothek an den Grundstückseigentümer halten will. Diesem steht nicht – etwa wie einem Bürgen (§ 771 BGB) – die Einrede der Vorausklage zu.

8. Befriedigung des Gläubigers

Die Rechtslage ist unterschiedlich je nachdem, wer den Kreditgeber befriedigt.

Erlangt der Gläubiger seine Befriedigung durch den persönlichen Schuldner, so geht die Hypothek insoweit auf ihn über, als er von dem Eigentümer Ersatz verlangen kann (§ 1164 BGB). Auf Grund der mit dem Käufer hinsichtlich der Schuldübernahme getroffenen Vereinbarung steht dem Veräußerer an den Erwerber ein Schuldbefreiungsanspruch zu. Die Schuldübernahme ist an dem Widerspruch des Gläubigers gescheitert. Eine gescheiterte Schuldübernahme wird aber als Erfüllungsübernahme behandelt (§§ 415 Abs. 3, 329 BGB). Die Hypothek sichert nunmehr den Freistellungsanspruch ab, den der Veräußerer an den Erwerber hat. Damit erfolgt eine gesetzliche Forderungsauswechslung, die an sich in § 1180 BGB vorgesehen ist. Hiernach kann an die Stelle der Forderung, für welche die Hypothek besteht, eine andere Forderung gesetzt werden. Die Auswechslung der Forderung kann kraft Vereinbarung oder auch kraft Gesetzes geschehen.

Hat der Erwerber den für das Grundstück geschuldeten Kaufpreis voll entrichtet und wird er von dem Hypothekengläubiger auf Grund der Hypothek in Anspruch genommen, so steht er vor der Frage, ob er zahlen oder eine Zwangsvollstreckung in das Grundstück hinnehmen will.

Löst er die Hypothek ab, so geht, da er nicht der persönliche Schuldner ist, bei einer Befriedigung die Darlehnsforderung auf ihn über (§ 1143 BGB). Hier erfolgt also ein Gläubigeraustausch.

Der Eigentümer ist berechtigt, den Gläubiger zu befriedigen, wenn die Forderung ihm gegenüber fällig geworden oder wenn der persönliche Schuldner zur Leistung berechtigt ist (§ 1142 BGB). Verlangt der Gläubiger Befriedigung aus dem Grundstück

– wozu eine Mahnung genügt –, so ist jeder, der Gefahr läuft, durch die Zwangsvollstreckung ein Recht an dem Gegenstande zu verlieren, berechtigt, den Gläubiger zu befriedigen. Dies gilt zB für einen nachrangigen Hypothekengläubiger oder Nießbraucher. Das Ablösungsrecht steht auch dem Besitzer einer Sache zu, wenn er Gefahr läuft, durch die Zwangsvollstreckung den Besitz zu verlieren. Dies ist für den Mieter oder Pächter eines Grundstücks von Bedeutung. Der Ersteher eines Grundstücks tritt zwar in laufende Miet- oder Pachtverträge ein, kann aber zum gesetzlich zulässigen Termin kündigen (§§ 1150, 268 BGB, §§ 57 ff. ZVG).

9. Entstehung einer Eigentümergrundschuld

Eine *Eigentümergrundschuld* (s. S. 90) entsteht:

a) wenn die abgesicherte Forderung nicht entstanden ist (§ 1163 Abs. 1 Satz 1 BGB); das Darlehn wurde zB nicht ausgezahlt;

b) solange der Brief an den Hypothekengläubiger noch nicht ausgehändigt wurde (§§ 1163 Abs. 2 BGB, 1117 Abs. 1 BGB);

c) wenn die Forderung erlischt (§ 1163 Abs. 1 S. 2 BGB);

d) wenn der Hypothekengläubiger auf die Hypothek verzichtet (§ 1168 Abs. 1 BGB); der Verzicht ist einseitig (anders § 1183 BGB);

e) wenn sich die Hypothek mit dem Eigentum in einer Person z. B. durch Erbfall – vereinigt (§ 1177 BGB);

f) wenn der unbekannte Gläubiger im Wege des Aufgebotsverfahrens mit seinem Recht ausgeschlossen wird (§ 1170 BGB);

g) wenn der Grundstückseigentümer zahlt und dadurch die Forderung erwirbt (§ 1143 BGB).

II. Die Grundschuld

Ein Grundstück kann auch in der Weise belastet werden, daß an denjenigen, zu dessen Gunsten die Belastung erfolgt, eine bestimmte Geldsumme aus dem Grundstücke zu zahlen ist (§ 1191 BGB). Vergleicht man diese Begriffsbestimmung mit der für die Hypothek, so stellt man fest, daß bei der Grundschuld im Gegensatz zu der Hypothek die Worte ,,zur Befriedigung wegen einer ihm zustehenden Forderung" fehlen (§ 1113 BGB). Die Grundschuld ist also von einer etwa bestehenden Forderung unabhängig. Man spricht auch ,,von einer Schuld ohne Grund". Die Grundschuld ist also abstrakt. Dies besagt, daß sie in ihrer Entstehung von einer Forderung unabhängig ist. Dies verdeutlicht noch § 1192 BGB. Danach finden auf die Grundschuld die Vorschriften über die Hypothek entsprechende Anwendung, soweit sich nicht daraus ein anderes ergibt, daß die Grundschuld nicht eine Forderung voraussetzt.

Die Grundschuld wird jedoch nur in seltenen Fällen um ihrer selbst willen bestellt. Wirtschaftlich ist auch ihr die Aufgabe zugedacht, eine persönliche Forderung abzusichern. Dies gilt insbesondere für den Kontokorrentverkehr. Man spricht daher auch von einer ,,Sicherungsgrundschuld".

Ist die Forderung nicht zur Entstehung gelangt, so entsteht keine Eigentümergrundschuld (BGH JZ 1957, 624).

Da Grundschuld und Forderung von einander unabhängig sind, können sie auch selbständig abgetreten werden (RGZ 135, 274).

Eine Grundschuld kann auch in der Weise bestellt werden, daß der Grundschuldbrief auf den Inhaber ausgestellt wird. Auf einen solchen Brief finden die Vorschriften über Schuldverschreibungen auf den Inhaber entsprechende Anwendung (§ 1195 BGB). Dieser Vorschrift kommt keine große praktische Bedeutung zu, da für die Ausgabe von Inhabergrundschuldbriefen eine staatliche Genehmigung erforderlich ist (§ 795 BGB).

Eine Hypothek kann in eine Grundschuld, eine Grundschuld kann in eine Hypothek umgewandelt werden. Dazu bedarf es nicht der Zustimmung der im Range gleich- oder nachstehenden Berechtigten (§ 1198 BGB).

III. Die Rentenschuld

Die Rentenschuld ist eine Unterart der Grundschuld.

Eine Grundschuld kann in der Weise bestellt werden, daß in regelmäßig wiederkehrenden Terminen eine bestimmte Geldsumme aus dem Grundstück zu zahlen ist (§ 1199 Abs. 1 BGB). Für den Gläubiger ist die Rentenschuld regelmäßig unkündbar.

Bei der Bestellung der Rentenschuld muß der Betrag bestimmt werden, durch dessen Zahlung die Rentenschuld abgelöst werden kann. Die Ablösungssumme muß im Grundbuch eingetragen werden (§ 1199 Abs. 2 BGB).

Das Recht zur Ablösung steht dem Eigentümer zu. Dem Gläubiger kann das Recht, die Ablösung zu verlangen, nicht eingeräumt werden (§ 1201 BGB).

Der Eigentümer kann das Ablösungsrecht erst nach vorgängiger Kündigung ausüben (§ 1202 BGB).

Eine Rentenschuld kann in eine gewöhnliche Grundschuld, eine gewöhnliche Grundschuld kann in eine Rentenschuld umgewandelt werden (§ 1203 BGB).

IV. Dienstbarkeiten

1. Allgemeines

Im Gegensatz zu den Reallasten ist es den Dienstbarkeiten eigentümlich, daß sie nicht auf ein positives Tun, sondern auf ein Dulden oder Unterlassen gerichtet sind.

Das BGB faßt im Fünften Abschnitt des Dritten Buches unter dem Oberbegriff Dienstbarkeiten verschiedene beschränkt dingliche Rechte zusammen: Die Grunddienstbarkeit, den Nießbrauch und die beschränkt persönlichen Dienstbarkeiten. Als Dienstbarkeiten einzuordnen sind auch das Dauerwohnrecht und das Dauernutzungsrecht (Palandt/Bassenge Überblick vor § 1018 BGB Anm. 1. d). Diese Rechte sind geregelt in §§ 31 ff. WEG.

2. Grunddienstbarkeiten

Inhalt und Umfang der Grunddienstbarkeit bestimmten die §§ 1018, 1019 BGB: Ein Grundstück kann zugunsten des jeweiligen Eigentümers eines anderen Grundstücks in der Weise belastet werden, daß dieser das Grundstück in einzelnen Beziehungen benutzen darf – zB durch ein Wegerecht – oder daß auf dem Grundstück gewisse Handlungen nicht vorgenommen werden dürfen – besonders bedeutsam für Wettbewerbsbeschränkungen – oder daß die Ausübung eines Rechts ausgeschlossen ist – zB Unterlassung an sich erlaubter Einwirkungen auf das Nachbargrundstück (Palandt/Bassenge § 1018 Anm. 7) –, das sich aus dem Eigentum an dem belasteten Grundstück dem anderen Grundstück gegenüber ergibt. Eine Grunddienstbarkeit kann nur dann bestellt werden, wenn die Belastung für die Benutzung des Grundstücks des Berechtigten einen Vorteil bietet. Über das sich hieraus ergebende Maß hinaus kann der Inhalt der Dienstbarkeit nicht erstreckt werden.

Berechtigt ist der jweilige Eigentümer des begünstigten Grundstücks, im Gegensatz zur persönlichen Dienstbarkeit (s. u.), bei der eine bestimmte Person begünstigt ist. Man spricht deshalb von einem herrschenden und beim belasteten Grundstücks von einem dienenden Grundstück.

Gehört zur Ausübung einer Grunddienstbarkeit eine Anlage auf dem belasteten Grundstück – zB ein Bauwerk –, so kann bestimmt werden, daß der Eigentümer dieses Grundstücks die Anlage zu unterhalten hat, soweit das Interesse des Berechtigten es erfordert (§ 1021 BGB).

Besteht die Grunddienstbarkeit in dem Rechte, auf einer baulichen Anlage des belasteten Grundstücks eine bauliche Anlage zu unterhalten, so hat, wenn nicht ein anderes bestimmt ist, der Eigentümer des belasteten Grundstücks seine Anlage zu unterhalten, soweit das Interesse des Berechtigten es erfordert (§ 1022 BGB).

Der Berechtigte muß die Dienstbarkeit unter tunlichster Rücksicht auf den Eigentümer, d. h. schonend ausüben (§ 1020 BGB). Hält er zur Ausübung der Dienstbarkeit auf dem belasteten Grundstück eine Anlage, so hat er sie in ordnungsmäßigem Zustande zu erhalten, soweit das Interesse des Eigentümers es erfordert.

3. Beschränkte persönliche Dienstbarkeiten

Grundsätzlich kann die Dienstbarkeit nur in der Verpflichtung zu einer Duldung bestehen. Die gesetzliche Unterhaltungspflicht kann nicht in das Grundbuch eingetragen werden, dagegen ist die vereinbarte eintragungsbedürftig.

Der Schutz der Dienstbarkeiten besteht entweder in einer dinglichen Klage nach Analogie der Eigentumsfreiheitsklage oder in Besitzesschutz (§§ 1027, 1004, 1029 BGB).

Die beschränkten persönlichen Dienstbarkeiten sind ihrem Wesen nach auch Grunddienstbarkeiten. Sie werden aber nicht zu Gunsten eines herrschenden Grundstücks, sondern zugunsten einer bestimmten Person bestellt. Dabei kann es sich um eine natürliche oder juristische Person (Gemeinde) handeln.

Der Umfang einer persönlichen beschränkten Dienstbarkeit

bestimmt sich im Zweifel nach dem persönlichen Bedürfnisse des Berechtigten (§ 1091 BGB). Wurde die Dienstbarkeit einem Ehepaar oder einer Handelsgesellschaft bestellt, so ist der Begriff des persönlichen Bedürfnisses weit zu fassen. Er kann auch Bedürfnisse des Haushalts und des Geschäfts mit umfassen (Palandt/Bassenge § 1091 Anm. 1).

Eine beschränkte persönliche Dienstbarkeit ist nicht übertragbar und nicht vererblich § 1092 BGB). Die Ausübung der Dienstbarkeit kann einem anderen nur dann überlassen werden, wenn die Überlassung gestattet ist. Während die Überlassung selbst nicht eintragungsfähig ist, bedarf die Gestattung der Überlassung der Eintragung in das Grundbuch (RGZ 159, 204).

Eine Art der beschränkten persönlichen Dienstbarkeit ist das im Grundbuch einzutragende Wohnrecht, das auch als dingliche Miete bezeichnet wird. Im Gegensatz zu dem Dauerwohnrecht (s. o. § 8) ist es nicht vererblich und grundsätzlich nicht übertragbar.

Der Inhaber des Wohnrechtes ist befugt, seine Familie sowie die zur standesmäßigen Bedienung und zur Pflege erforderlichen Personen in die Wohnung aufzunehmen (§ 1093 Abs. 2 BGB). Hauptzweck der Benutzung muß das Wohnen sein. Eine Mitbenutzung des Hofes zur Abstellung eines Kraftfahrzeuges ist denkbar.

Ist das Recht auf einen Teil des Gebäudes beschränkt, so kann der Berechtigte die zum gemeinschaftlichen Gebrauche der Bewohner bestimmten Anlagen und Einrichtungen mitbenutzen (§ 1093 Abs. 2 BGB).

Das Recht, ein Gebäude als Geschäftslokal oder Werkstätte zu benutzen, ist kein Wohnrecht. Darauf finden vielmehr die §§ 1090–1092 BGB Anwendung.

4. Nießbrauch

Eine Sache kann in der Weise belastet werden, daß derjenige, zu dessen Gunsten die Belastung erfolgt, berechtigt ist, die Nutzungen der Sache zu ziehen (Nießbrauch, § 1030 Abs. 1 BGB). An einem Grundstück wird der Nießbrauch durch Einigung und Eintragung in Abteilung II des Grundbuchs (s. o. § 4) bestellt (§ 873 BGB).

Mit dem Nießbrauch an einem Grundstück erlangt der Nießbraucher den Nießbrauch an dem Zubehör nach den für den Erwerb des Eigentums geltenden Vorschriften (§§ 1031, 926 BGB).

Der Nießbraucher ist zum Besitze der Sache berechtigt (§§ 1036, 868 BGB).

Er ist nicht berechtigt, die Sache umzugestalten oder wesentlich zu verändern (§ 1037 Abs. 1 BGB).

Der Nießbraucher eines Grundstücks darf neue Anlagen zur Gewinnung von Steinen, Kies, Sand, Lehm, Ton, Mergel, Torf und sonstigen Bodenbestandteilen errichten, sofern nicht die wirtschaftliche Bestimmung des Grundstücks dadurch wesentlich verändert wird (§ 1037 Abs. 2 BGB).

Der Nießbraucher erwirbt das Eigentum an den Sachfrüchten mit der Trennung. Dies gilt auch für solche Früchte, die er im Übermaße zieht (§§ 954, 1039 BGB).

Der Nießbraucher hat für die Erhaltung der Sache in ihrem wirtschaftlichen Bestande zu sorgen. Ausbesserungen und Erneuerungen liegen ihm nur insoweit ob, als sie zu der gewöhnlichen Unterhaltung der Sache gehören (§ 1041 BGB).

Er hat die Sache für die Dauer des Nießbrauchs gegen Brandschaden und sonstige Unfälle auf seine Kosten unter Versicherung zu bringen, wenn die Versicherung einer ordnungsmäßigen Wirtschaft entspricht. Die Versicherung ist so abzuschließen, daß die Forderung gegen den Versicherer dem Eigentümer zusteht (§ 1045 BGB).

Grundsätzlich soll dem Nießbraucher nur der Reinertrag gebühren, deshalb muß er auch die Lasten tragen, deren Entrichtung aus den Erträgen der Sache erwartet werden darf. Dies gilt auch dann, wenn die Lasten die Erträge übersteigen (§ 1047 BGB; RGZ 153, 32).

Zu den Lasten zählen insbesondere die Zinsen der Hypothekenforderungen und der Grundschuld. Nicht hierher zählt die Vermögensteuer. Sie stellt eine persönliche Schuld des Eigentümers dar (RG HRR 1933, 1653).

Die Verpflichtung zur Lastentragung trifft den Nießbraucher aber nur im Verhältnis zum Eigentümer. Der Hypothekengläubiger kann sich wegen der Hypothekenzinsen nicht an den Nießbraucher halten.

Außergewöhnliche Lasten muß der Eigentümer tragen. Hierher rechnen z. B. Erschließungsbeiträge.

Hat der Nießbraucher ein Grundstück über die Dauer des Nießbrauchs hinaus vermietet oder verpachtet, so tritt nach der Beendigung des Nießbrauchs der Eigentümer in bestehende Miet- und Pachtverträge ein. Er ist jedoch berechtigt, das Miet- oder Pachtverhältnis unter Einhaltung der gesetzlichen Kündigungsfrist zu kündigen (§§ 1056, 571 BGB).

Ebenso wie die persönliche beschränkte Dienstbarkeit ist der Nießbrauch an die Person des Berechtigten gebunden. Er ist deshalb nicht übertragbar. Jedoch kann die Ausübung des Nießbrauchs einem anderen überlassen werden (§ 1059 BGB).

Die Überlassung endet spätestens mit dem Nießbrauch. Durch die Überlassung der Ausübung erlangt der Erwerber nur ein obligatorisches Recht.

Der Nießbrauch findet mit dem Tod des Nießbrauchers sein Ende (§ 1061 BGB). Ist eine juristische Person Nießbraucher, so erlischt der Nießbrauch mit ihrem Untergang, aber bei einer Gesamtnachfolge in das Vermögen der juristischen Person bleibt er im Zweifel bestehen (§§ 1059a ff. BGB).

Wird das Recht des Nießbrauchers beeinträchtigt, so finden auf die Ansprüche des Nießbrauchers die für die Ansprüche aus dem Eigentume geltenden Vorschriften entsprechende Anwendung (§ 1065 BGB). Daneben greift ein Besitzschutz Platz (§§ 861, 862 BGB).

Besteht ein Nießbrauch an dem Anteil eines Miteigentümers, so handelt es sich auch um einen Sachnießbrauch. Der Nießbraucher übt die Rechte aus, die sich aus der Gemeinschaft der Miteigentümer in Ansehung der Verwaltung der Sache und der Art ihrer Benutzung ergeben. Die Aufhebung der Gemeinschaft kann jedoch nur von dem Miteigentümer und dem Nießbraucher gemeinschaftlich verlangt werden.

V. Die Reallasten

Ein Grundstück kann in der Weise belastet werden, daß an denjenigen, zu dessen Gunsten die Belastung erfolgt, wiederkehrende Leistungen aus dem Grundstück zu entrichten sind (Reallast § 1105 Abs. 1 BGB). Die Reallast kann auch zugunsten des jeweiligen Eigentümers eines anderen Grundstücks bestellt werden (§ 1105 Abs. 2 BGB).

In Betracht kommt etwa die Lieferung von Nahrungsmitteln oder von elektrischem Strom. Eine regelmäßige Wiederkehr der Leistungen ist nicht erforderlich (RGZ 131, 175). Die Verpflichtung zu einer Unterlassung kann nicht Gegenstand einer Reallast sein.

Die Begründung erfolgt durch Einigung und Eintragung in Abteilung II des Grundbuchs (§ 873 BGB).

Das Grundstück haftet für die Reallasten als ganzes. Der Eigentümer haftet jedoch für die während der Dauer seines Eigentums fällig werdenden Leistungen auch persönlich, soweit nicht ein anderes bestimmt ist (§ 1108 BGB).

Eine zugunsten des jeweiligen Eigentümers eines Grundstücks bestehende Reallast kann nicht von dem Eigentum an dem Grundstücke getrennt werden. Eine zugunsten einer bestimmten Person bestehende Reallast kann nicht mit dem Eigentum an einem Grundstücke verbunden werden (§§ 1110, 1111 BGB).

§ 18. Rechte an Grundstücksrechten

I. Vorbemerkung

Die Überschrift des dritten Buches des BGB ,,Sachenrecht'' ist nicht erschöpfend. Das dritte Buch regelt nicht nur Rechte an Sachen, d. h. an körperlichen Gegenständen (§ 90 BGB), sondern auch Rechte an Sachenrechten. In Betracht kommen der Nießbrauch (§ 1068 BGB) und das Pfandrecht an Rechten (§ 1273 BGB) und an Forderungen (§ 1279 BGB). Von diesen soll im folgenden die Rede sein, soweit es sich um Rechte an Grundstücksrechten handelt.

II. Nießbrauch

Die Bestellung des Nießbrauchs an einem Rechte erfolgt nach den für die Übertragung des Rechtes geltenden Vorschriften (§ 1069 Abs. 1 BGB). Der Nießbrauch an einer Briefhypothek wird durch Einigung, Übergabe des Hypothekenbriefes und eine schriftliche Erklärung über die Bestellung des Nießbrauchs eingeräumt. Soll der Nießbrauch an der Hypothek im Grundbuch eingetragen werden, so bedarf es einer öffentlich beglaubigten Erklärung über die Bestellung des Nießbrauchs (§ 1154 BGB; § 29 GBO).

Auch an einer Forderung, die überhaupt keine Erträgnisse abwirft, kann ein Nießbrauch bestellt werden. Der Nießbrauch überlebt dann die Forderung. Der Nießbraucher erhält das Recht, die Forderung einzuziehen (§ 1074 BGB). Mit der Leistung des Schuldners an den Nießbraucher erwirbt der Gläubiger den geleisteten Gegenstand und der Nießbraucher den Nießbrauch an dem Gegenstand (§ 1075 BGB). War der Nießbrauch an einem Auflassungsanspruch bestellt worden, so verwandelt sich der Nießbrauch an der Forderung in einen Nießbrauch an dem Grundstück. Der Nießbraucher erwirbt den Gegenstand für den Hauptberechtigten, obwohl er im eigenen Namen handelt. Ein zu übereignendes Grundstück ist bei der Auflassung auf den Namen des Hauptberechtigten zu überschreiben, obwohl der Nießbraucher die Auflassungserklärung entgegennimmt.

III. Pfandrecht

Gegenstand des Pfandrechts kann auch ein *Recht* sein. Die Bestellung des Pfandrechtes an einem Rechte erfolgt auch nach den für die Übertragung des Rechtes geltenden Vorschriften (§ 1274 Abs. 1 Satz 1 BGB). Die Verpfändung einer Briefhypothek geschieht demnach durch Einigung, Übergabe des Hypothekenbriefes und schriftliche Verpfändungserklärung.

Bei der Verpfändung einer Briefhypothek kann aber nicht wie bei der Begründung und Übertragung die Übergabe des Briefes durch ein sog. Besitzkonstitut ersetzt werden, das den Schuldner im Besitz des Briefes beläßt (§§ 1117 Abs. 1 Satz 2, 1154 Abs. 1 Satz 1 BGB). Bei ihr gilt der Gedanke des Faustpfandes. Der Brief muß daher dem Pfandgläubiger übergeben werden (§ 1274 Abs. 1 Satz 2 BGB).

Der Gedanke des Faustpfandes wird auch noch bei der Rückgabe des Briefes durch den Pfandgläubiger deutlich. Gibt dieser den Brief an den Verpfänder zurück, sei es auch nur leihweise, so kommt das Pfandrecht an der Hypothek zum Erlöschen (§§ 1278, 1253 BGB). Die gleiche Regelung gilt für die Grundschuld (§ 1192 BGB).

Nach der grundsätzlichen Regelung des BGB kann bei Verpfändung einer beweglichen Sache der Pfandgläubiger bei Eintritt der Pfandreife (§ 1228 Abs. 2 BGB) sich dadurch befriedigen, daß er das Pfand öffentlich versteigern läßt (§§ 1233 Abs. 1, 1235 Abs. 1, 383 Abs. 3 BGB). Hier ist nicht erforderlich, daß der Pfandgläubiger sich für sein Recht zur Befriedigung einen Vollstreckungstitel verschafft. (Dies kann sich freilich empfehlen, wenn etwa zwischen dem Verpfänder und dem Pfandgläubiger Streit darüber besteht, ob Pfandreife vorliegt; durch eine gerichtliche Entscheidung erlangt der Pfandgläubiger Klarheit und sichert sich zugleich gegen etwaige Schadensersatzansprüche des Verpfänders ab (§ 1233 Abs. 2 BGB).

Dagegen kann der Pfandgläubiger, der ein Pfandrecht an einem Grundpfandrecht hat, seine Befriedigung aus dem Rechte immer nur auf Grund eines vollstreckbaren Schuldtitels nach den für die Zwangsvollstreckung geltenden Vorschriften suchen, sofern nicht ein anderes bestimmt ist (§ 1277 BGB). Er muß also den Verpfänder mit dem Antrag verklagen, ihn zur Duldung der Zwangsvollstreckung in das verpfändete Recht zu verurteilen. Außerdem ist gegen den Grundstückseigentümer wegen der Hypothek ein weiterer Duldungstitel zu erwirken (§ 1147 BGB). Die Hypothek wird natürlich nicht vorzeitig fällig.

Auch ein Auflassungsanspruch kann verpfändet werden. Er ist durch einfachen Abtretungsvertrag übertragbar. Die Verpfändung erfolgt durch Einigung zwischen dem Verpfänder und dem Pfandgläubiger und Anzeige des Verpfänders an den Verkäufer, daß der Auflassungsanspruchs verpfändet worden ist (§ 1280 BGB). Mit der Übereignung des Grundstücks verwandelt sich das Pfandrecht an dem Auflassungsanspruch kraft Gesetzes in eine Sicherungshypothek (§ 1287 BGB). Diese Hypothek entsteht ohne Einigung und ohne Eintragung. Ist der Verpfänder als alleiniger Eigentümer des Grundstücks im Grundbuch eingetragen, so ist das Grundbuch unrichtig. Der Pfandgläubiger muß also im wohlverstandenen eigenen Interesse Berichtigung des Grundbuchs beantragen. Die kraft Gesetzes erworbene Sicherungshypothek geht allerdings einer gleichzeitig beantragten Restkaufpreishypothek im Range nach (Palandt/Bassenge § 1287 Anm. 3).

Ähnlich ist die Rechtslage bei der Pfändung eines Auflassungsanspruchs. Wird ein Anspruch gepfändet, der eine unbewegliche

Sache betrifft, ist anzuordnen, daß die Sache an einen auf Antrag des Gläubigers vom Amtsgericht der belegenen Sache zu bestellenden Sequester herauszugeben sei. Ist der Anspruch auf Übertragung des Eigentums gerichtet, so hat die Auflassung an den Sequester als Vertreter des Schuldners zu erfolgen. Mit dem Übergang des Eigentums auf den Schuldner erlangt der Gläubiger eine Sicherungshypothek für seine Forderung. Der Sequester hat die Eintragung der Sicherungshypothek zu bewilligen. Die Zwangsvollstreckung in die herausgegebene Sache wird nach den für die Zwangsvollstreckung in unbewegliche Sachen geltenden Vorschriften durchgeführt (§ 848 ZPO).

§ 19. Eigene Rechte an Grundstücken

I. Allgemeines

Möglich sind auch eigene Rechte an Grundstücken. Die Zulässigkeit beschränkter Rechte an eigener Sache folgt aus dem Grundsatz der Teilbarkeit des Eigentums dem Inhalt nach (RGZ 142, 235).

Ein Recht an einem fremden Grundstück erlischt nicht dadurch, daß der Eigentümer des Grundstücks das Recht oder der Berechtigte das Eigentum an dem Grundstück erwirbt (§ 889 BGB). Grundsätzlich hat der Eigentümer alle Befugnisse des Inhabers des Rechts.

II. Eigentümergrundschuld und Eigentümerrentenschuld

Durch die Eigentümergrundschuld sichert sich der Eigentümer zur künftigen Verwertung eine günstige Rangstelle. Er kann die Eigentümergrundschuld abtreten oder verpfänden. Steht die Eigentümergrundschuld an erster Stelle in Abteilung III des Grundbuchs, so hat er mit Rücksicht auf diese gut situierte Stelle jederzeit ein Kreditsicherungsmittel.

Wird das Grundstück veräußert, so bleibt der Eigentümer Gläubiger der Grundschuld.

Zu der Bestellung der Eigentümergrundschuld ist die Erklärung des Eigentümers gegenüber dem Grundbuchamte, daß die

die Grundschuld für ihn in das Grundbuch eingetragen werden soll, und die Eintragung erforderlich (§ 1196 Abs. 2 BGB). In Abweichung von § 873 BGB ist für eine Einigung kein Raum, weil kein Vertragsgegner vorhanden ist.

Ist der Eigentümer der Gläubiger, so kann er nicht die Zwangsvollstreckung zum Zwecke seiner Befriedigung betreiben (§ 1197 Abs. 1 BGB). Der Eigentümer kann sich selbst nicht zur Zahlung an sich zwingen.

Zinsen gebühren dem Eigentümer nur, wenn das Grundstück auf Antrag eines anderen zum Zwecke der Zwangsverwaltung in Beschlag genommen ist und nur für die Dauer der Zwangsverwaltung (§ 1197 Abs. 2 BGB).

Ist die Eigentümergrundschuld verpfändet, so kann der Pfandgläubiger nach Pfandreife Abtretung der Eigentümergrundschuld an Zahlungs Statt verlangen (§§ 1291, 1282 Abs. 1 S. 3 BGB).

Gesamthandseigentümer können eine Eigentümergrundschuld nur für alle gemeinsam bestellen. Bei Bruchteilseigentum kann jeder Miteigentümer seinen Anteil belasten. Ebenso können alle Miteigentümer das ganze Grundstück zu den entsprechenden Bruchteilen belasten (Palandt/Bassenge § 1196 Anm. 2).

Für den Eigentümer kann auch eine Eigentümerrentenschuld, die eine Unterart der Grundschuld ist, auf einseitigen Antrag in das Grundbuch eingetragen werden (Palandt/Bassenge § 1199 Anm. 3).

III. Sonstige Rechte

Als weitere mögliche Rechte am eigenen Grundstück sind zu nennen: Die Eigentümergrunddienstbarkeit, die Eigentümerreallast, der Eigentümernießbrauch, das Eigentümererbbaurecht und das Eigentümerdauerwohnrecht. Teilweise verlangt die hM (vgl. zB Palandt/Bassenge § 1090 Anm. 3) für die Bestellung ein schutzwürdiges Interesse des Eigentümers.

§ 20. Aufgabe des Eigentums an Grundstücken

I. Allgemeines

Ein Grundstückseigentümer kann sich jederzeit auch nach Anordnung einer Versteigerung, des Eigentums am Grundstück entledigen. Damit wird er alle Verpflichtungen los, die sich aus dem Eigentum am Grundstück ergeben, nicht jedoch seine schuldrechtlichen Verpflichtungen, die durch Rechte am Grundstück abgesichert sind.

Die Eigentumsaufgabe nach § 928 BGB kann auch für Miteigentumsanteile und das Wohnungseigentum erfolgen. Dagegen schließt § 11 Abs. 1 Satz 1 ErbbauVO die Anwendung des § 928 BGB ausdrücklich aus. Eine Aufhebung des Erbbaurechts ist nur mit Zustimmung des Grundstückseigentümers möglich (§ 26 ErbbauVO).

II. Aufgabe des Eigentums

Das Eigentum an einem Grundstück kann dadurch aufgegeben werden, daß der Eigentümer den Verzicht dem Grundbuchamt gegenüber erklärt und der Verzicht in das Grundbuch eingetragen wird (§ 928 Abs. 1 BGB). Damit werden das Grundstück und seine wesentlichen Bestandteile herrenlos, nicht jedoch ohne weiteres das Zubehör. Die Eigentumsaufgabe an Zubehör erfolgt nach der für bewegliche Sachen geltenden Vorschrift des § 959 BGB, also durch die Besitzaufgabe in der Absicht, auf das Eigentum zu verzichten.

Subjektiv dingliche Rechte werden subjektlos. Rechte Dritter am Grundstück bleiben bestehen, ebenso die persönliche Haftung des Schuldners. Will ein Grundpfandgläubiger an dem herrenlosen Grundstück, das von dem Aneignungsberechtigten noch nicht erworben ist, sein Recht im Wege der Klage geltend machen, so hat der Vorsitzende des Prozeßgerichts auf Antrag einen Vertreter zu bestellen, dem als Partei kraft Amtes bis zur Eintragung eines neuen Eigentümers die Wahrnehmung der sich aus dem Eigentum ergebenden Rechte und Pflichten im Rechtsstreit obliegt (§ 58 ZPO). Ein entsprechender Antrag kann für die

Zwangsvollstreckung beim Vollstreckungsgericht gestellt werden (§ 787 ZPO).

Uneinigkeit besteht darüber, was mit einer Eigentümergrundschuld geschieht. Einer Meinung nach wird sie zur Fremdgrundschuld des bisherigen Eigentümers, nach anderer Ansicht bleibt sie Eigentümergrundschuld, einer weiteren Auffassung nach fällt sie als gläubigerlos fort (vgl. Palandt/Bassenge § 928 Anm. 4. c).

III. Aneignung

Das Recht zur Aneignung des aufgegebenen Grundstücks steht dem Fiskus des Landes zu, in dessen Gebiet das Grundstück liegt (§ 928 Abs. 2 Satz 1 BGB). Der Eigentumserwerb erfolgt dadurch, daß sich der Fiskus als Eigentümer im Grundbuch eintragen läßt (§ 928 Abs. 2 Satz 2 BGB).

Ein gutgläubiger Erwerb des Aneignungsberechtigten ist nicht möglich.

Das Aneignungsrecht ist ein sonstiges Recht im Sinne des § 823 BGB, dessen schuldhafte widerrechtliche Verletzung zur Schadensersatzleistung verpflichtet, zB bei Beschädigungen während der Herrenlosigkeit des Grundstücks.

In entsprechender Anwendung des § 571 BGB erfolgt mit der Aneignung ein Eintritt in die bestehenden Miet- und Pachtverhältnisse (RGZ 103, 167).

Das Aneignungsrecht erstreckt sich auch auf einen etwaigen Übererlös aus einem Zwangsversteigerungsverfahren (Stillschweig JW 1922, 1379).

Wird das Aneignungsrecht durch den Fiskus nicht ausgeübt, so ist eine Aneignung nach § 927 BGB im Wege des Aufgebotsverfahrens möglich. Wird jedoch auf Antrag des Fiskus ein Aneignungsverzicht desselben im Grundbuch eingetragen, so kann sich jedermann das herrenlose Grundstück aneignen (Palandt/Bassenge § 928 Anm. 5. c).

§ 21. Grundstücke und eheliches Güterrecht

I. Grundsätzliches

Das rechtliche Schicksal von Grundstücken und Grundstücksgeschäften hängt bei Ehegatten wesentlich davon ab, ob die Eheleute Gütertrennung (unten II.) oder Gütergemeinschaft (unten
IV.) vereinbart haben oder ob der gesetzliche Güterstand der
Zugewinngemeinschaft (unten III.) gilt.

II. Gütertrennung

Gütertrennung tritt nicht nur dann ein, wenn sie ausdrücklich
vereinbart wird, sondern auch dann, wenn der gesetzliche Güterstand ausgeschlossen oder aufgehoben wird, wenn der Ausgleich
des Zugewinns oder der Versorgungsausgleich ausgeschlossen
werden oder die vereinbarte Gütergemeinschaft aufgehoben wird
(§ 1414 BGB).

Im Falle der Gütertrennung gelten auch bei Ehegatten die allgemeinen Vorschriften. Insbesondere bleibt jeder Ehegatte alleiniger Eigentümer seines Grundstücks und es gibt keinerlei gesetzliche Verfügungsbeschränkungen.

Das schließt es jedoch nicht aus, daß auch bei Gütertrennung
hinsichtlich eines Grundstücks gemeinschaftliche Bindungen hergestellt werden. Der typische Fall ist der Bau oder der Erwerb
eines Hauses. Hierfür setzen häufig beide Ehegatten ihr Vermögen ein. Dem entspricht es, daß sich dann auch beide Ehegatten
als Bruchteilseigentümer im Grundbuch eintragen lassen. Die dadurch entstehende Gemeinschaft beruht aber nicht auf Familien-
recht, sondern auf einem Rechtsgeschäft, wie es mit einem belie-
bigen Dritten auch geschlossen werden könnte.

III. Zugewinngemeinschaft

Wenn nichts anderen vereinbart ist, gilt der Güterstand der
Zugewinngemeinschaft (§ 1363 Abs. 1 BGB).

Auch hier wird das Vermögen beider Ehegatten nicht gemeinschaftliches Vermögen (§ 1363 Abs. 2 BGB) und es gilt der Grundsatz, daß jeder Ehegatte sein Vermögen selbständig verwaltet (§ 1364 Halbs. 1 BGB).

Jedoch greifen Verfügungsbeschränkungen Platz: Ein Ehegatte kann sich nur mit Einwilligung des anderen Ehegatten verpflichten, über sein Vermögen im ganzen zu verfügen. Hat er sich ohne Zustimmung des anderen Ehegatten verpflichtet, so kann er die Verpflichtung nur erfüllen, wenn der andere Ehegatte einwilligt (§ 1365 Abs. 1 BGB). Diese Vorschrift greift auch dann Platz, wenn Einzelstücke aufgeführt sind, die nahezu das ganze Vermögen eines Ehegatten ausmachen.

Das gesamte Vermögen eines Ehegatten kann somit im wesentlichen lediglich aus einem Grundstück bestehen. Für die Veräußerung eines Grundstücks sowie für die Einbringung eies Grundstücks in eine Gesellschaft greift dann die Verfügungsbeschränkung des § 1365 Platz. Wird ein Grundstück eines Ehegatten mit einem Grundpfandrecht belastet, so kommt es darauf an, ob dadurch der Grundstückswert völlig ausgeschöpft wird. Dann wirkt sich die Verfügungsbeschränkung gleichfalls aus. Das gleiche gilt, wenn das Grundstück mit einem Nießbrauch belastet wird.

Die Bestellung eines Grundpfandrechts oder eines Nießbrauchs stellt zwar eine Verfügung über das Grundstück dar. Es tritt eine unmittelbare Rechtsänderung ein. Ob über das Vermögen im ganzen verfügt wird, ist jedoch nach wirtschaftlichen Gesichtspunkten zu beurteilen.

Unter Umständen kann der verfügende Ehegatte das Vormundschaftsgericht anrufen, das korrigierend oder hilfsweise eingreift.

Entspricht das Rechtsgeschäft den Grundsätzen einer ordnungsmäßigen Verwaltung, so kann das Vormundschaftsgericht auf Antrag des Ehegatten die Zustimmung des anderen Ehegatten ersetzen, wenn dieser sie ohne ausreichenden Grund verweigert oder durch Krankheit oder Abwesenheit an der Abgabe einer Erklärung verhindert und mit dem Aufschub Gefahr verbunden ist (§ 1365 Abs. 2 BGB).

Dem Grundbuchamt gegenüber muß die Einwilligung oder Genehmigung in öffentlich beglaubigter Form nachgewiesen werden (§ 29 GBO).

Ein Vertrag, den ein Ehegatte ohne die erforderliche Einwilligung des anderen Ehegatten schließt, ist gleichwohl wirksam, wenn dieser ihn genehmigt.

Bis zur Genehmigung kann der Dritte den Vertrag widerrufen. Hat er gewußt, daß der Mann oder die Frau verheiratet ist, so kann er nur widerrufen, wenn der Mann oder die Frau wahrheitswidrig behauptet hat, der andere Ehegatte habe eingewilligt; er kann auch in diesem Falle nicht widerrufen, wenn ihm beim Abschluß des Vertrags bekannt war, daß der andere Ehegatte nicht eingewilligt hatte.

Fordert der Dritte den Ehegatten auf, die erforderliche Genehmigung des anderen Ehegatten zu beschaffen, so kann dieser sich nur dem Dritten gegenüber über die Genehmigung erklären; hat er sich bereits vor der Aufforderung seinem Ehegatten gegenüber erklärt, so wird die Erklärung unwirksam. Die Genehmigung kann nur innerhalb von zwei Wochen seit dem Empfang der Aufforderung erklärt werden; wird sie nicht erklärt, so gilt sie als verweigert. Ersetzt das Vormundschaftsgericht die Genehmigung, so ist sein Beschluß nur wirksam, wenn der Ehegatte ihn dem Dritten innerhalb der zweiwöchigen Frist mitteilt; andernfalls gilt die Genehmigung als verweigert.

Wird die Genehmigung verweigert, so ist der Vertrag unwirksam (§ 1366 BGB).

Endet der gesetzliche Güterstand durch Tod oder Scheidung des verfügenden Ehegatten, so verbleibt es bei der schwebenden Unwirksamkeit. Der Vertrag kann auch genehmigt werden.

Endet der gesetzliche Güterstand während der Schwebezeit, so wird bei Beendigung durch Tod des anderen Ehegatten der Vertrag ohne Genehmigung wirksam (Reinicke BB 1957, 567).

Verfügt ein Ehegatte ohne die erforderliche Zustimmung des anderen Ehegatten über sein Vermögen, so ist auch der andere Ehegatte berechtigt, die sich aus der Unwirksamkeit der Verfügung ergebenden Rechte gegen den Dritten gerichtlich geltend zu machen (§ 1368 BGB).

Grundsätzlich kann der Ehegatte die Gegenstände von dem Dritten herausverlangen, indem er im eigenen Namen die Herausgabe an den Ehegatten oder an sich verlangt. Die Rückübertragung im Grundbuch kann er jedoch nur auf den früheren Eigentümer fordern (BGH NJW 1984, 609).

Wegen des gezahlten Kaufpreises steht dem Dritten kein Zurückbehaltungsrecht zu. Diesen muß er von seinem Vertragsgegner zurückfordern.

Der gute Glaube des Dritten wird grundsätzlich nicht geschützt. lediglich bei der Veräußerung einzelner Gegenstände, die im wesentlichen das ganze Vermögen ausmachen, führt die Anwendung der herrschenden (vgl. Palandt/Diederichsen, § 1365 Anm. 2. b) subjektiven Theorie zu einer Art von Gutglaubensschutz. Die Gleichsetzung einzelner Vermögensgegenstände mit dem Vermögen im ganzen wird nämlich nur dann vorgenommen, wenn der Dritte zumindest die Umstände kennt, aus denen sich ergibt, daß der Gegenstand im wesentlichen das ganze Vermögen ausmacht.

IV. Gütergemeinschaft

Bei der Gütergemeinschaft werden das Vermögen des Mannes und das Vermögen der Frau gemeinschaftliches Vermögen beider Ehegatten (Gesamtgut). Zu dem Gesamtgut gehört auch das Vermögen, das der Mann oder die Frau während der Gütergemeinschaft erwirbt (§ 1416 Abs. 1 BGB). Gehört einem Ehegatten ein Grundstück, so wird mit dem Eintritt der Gütergemeinschaft das Grundbuch unrichtig. Das Grundstück gehört beiden Ehegatten zur gesamten Hand. Die Gütergemeinschaft ist im Grundbuch einzutragen (§ 47 GBO; § 1416 Abs. 3 BGB). Jeder Ehegatte kann von dem anderen die Mitwirkung zu der Berichtigung verlangen oder Berichtigung durch Vorlage des Ehevertrages einseitig herbeiführen. Möglich ist auch die Eintragung eines Widerspruchs (RGZ 108, 281).

Erwirbt ein Ehegatte ein Grundstück für sich, so kann er das Recht ohne Zustimmung des anderen Ehegatten sofort auf den Namen beider als Gesamtgut eintragen lassen (Palandt/Diederichsen § 1416 Anm. 4).

Sondergüter sind nicht durch Rechtsgeschäft übertragbare Gegenstände (§ 1417 BGB).

Von dem Gesamtgut ist das Vorbehaltsgut ausgeschlossen.

Vorbehaltsgut sind Gegenstände:

a) Die durch Ehevertrag zum Vorbehaltsgut eines Ehegatten erklärt sind; es gibt kein gesetzliches Vorbehaltsgut;

b) die ein Ehegatte von Todes wegen erwirbt oder die ihm von einem Dritten unentgeltlich zugewendet werden, wenn der Erblasser durch letztwillige Verfügung, der Dritte bei der Zuwen-

dung bestimmt hat, daß der Erwerb Vorbehaltsgut sein soll (streitig ist, ob auch der andere Ehegatte Dritter iS dieser Vorschrift
ist);

    c) die ein Ehegatte auf Grund eines zu seinem Vorbehaltsgut
gehörenden Rechtes oder als Ersatz für die Zerstörung, Beschädigung oder Entziehung eines zum Vorbehaltsgut gehörenden Gegenstandes (zB Versicherungssumme, Schadensersatzkosten)
oder durch ein Rechtsgeschäft erwirbt, das sich auf das Vorbehaltsgut bezieht (zB Verkauf).

    Jeder Ehegatte verwaltet das Vorbehaltsgut selbständig. Er ver-
waltet es für eigene Rechnung.

    Gehören Vermögensgegenstände zum Vorbehaltsgut, so wirkt
dies Dritten gegenüber nur bei Eintragung in das Güterrechtsregister oder positiver Kenntnis (§§ 1418, 1412 BGB).

    Über seinen Anteil am Gesamtgut und an den einzelnen Ge-
genständen, die zum Gesamtgut gehören, kann ein Ehegatte nicht
verfügen; er ist nicht berechtigt, Teilung zu verlangen (§ 1419
Abs. 1 BGB).

    In dem Ehevertrag, durch den die Ehegatten die Gütergemein-
schaft vereinbaren, sollen sie bestimmen, ob das Gesamtgut von
dem Mann oder der Frau oder von ihnen gemeinschaftlich verwaltet wird. Enthält der Ehevertrag keine Bestimmung hierüber,
so erfolgt die Verwaltung durch beide Ehegatten gemeinschaftlich
(§ 1421 BGB).

    Der Ehegatte, der das Gesamtgut verwaltet, ist insbesondere
berechtigt, die zum Gesamtgut gehörenden Sachen in Besitz zu
nehmen und über das Gesamtgut zu verfügen (§ 1422 BGB).

    Der das Gesamtgut verwaltende Ehegatte kann aber nur mit
Einwilligung des anderen Ehegatten über ein zum Gesamtgut
gehörendes Grundstück verfügen; er kann sich zu einer solchen
Verfügung auch nur mit Einwilligung seines Ehegatten verpflichten (§ 1424 BGB).

    Diese Vorschrift kann durch Ehevertrag abgeändert werden
(RGZ 159, 163).

    Unter die Verfügungsbeschränkung fallen die Veräußerungen,
die Belastung, die Bewilligung einer Vormerkung (str.), nicht
aber die Vermietung und Verpachtung mit Besitzeinräumung
(BGHZ 28, 186).

§ 22. Das Grundstück im Nachbarrecht

I. Allgemeines

Das BGB behandelt das Nachbarrecht unter dem Titel ,,Inhalt des Eigentums". Nach der Grundnorm des § 903 BGB kann der Eigentümer einer Sache, soweit nicht das Gesetz oder Rechte Dritter entgegenstehen, mit der Sache nach Belieben verfahren und andere von jeder Einwirkung ausschließen. Dieser Grundsatz wird jedoch durch die Sozialpflichtigkeit des Eigentums (Art. 14 GG), deren Ausdruck zahlreiche eigentumsbeschränkende Vorschriften sind, eingeschränkt. So muß zB im Falle eines Notstandes das Betreten eines Grundstücks gestattet werden (§ 904 BGB); Einwirkungen, die in solcher Höhe oder Tiefe vorgenommen werden, daß der Eigentümer an ihrer Ausschließung kein Interesse hat, müssen geduldet werden (§ 905 BGB).

Eine besondere Ausgestaltung des Grundstückseigentums beinhaltet das Nachbarrecht. Das BGB regelt nur einen Teilbereich des Nachbarrechts. Daneben bestehen landesrechtliche Vorschriften über den Grenzabstand von Pflanzen (vgl. zB Art. 47 ff. BayAGBGB). Auch öffentlich-rechtliche Vorschriften, zB im Baurecht, haben nachbarschützenden Charakter.

II. Einwirkungen vom Nachbargrundstück

1. Zuführung unwägbarer Stoffe

Nach § 906 BGB kann der Eigentümer eines Grundstückes die Zuführung von Gasen, Dämpfen, Gerüchen, Rauch, Ruß, Wärme, Geräusch, Erschütterungen und ähnliche von einem anderen Grundstück ausgehende Einwirkungen insoweit nicht verbieten, als die Einwirkung die Benutzung des Grundstücks nicht oder nur unwesentlich beeinträchtigt.

Ist die Beeinträchtigung dagegen wesentlich, so muß sie nur geduldet werden, wenn die Benutzung des anderen Grundstücks ortsüblich ist und die Beeinträchtigung nicht durch wirtschaftlich zumutbare Maßnahmen verhindert werden kann (§ 906 Abs. 2 Satz 1 BGB). Falls die Einwirkung ein unzumutbares Maß erreicht, kann der Grundstückseigentümer einen angemessenen Geldausgleich verlangen (§ 906 Abs. 2 Satz 2 BGB).

Eine Zuführung durch eine besondere Leitung ist in jedem Fall unzulässig (§ 906 Abs. 3 BGB).

Öffentlich-rechtliche Immissionsvorschriften haben im Rahmen des § 906 BGB Bedeutung für die Wesentlichkeit einer Beeinträchtigung, die Kausalität zwischen Emission und Beeinträchtigung, die Ortsüblichkeit der Grundstücksbenutzung und die Zumutbarkeit der Beeinträchtigung (Palandt/Bassenge § 906 Anm. 1. c) aa).

Dem § 906 BGB unterfallen zB chemische Pflanzenschutzmittel, wobei es gleichgültig ist, ob diese durch den Wind oder durch abfließendes Regenwasser auf das Nachbargrundstück gelangen (BGH NJW 1982, 2207). Übermäßige Geruchsbelästigungen aus einer Kläranlage führen zu einer Entschädigungspflicht aus § 906 Abs. 2 Satz 2 BGB bzw. nach den Grundsätzen des enteignungsgleichen Eingriffs (BGH NJW 1984, 1876). Keine Entschädigungspflicht besteht dagegen in der Regel, wenn Laub von Parkbäumen auf das Grundstück fällt (Otto BlGBW 1985, 77). Umstritten ist, ob der Nachbar bei einem abstoßenden Anblick vom Nachbargrundstück einen Abwehranspruch hat (vgl. Weimar MDR 1958, 20).

2. Gefahrdrohende Anlagen

Der Eigentümer eines Grundstücks kann verlangen, daß auf den Nachbargrundstücken nicht Anlagen hergestellt oder gehalten werden, von denen mit Sicherheit vorauszusehen ist, daß ihr Bestand oder Benutzung eine unzulässige Einwirkung auf sein Grundstück zur Folge hat. Als Anlagen kommen Garagen, Stallungen und dergleichen in Betracht. Benachbart sind alle Grundstücke, die innerhalb des möglichen Einwirkungsbereiches liegen (RGZ 167, 21). Bäume und Sträucher sind von diesem Regelungsbereich ausdrücklich ausgenommen (§ 907 BGB).

3. Drohender Gebäudeeinsturz

§ 908 BGB gibt dem Nachbarn einen Anspruch auf gefahrabwehrende Vorkehrungen, wenn für das Grundstück Gefahr droht, durch den Einsturz eines Gebäudes oder anderen Werkes oder durch die Ablösung von Teilen des Gebäudes (zB Dachziegel) oder eines anderen Werkes. Eine nicht ganz entfernte Möglichkeit des Schadenseintritts reicht aus (Palandt/Bassenge § 908 BGB, Anm. 1. c).

4. Vertiefung

§ 909 BGB verbietet die Vertiefung eines Grundstücks, wenn dadurch der Boden des Nachbargrundstücks die erforderliche Stütze verliert, es sein denn, daß für eine genügende anderweitige Befestigung gesorgt ist. Die privatrechtliche Unzulässigkeit wird von einer behördlichen Genehmigung nicht berührt (BGH NJW 1983, 872).

III. Grenzfragen

1. Grenzabmarkung und Grenzverwirrung

a) Grenzabmarkung

Nach § 919 BGB kann der Eigentümer eines Grundstücks vom Eigentümer des Nachbargrundstücks verlangen, daß dieser zur Errichtung fester Grenzzeichen (zB Grenzsteinen) oder im Falle der Verrückung oder Unkenntlichkeit eines Grenzzeichens zur Wiederherstellung mitwirkt. Sofern sich nicht aus einem besonderen Rechtsverhältnis etwas anderes ergibt, sind die Kosten von den Beteiligten zu gleichen Teilen zu tragen.

§ 919 BGB kommt zur Anwendung, wenn die Grenze unstreitig ist; bei Grenzverwirrung gilt § 920 BGB (s. u.). Die Abmarkung ändert nicht den Grenzverlauf, so daß jederzeit der Beweis zulässig ist, daß die Abmarkung unrichtig erfolgt ist (vgl. Herold BlGBW 1985, 56).

b) Grenzverwirrung

§ 920 BGB regelt den Fall, daß die Grundstücksgrenze streitig ist. Voraussetzung für die Anwendbarkeit dieser Vorschrift ist, daß die richtige Grenze nicht ermittelt werden kann. Wenn eine Partei die richtige Grenze nachweist, so ist für eine gerichtliche Grenzziehung nach § 920 BGB kein Raum.

Gelingt dieser Beweis nicht, so ist für die richterliche Grenzziehung in erster Linie der Besitzstand maßgebend. Kann auch dieser nicht festgestellt werden, ist jedem Grundstück ein gleich großes Stück der streitigen Fläche zuzuteilen. Würden diese Grundsätze jedoch zu einem Ergebnis führen, das auf Grund feststeheder Umstände nicht richtig sein kann, zB weil es mit der feststehenden Größe der Grundstücke nicht übereinstimmt, ist die Grenze so zu ziehen, wie es unter Berücksichtigung der feststehenden Umstände der Billigkeit entspricht.

c) Grenzfeststellungsvertrag

Eine unsichere Grenze können die Nachbarn auch durch Vertrag feststellen. Notarieller Beurkundung bedarf ein solcher Vertrag nur, wenn er über die Beilegung des Streits hinaus auch eine Verpflichtung zur Übereignung von Grundstücksteilen enthält, zB eine Grenzbegradigung, die auch unstreitige Flächen betrifft (Herold BlGBW 1985, 56).

2. Grenzanlagen

a) Begriff

Eine Grenzanlage liegt nur dann vor, wenn die Einrichtung von der zwischen beiden Grundstücken verlaufenden Grenze durchschnitten wird. Sie muß also auf beiden Grundstücken stehen, wobei es allerdings nicht darauf ankommt, daß die Grenzlinie durch die Mitte der Einrichtung läuft. Diese Voraussetzungen sind nicht gegeben, wenn die Einrichtung nur auf einem Grundstück steht, auch wenn zB Zweige einer Hecke auf das Nachbargrundstück reichen (LG Oldenburg ZMR 1985, 99 f.).

Diese Voraussetzungen müssen auch die in § 921 BGB genannten Beispiele erfüllen: Zwischenraum, Rain, Winkel, Graben, Mauer, Hecke, Planke. Andere Grenzeinrichtungen sind zB Bäume und Kommunmauern, die auf der Grenze stehen.

b) Grundsatz der gemeinschaftlichen Benutzung

Sofern nicht äußere Merkmale darauf hinweisen, daß die Einrichtung einem Nachbarn allein gehört, wird vermutet, daß die Nachbarn zur Benutzung der Einrichtung gemeinsam berechtigt seien (§ 921 BGB).

Die Art der gemeinschaftlichen Benutzung regeln die §§ 922, 923 BGB.

Grundsätzlich sind die Nachbarn zur Benutzung einer gemein-

schaftlichen Grenzeinrichtung ihrer Beschaffenheit entsprechend
insoweit berechtigt, als nicht die Mitbenutzung des anderen beeinträchtigt wird (§ 922 Satz 1 BGB). Dem entspricht es, daß die
Unterhaltungskosten von den Nachbarn zu gleichen Teilen zu
tragen sind (§ 922 Satz 2 BGB). Die Beseitigung oder Veränderung ist ausgeschlossen, wenn ein Nachbar an dem Fortbestand
ein Interesse hat und der Beseitigung nicht zustimmt (§ 922 Satz 3
BGB). Nach § 922 Satz 4 BGB gelten im übrigen die Regeln der
Gemeinschaft (§§ 741 ff.).

Eine Sonderregelung trifft § 923 BGB für Grenzbäume und
Grenzsträucher. Die Früchte und der Baum (Strauch) selbst,
wenn er beseitigt wird, gebühren den Nachbarn zu gleichen Teilen. Anders als bei sonstigen Grenzanlagen, kann jeder Nachbar
die Beseitigung verlangen, es sei denn, daß der Baum als Grenzzeichen dient und nicht durch ein anderes zweckmäßiges Grenzzeichen ersetzt werden kann. Ein Nachbar kann damit vom anderen Zustimmung zur Beseitigung verlangen. Öffentlich-rechtliche
Vorschriften, zB die Baumschutzverordnung, bleiben davon jedoch unberührt. Die Kosten der Beseitigung tragen beide Nachbarn zu gleichen Teilen, es sei denn, daß der eine die Beseitigung
verlangt und der andere auf seine Rechte an dem Baum verzichtet.

3. Überhang und Überfall

a) Überhang

Wurzeln eines Baumes oder Strauches, die vom Nachbargrundstück eingedrungen sind, kann der Nachbar abschneiden und behalten. Bei herüberhängenden Zweigen gilt dies nur, wenn eine
angemessene Frist zur Beseitigung abgelaufen ist (§ 910 Abs. 1
BGB). Im Rahmen der Angemessenheit sind auch die Vegeta-
tionsperioden zu berücksichtigen (vgl. zB Palandt/Bassenge
§ 9120 Anm. 2).

Das Beseitigungsrecht ist nach § 910 Abs. 2 BGB ausgeschlossen, wenn die Benutzung des Grundstücks nicht beeinträchtigt
wird. Berücksichtigt werden demzufolge nur wirtschaftliche,
nicht ideelle Interessen.

Daneben hat der Beeinträchtigte auch noch den Anspruch auf
Beseitigung durch den Nachbarn nach § 1004 BGB, in dessen
Rahmen auch ideelle Interessen berücksichtigt werden können
(str.; vgl. Schmid BlGBW 1984, 121 f.).

b) Überfall

Wenn das Nachbargrundstück nicht dem öffentlichen Gebrauche dient, gelten Früchte eines Baumes oder Strauches, die auf ein Nachbargrundstück hinüberfallen, als Früchte dieses Grundstücks (§ 911 BGB). Dessen Eigentümer darf sie also behalten. Er darf aber die Früchte nicht selbst pflücken oder den Baum schütteln.

4. Überbau

Hat der Eigentümer eines Grundstückes bei der Errichtung eines Gebäudes über die Grenze gebaut, ohne daß ihm Vorsatz oder grobe Fahrlässigkeit zur Last fällt, so hat der Nachbar den Überbau zu dulden, es sei denn, daß er sofort nach der Grenzüberschreitung Widerspruch erhebt (§ 912 Abs. 2 BGB). Der Nachbar ist nach Maßgabe von § 912 Abs. 2, §§ 913, 914 BGB durch eine Geldrente zu entschädigen. Nach § 915 BGB kann der Rentenberechtigte jederzeit verlangen, daß der Rentenpflichtige ihm gegen Übertragung des Eigentums an dem überbauten Grundstücksteil den Wert ersetzt, den dieser Teil zur Zeit der Grenzüberschreitung gehabt hat.

Liegen die Voraussetzungen des § 912 Abs. 1 BGB vor, gilt abweichend von den allgemeinen Reglungen folgendes: Der überbaute Grundstücksteil bleibt im Eigentum des Nachbarn. Der Überbau gehört jedoch in analoger Anwendung des § 95 Abs. 1 Satz 2 BGB dem Eigentümer des anderen Grundstücks (BGHZ 27, 199). Beseitigung kann nicht verlangt werden.

Beim unentschuldigten Überbau, also wenn die Voraussetzungen des § 912 Abs. 1 BGB nicht vorliegen, wird der überbaute Gebäudeteil Eigentum des Nachbarn und dieser kann Beseitigung des Überbaus verlangen.

IV. Notwegrecht

Fehlt einem Grundstück, die zur ordnungsmäßigen Benutzung notwendige Verbindung mit einem öffentlichen Wege, so kann der Eigentümer von den Nachbarn verlangen, daß sie bis zur Behebung des Mangels die Benutzung ihrer Grundstücke zur Herstellung der erforderlichen Verbindungen dulden, wobei

Richtung des Weges und Umfang der Benutzung erforderlichenfalls durch Urteil bestimmt werden (§ 917 Abs. 1 BGB). Auch Nießbraucher, Mieter und Pächter dürfen den Notweg benutzen, sind aber zur Geltendmachung des Rechtes selbst nicht legitimiert.

Die Duldungspflicht trifft alle Eigentümer, deren Grundstücke zwischen dem berechtigten Grundstück und dem öffentlichen Weg liegen. Sie müssen gemeinsam verklagt werden (BGHZ 28, 115).

Die Nachbarn, über deren Grundstücke der Notweg führt, sind durch eine Geldrente zu entschädigen (§ 917 Abs. 2 Satz 1 BGB).

Ausgeschlossen ist das Recht auf einen Notweg, wenn die bisherige Verbindung des Grundstücks mit einem öffentlichen Weg durch eine willkürliche Handlung des Eigentümers aufgehoben wird (§ 918 Abs. 1 BGB). Beschränkt auf bestimmte Grundstücke wird das Notwegerecht in den Fällen des § 918 Abs. 2 BGB: Wenn die Verbindung mit dem öffentlichen Weg dadurch abgeschnitten wird, daß der Eigentümer einen Teil des Grundstückes oder eines von mehreren ihm gehörenden Grundstücken veräußert, so hat nur der Eigentümer desjenigen Grundstücks den Notweg zu dulden, wo die Verbindung bisher stattgefunden hat.

V. Ausschluß der Verjährung

Die in § 924 BGB genannten nachbarrechtlichen Ansprüche unterliegen nicht der Verjährung. Dies gilt jedoch nicht für den Kostenersatzanspruch bei einer Grenzabmarkung nach § 919 Abs. 3 BGB (Palandt/Bassenge § 924 Anm. 1.).

§ 23. Die Haftung für Grundstücksgefahren

I. Die allgemeine Verkehrssicherungspflicht

1. Grundsatz

Die Haftung wegen Verletzung der Verkehrssicherungspflicht beruht auf dem Gedanken, daß derjenige, der eine Gefahrenquelle schafft oder beherrscht, auch die Pflicht hat, dafür zu sorgen, daß hieraus Dritten keine Schäden entstehen. Zur Verhinderung solcher Schäden muß der Verkehrssicherungspflichtige (s. u. 2.) alle Maßnahmen ergreifen, die ihm möglich und zumutbar sind.

Bei Grundstücken beinhaltet es die Verkehrssicherungspflicht insbesondere, daß sich das Grundstück und die hierauf befindlichen Anlagen, zB Gebäude und Wege, in einem Zustand befinden müssen, der Schäden Dritter möglichst ausschließt; zu den Einzelfällen s. u. 3.

Die allgemeine Verkehrssicherungspflicht begründet jedoch keine Gefährdungshaftung. Es muß vielmehr in jedem Einzelfall dem Verkehrssicherungspflichtigen auch ein Verschulden zur Last gelegt werden können.

2. Verkehrssicherungspflichtige

Verkehrssicherungspflichtig ist derjenige, der in der Lage ist, über das Grundstück zu verfügen. Das kann, aber muß nicht immer der Eigentümer sein. Entscheidend ist, wer das Grundstück tatsächlich „beherrscht", also wer sich um den Zustand des Grundstücks zu kümmern hat. Das kann zB auch der Mieter oder Pächter des ganzen Grundstücks sein (vgl. Palandt/Thomas § 823 Anm. 8) b), der Nießbraucher, Erbbauberechtigte usw. Neben diesen kann auch eine Haftung des Grundstückseigentümers bestehen, wenn die Gefährlichkeit gerade in der Beschaffenheit der Räume ihren Grund hat und der vermietende Eigentümer die Gefährlichkeit kannte oder hätte kennen müssen (RGZ 95, 63).

3. Einzelfälle

Wege auf dem Grundstück müssen verkehrssicher sein, dürfen also zB keine schwer erkennbaren Erhöhungen oder Vertiefungen aufweisen, die eine Sturzgefahr begründen. Bei Glätte ist zu streuen, wobei sich der Umfang der Anforderungen an die Streupflicht nach den Umständen des Einzelfalls bestimmt (BGH NJW 1985, 270). Den Wohnungseigentümern einer Gemeinschaft obliegt die Streupflicht insgesamt, bei der Beauftragung einzelner trifft die Gemeinschaft eine Überwachungspflicht; die Verkehrssicherungspflicht besteht auch gegenüber den Mietern (BGH ZMR 1985, 120 ff.).

Die Verkehrssicherungspflicht für eine Baustelle trifft in der Regel den Bauleiter oder Bauunternehmer, jedoch regelmäßig nicht bei Besuchern, denen der Bauherr die Baustelle zeigt; für deren Sicherheit ist der Bauherr verantwortlich (BGH NJW 1985, 1078 f.).

Bei Kinderspielplätzen muß auch eine Vorsorge gegen bestimmungswidrigen Gebrauch getroffen werden (Palandt/Thomas § 823 Anm. 14).

II. Besondere Haftungsvorschriften

Ein gesetzlich geregelter Fall der Verletzung der Verkehrssicherungspflicht sind die §§ 836 bis 838 BGB. Die Regelung geht jedoch weiter: Der Geschädigte muß nicht ein Verschulden des Haftpflichtigen beweisen, vielmehr muß dieser dartun und gegebenenfalls beweisen, daß er zum Zwecke der Abwendung der Gefahr die im Verkehr erforderliche Sorgfalt beobachtet hat.

Die Haftung tritt ein, wenn durch den Einsturz eines Gebäudes oder eines anderen mit einem Grundstücke verbundenen Werkes oder durch die Ablösung von Teilen des Gebäudes (zB Dachziegel) ein Mensch getötet oder verletzt oder eine Sache beschädigt wird, sofern der Einsturz oder die Ablösung die Folge fehlerhafter Errichtung oder mangelnder Unterhaltung ist.

Gebäude ist ein zum Aufenthalt von Menschen oder Tieren oder zur Aufbewahrung von Sachen nach den Regeln der Baukunst oder der Erfahrung mit dem Grund und Boden verbundener umschlossener Raum (RGZ 76, 261). Der Begriff Werk ist weit zu fassen. Ein mit dem Grundstück verbundenes Werk ist ein einem bestimmten Zweck dienender, nach den Regeln der Baukunst oder der Erfahrung unter Verbindung mit dem Erdkörper hergestellter Gegenstand (RGZ 60, 138); zB Baugerüste, Leitungsanlagen, nicht jedoch Bäume.

Die Verantwortung trifft:

a) den Eigentümer eines Grundstücks (§ 836 Abs. 3 BGB). Eigenbesitzer ist, wer ein Grundstück als ihm gehörend besitzt (§ 872 BGB). Dies ist grundsätzlich der Eigentümer. In Betracht kommt aber auch der Käufer eines Grundstücks, der es zB von einem unerkennbar geisteskranken Verkäufer gekauft hat und sich daher für den Eigentümer hält. Unbeachtlich ist, ob der Eigenbesitzer unmittelbarer oder mittelbarer Besitzer ist;

b) einem früheren Eigenbesitzer innerhalb eines Jahres nach der Beendigung seines Besitzes (§ 836 Abs. 2 BGB);

c) denjenigen, der auf einem fremden Grundstück ein Gebäude oder ein anderes Werk in Ausübung eines Rechtes besitzt. Dabei kann es sich um ein dingliches oder ein obligatorisches Recht handeln. Infrage kommen der Erbbauberechtigte, der Inhaber einer Dienstbarkeit sowie der Mieter oder Pächter, sofern sie selbst das Gebäude oder Werk zu einem nur vorübergehenden Zweck mit dem Grundstück verbunden haben. Sie trifft die Verantwortung anstelle des Eigenbesitzers des Grundstücks (§ 837 BGB);

d) denjenigen, der nach vertragsmäßiger Vereinbarung oder vermöge eines Nutzungsrechts die Unterhaltung des Gebäudes für den Besitzer trägt. Er ist neben dem Eigenbesitzer des Grundstücks in gleicher Weise verantwortlich wie dieser (§ 838 BGB). Infrage kommen der Nießbraucher, Mieter oder Pächter, die das Gebäude im ganzen übernehmen und die anfallenden Reparaturen auf eigene Rechnung ausführen. Das gleiche gilt für einen Hausverwalter, auch wenn sich seine Aufgabe darauf beschränkt, den Zustand des Hauses zu beobachten, die Notwendigkeit von Reparaturen festzustellen und den Hauswirt entsprechend zu unterrichten (BGHZ 6, 315).

Der Verantwortliche ist schadensersatzpflichtig, wenn durch den Einsturz eines Gebäudes oder eines anderen mit einem Grundstücke verbundenen Werkes oder durch die Ablösung von Teilen des Gebäudes oder des Werkes ein Mensch getötet, der Körper oder die Gesundheit eines Menschen verletzt oder eine Sache beschädigt wird. Der Einsturz oder die Ablösung muß die Folge fehlerhafter Errichtung oder mangelhafter Unterhaltung sein (§ 836 Abs. 1 BGB).

§ 24. Die Zwangsvollstreckung in Grundstücke

I. Allgemeines

Bei der Zwangsvollstreckung ist zu unterscheiden, wegen welcher Ansprüche eine Vollstreckung erfolgen soll. In Betracht kommen:

a) Geldforderungen (§§ 803 ff. ZPO),

b) Herausgabeansprüche (§§ 883 ff. ZPO),

c) Ansprüche zur Erwirkung von Handlungen oder Unterlassungen (§§ 887 ff., § 890 ZPO),

d) Ansprüche auf Abgabe einer Willenserklärung, zB auf Eigentumsübertragung (§§ 894 ff ZPO).

Ist die Geltendmachung einer nicht von einer Gegenleistung abhängigen Geldforderung oder die Geltendmachung eines Anspruchs auf Räumung eines Grundstücks oder eines Raumes, der anderen als Wohnzwecken dient, an den Eintritt eines Kalendertages geknüpft, so kann Klage auf künftige Zahlung oder Räumung erhoben werden (§ 257 ZPO).

II. Zwangsvollstreckung wegen Geldforderungen

Soll die Zwangsvollstreckung in ein Grundstück wegen einer Geldforderung erfolgen, so bedarf es eines Vollstreckungstitels

Der Hypothekengläubiger kann, wenn seine Befriedigung bei Fälligkeit aus Lässigkeit des Schuldners nicht erfolgt, für die persönliche Forderung einen Mahnbescheid beantragen. Unzulässig ist er für den Duldungsanspruch aus einem Grundpfandrecht (§ 688 ZPO). Auf Grund des Darlehensschuldscheins und des Hypothekenbriefes kann er den Erlaß eines Urkundenmahnbescheids beantragen (§ 703 a Abs. 2 ZPO). Der Mahnbescheid ist kein Vollstreckungstitel. Die Zwangsvollstreckung kann erst betrieben werden aus einem Vollstreckungsbescheid, der einem für vorläufig vollstreckbar erklärten, auf Versäumnis erlassenen Endurteil gleichsteht (§ 700 ZPO).

Für einen Rechtsstreit bietet sich die beschleunigte Prozeßart des Urkundenprozesses an (§ 592 ZPO).

In der Praxis ist es üblich, daß das Kreditinstitut bei Bewilligung eines grundbuchmäßig gesicherten Kredits sich sowohl für die persönliche Forderung als auch für den dinglichen Anspruch aus der Hypothek als Vollstreckungstitel eine notarielle Urkunde mit Unterwerfungserklärung ausstellen läßt (§ 794 Abs. 1 Nr. 5 ZPO). Die Vollstreckungsklausel wird von dem Notar erteilt, der die Urkunde verwahrt (§ 797 Abs. 2 ZPO).

Beispiel:
Der Kreditnehmer hat in notarieller Urkunde mit dem Kreditinstitut vereinbart, daß die ganze Restsumme des empfangenen Kredits zur Rückzahlung fällig sein soll, falls er mit zwei aufeinanderfolgenden Raten in Zahlungsverzug gerate. Das Kreditinstitut behauptet einen solchen Zahlungsverzug und begehrt vom Notar die Erteilung der Vollstreckungsklausel zu der von ihm errichteten notariellen Urkunde mit Unterwerfungserklärung. Der Notar verweigert dies mit der Begründung, das Kreditinstitut müsse den Zahlungsverzug nachweisen. Nach Ansicht des Kreditinstituts ist diese Auffassung unrichtig. Wie ist die Rechtslage?

Gegen die Ablehnung der Vollstreckungsklausel ist die Beschwerde gegeben. Für das Beschwerdeverfahren gelten die Vorschriften des Gesetzes über die Angelegenheiten der freiwilligen Gerichtsbarkeit. Über die Beschwerde entscheidet eine Zivilkammer des Landgerichts, in dessen Bezirk die Stelle, gegen die sich die Beschwerde richtet, ihren Sitz hat (§ 54 BeurkG).

In der Sache selbst ist die Auffassung des Notars unrichtig. Die Verteilung der Beweislast ergibt sich aus einer entsprechenden Anwendung des § 345 BGB. Bestreitet der Schuldner die Verwirkung der Strafe, weil er seine Verbindlichkeit erfüllt habe, so hat er die Erfüllung zu beweisen, sofern nicht die geschuldete Leistung in einem Unterlassen besteht (§ 345 BGB). Bei dieser Regelung handelt es sich um den Niederschlag eines allgemeinen Rechtsprinzips. Wer sich einem vertraglichen Übel unterwirft – hier die Vereinbarung der sofortigen Fälligkeit des ganzen Darlehens bei Verzug mit zwei aufeinanderfolgenden Zinsarten – muß im Streitfalle beweisen, daß die Voraussetzungen für den Eintritt des Übels nicht eingetreten sind. Demnach muß der Kreditnehmer die pünktliche Zahlung der Zinsen beweisen.

Die Zivilkammer des Landgerichts wird demnach den Notar anweisen, die Erteilung der Vollstreckungsklausel aus den von ihm angeführten Gründen nicht zu verweigern. Gegen diese Entscheidung steht dem Notar kein Rechtsmittel zu. Die Rechtslage ist die gleiche, wenn das Urteil eines Amtsgerichts durch die Berufungskammer des Landgerichtes aufgehoben wird.

In Abweichung von § 750 ZPO muß zwischen der Zustellung der notariellen Urkunde mit Unterwerfungserklärung und dem Beginn der Zwangsvollstreckung eine volle Woche liegen (§ 798 ZPO).

Der Grundstückseigentümer kann sich in notarieller Urkunde hinsichtlich einer Hypothek, einer Grundschuld oder einer Rentenschuld der sofortigen Zwangsvollstreckung in der Weise unterwerfen, daß die Zwangsvollstreckung aus der Urkunde gegen den jeweiligen Eigentümer des Grundstücks zulässig sein soll. Damit ein Grundstückserwerber erkennt, daß das Grundstück mit einem Grundpfandrecht belastet ist, das bei Fälligkeit sofort realisiert werden kann, bedarf die Unterwerfung in diesem Falle der Eintragung in das Grundbuch (§ 800 Abs. 1 ZPO).

Die Zwangsvollstreckung in das unbewegliche Vermögen umfaßt auch die Gegenstände, auf die sich bei Grundstücken und Berechtigungen die Hypothek erstreckt (§ 865 Abs. 1 ZPO, §§ 1120ff BGB).

Wegen einer Geldforderung ist die Zwangsvollstreckung in ein Grundstück in folgender Weise möglich:

a) durch Eintragung einer Sicherungshypothek für die Forderung,

b) durch Zwangsversteigerung oder

c) durch Zwangsverwaltung (§ 866 Abs. 1 ZPO).

Der Gläubiger kann verlangen, daß eine dieser Maßnahmen allein oder neben den übrigen durchgeführt wird (§ 866 Abs. 2 ZPO).

Eine Sicherungshypothek darf nur für einen Betrag von mehr als DM 500 eingetragen werden. Dabei bleiben Zinsen unberücksichtigt, soweit sie als Nebenforderungen geltend gemacht werden. Auf Grund mehrerer demselben Gläubiger zustehender Schuldtitel kann eine einheitliche Sicherungshypothek eingetragen werden (§ 866 Abs. 3 ZPO). Durch diese Regelung wird das Grundbuch von verwirrenden kleinen Eintragungen freigehalten. Die Wertgrenze gilt auch für eine Arresthypothek (§ 932 Abs. 2 ZPO).

Die Sicherungshypothek wird auf Antrag des Gläubigers in das

Grundbuch eingetragen; die Eintragung ist auf dem vollstreckbaren Titel zu vermerken. Mit der Eintragung entsteht die Hypothek. Auch für die dem Schuldner zur Last fallenden Kosten der Eintragung haftet das Grundstück (§ 867 Abs. 1 ZPO).

Die Zwangs- oder Urteilshypothek kann nicht als Gesamthypothek eingetragen werden. Sollen mehrere Grundstücke des Schuldners mit der Hypothek belastet werden, so ist der Betrag der Forderung auf die einzelnen Grundstücke zu verteilen. Dabei bestimmt der Gläubiger die Größe der Teile (§ 867 Abs. 2 ZPO). Es entstehen gem. der Verteilung Einzelsicherungshypotheken (KG JW 1940, 312).

Die etwa ergehenden Entscheidungen des Grundbuchamts unterliegen der einfachen Beschwerde nach § 71 GBO.

Wird durch eine vollstreckbare Entscheidung die zu vollstreckende Entscheidung oder ihre vorläufige Vollstreckbarkeit aufgehoben oder die Zwangsvollstreckung für unzulässig erklärt oder deren Einstellung angeordnet, so erwirbt der Eigentümer des Grundstücks die Hypothek.

Beispiel:
Ein Gläubiger hat gegen den Schuldner wegen eines angeblich ihm gewährten Darlehens ein Versäumnisurteil über DM 3000 erstritten. Auf Einspruch des Schuldners wurde das Versäumnisurteil aufgehoben und der Kläger mit der Klage abgewiesen. Gegen dieses Urteil hat der Kläger Berufung eingelegt und in zweiter Instanz den Prozeß gewonnen. Auf Grund des Versäumnisurteils hatte er bereits eine Sicherungshypothek am Grundstück des Schuldners eintragen lassen.
Der Schuldner hat diese Sicherungshypothek auf Grund des die Klage abweisenden Urteils erster Instanz als Eigentümergrundschuld erworben. Auf Grund des in zweiter Instanz erstrittenen Urteils lebt die Urteilshypothek nicht wieder auf. Der Gläubiger ist auf eine Zwangsvollstreckung in die Eigentümergrundschuld angewiesen. Steht diese dem Vollstreckungsschuldner nicht mehr zu, dann besteht die Gefahr, daß der Gläubiger leer ausgeht.

Die Zwangsversteigerung und die Zwangsverwaltung sind durch ein besonderes Gesetz geregelt (§ 869 ZPO). Hierzu § 25.

III. Herausgabeansprüche

Hat der Schuldner eine unbewegliche Sache herauszugeben, zu überlassen oder zu räumen, so hat der Gerichtsvollzieher den Schuldner aus dem Besitz zu setzen und den Gläubiger in den Besitz einzuweisen (§ 885 Abs. 1 ZPO).

Bewegliche Sachen, die nicht Gegenstand der Zwangsvollstreckung sind, werden von dem Gerichtsvollzieher weggeschafft und dem Schuldner oder bei seiner Abwesenheit einem Bevollmächtigten des Schuldners oder einer zu seiner Familie gehörigen oder in dieser Familie dienenden erwachsenen Person übergeben oder zur Verfügung gestellt (§ 885 Abs. 2 ZPO).

Die Zwangsvollstreckung muß so erfolgen, daß der Gläubiger die tatsächliche Gewalt über das Grundstück oder die Wohnung ungehindert ausüben kann. Eine drohende Obdachlosigkeit steht der Räumung nicht entgegen (Thomas/Putzo § 885 Anm. 3. d).

Kommt der Verkäufer eines Grundstücks bei Fälligkeit des Auflassungsanspruchs seiner Verpflichtung zur Übereignung nicht nach, so kann der Käufer auf Übereignung klagen. Erfolgt eine Verurteilung auf Grund eines vorläufig vollstreckbaren Urteils, so gilt die Eintragung einer Vormerkung (s. o. § 6) als bewilligt. Wird ein Grundbuchberichtigungsanspruch geltend gemacht, so gilt im Falle der Verurteilung auf Grund eines vorläufig vollstreckbaren Urteils ein Widerspruch als bewilligt. Die Vormerkung oder der Widerspruch erlischt, wenn das Urteil durch eine vollstreckbare Entscheidung aufgehoben wird (§ 895 ZPO).

Ist der Schuldner zur Übereignung des Grundstücks verurteilt, so gilt die Auflassungserklärung als abgegeben, sobald das Urteil rechtskräftig ist. Ist die Willenserklärung von einer Gegenleistung abhängig gemacht – zB Übereignung Zug um Zug gegen Zahlung des Kaufpreises – so tritt diese Wirkung ein, sobald eine vollstreckbare Ausfertigung des rechtskräftigen Urteils erteilt ist (§ 894 Abs. 1 ZPO).

Von Urteilen, deren Vollstreckung nach ihrem Inhalt von dem durch den Gläubiger zu beweisenden Eintritt einer anderen Tatsache als einer dem Gläubiger obliegenden Sicherheitsleistung abhängt, darf eine vollstreckbare Ausfertigung nur erteilt werden, wenn der Beweis durch öffentliche oder öffentlich beglaubigte Urkunden geführt wird.

Hängt die Vollstreckung von einer Zug um Zug bewirkenden Leistung des Gläubigers an den Schuldner ab, so ist der Beweis, daß der Schuldner befriedigt oder im Verzuge der Annahme ist, nur dann erforderlich, wenn die dem Schuldner obliegende Leistung in der Abgabe einer Willenserklärung besteht (§ 726 ZPO).

Der vollstreckende Käufer muß demnach erst nachweisen, daß er den Kaufpreis an den Verkäufer entrichtet oder ihm in einer den Gläubigerverzug begründenden Weise angeboten hat.

IV. Handlungen oder Unterlassungen

Wird der Grundstückseigentümer zur Vornahme einer Handlung verurteilt, ist zu unterscheiden, ob es sich um eine vertretbare oder unvertretbare Handlung handelt, also ob sie nur der Grundstückseigentümer selbst vornehmen kann oder auch ein Dritter. Bei unvertretbaren Handlungen kann ein Zwangsgeld festgesetzt werden, im Nichtbeitreibungsfall Zwangshaft (§ 888 ZPO). In der Regel wird es sich hier jedoch um vertretbare Handlungen handeln, zB Verurteilung des Vermieters auf Klage des Mieters zur Mängelbeseitigung. In diesen Fällen kann der Gläubiger beantragen, ihn zu ermächtigen auf Kosten des Schuldners die Handlung vornehmen zu lassen und den Schuldner zur Vorauszahlung der voraussichtlichen Kosten zu verurteilen (§ 887 ZPO).

Ist der Grundstückseigentümer verurteilt, eine Handlung zu unterlassen, zB eine unzulässige Störung des Nachbarn, oder eine Handlung zu dulden, so ist er auf Antrag des Gläubigers wegen jeder Zuwiderhandlung zu einem Ordnungsgeld, im Nichtbeitreibungsfall zu Ordnungshaft zu verurteilen (§ 890 ZPO).

V. Abgabe einer Willenserklärung

Ist der Schuldner zur Abgabe einer Willenserklärung verurteilt, so gilt die Erklärung als abgegeben, sobald das Urteil rechtskräftig ist (§ 894 ZPO). Bereits ein nur für vorläufig vollstreckbar erklärtes Urteil läßt die Eintragung einer Vormerkung oder eines Widerspruches als bewilligt gelten, wenn es sich auf die Abgabe einer Willenserklärung richtet, auf Grund derer eine Grundbucheintragung erfolgen soll (§ 895 Satz 1 ZPO). Vormerkung und

Widerspruch erlöschen von selbst, wenn das Urteil durch eine vollstreckbare Entscheidung aufgehoben wird (§ 895 Satz 2 ZPO).

Ein gutgläubiger Erwerb ist nach § 898 ZPO möglich.

§ 25. Zwangsversteigerung und Zwangsverwaltung von Grundstücken

I. Allgemeines

Die Zwangsvollstreckung in Grundstücke regelt das Gesetz über die Zwangsversteigerung und die Zwangsverwaltung. Damit sind auch bereits die beiden Arten der Zwangsvollstreckung genannt. Bei der Zwangsversteigerung wird das Grundstück selbst verwertet. Bei der Zwangsverwaltung dienen die Nutzungen des Grundstücks der Befriedigung der Gläubiger.

II. Zwangsversteigerung

1. Verfahren

Als Vollstreckungsgericht ist das Amtsgericht zuständig, in dessen Bezirk das Grundstück liegt (§ 1 ZVG).

Die Einleitung des Verfahrens erfolgt auf Antrag des betreibenden Gläubigers (§§ 15, 146 ZVG). Ein nicht im Grundbuch eingetragener Eigentümer kann Einwendungen gegen die Zwangsvollstreckung geltend machen (§ 771 ZPO, § 1148 Satz 2 BGB).

Für die Einstellung und Aufhebung des Verfahrens gelten die Vorschriften der ZPO. Daneben greifen Sonderregeln Platz. Das Verfahren ist aufzuheben, wenn der Versteigerungsantrag von dem Gläubiger zurückgenommen wird (§ 29 ZVG). Es ist einstweilen einzustellen, sofern der Gläubiger die Einstellung bewilligt (§ 30 ZVG). Das Verfahren ist ferner aufzuheben, wennn ein dem Verfahren entgegenstehendes, aus dem Grundbuch ersichtliches Recht dem Vollstreckungsgericht bekannt wird (§ 28 ZVG).

An der Zwangsversteigerung und Zwangsverwaltung sind die Personen beteiligt, deren Rechte durch das Verfahren berührt werden. Dazu zählen zunächst der Gläubiger (betreibender Gläubiger) sowie der Schuldner. Außerdem sind beteiligt diejenigen, für welche zur Zeit der Eintragung des Vollstreckungsvermerks im Grundbuch ein Recht im Grundbuch eintragen oder Eintragung gesichert ist. Dazu zählen die Inhaber der Grundpfandrechte, Nießbraucher, Vormerkungsberechtigte. Endlich kommen gewisse im Grundbuch nicht eingetragene Realinteressenten in Betracht, sofern sie ihr Recht anmelden und glaubhaft machen. Hierzu rechnen der Notwegberechtigte, der Inhaber eines Pfandrechts an einer Briefhypothek, der Staat wegen der Grundsteuer (§ 9 ZVG).

Von grundsätzlicher Bedeutung ist die Feststellung, welche Ansprüche ein Recht auf Befriedigung aus dem Grundstück haben sowie ihre Rangordnung. Dies gilt für die Berechnung des geringsten Gebotes, die Verteilung des Steigerlöses und der Erträgnisse des Grundstücks.

2. Der Anordnungsbeschluß

Die Zwangsversteigerung eines Grundstücks wird auf Antrag eines Gläubigers durch Beschluß des Vollstreckungsgerichts angeordnet (§ 15 ZVG).

Der Schuldner muß als Eigentümer des zu versteigernden Grundstücks im Grundbuch eingetragen oder Erbe des eingetragenen Eigentümers sein (§ 17 ZVG). Die Erbfolge kann auch durch ein eigenhändiges Testament glaubhaft gemacht werden.

Die Zwangsversteigerung mehrerer Grundstücke kann in demselben Verfahren erfolgen, wenn sie entweder wegen einer Forderung gegen denselben Schuldner oder wegen eines an jedem der Grundstücke bestehenden Rechtes oder wegen einer Forderung, für welche die Eigentümer gesamtschuldnerisch haften, betrieben wird (§ 18 ZVG).

Das Vollstreckungsgericht ersucht bei Erlaß des Versteigerungsbeschlusses das Grundbuchamt im Grundbuch einzutragen (Sperrvermerk oder Versteigerungsvermerk § 19 Abs. 1 ZVG).

Der Versteigerungsbeschluß wirkt zu Gunsten des betreibenden Gläubigers als Beschlagnahme des Grundstücks (§ 10 Abs. 1 ZVG). Die Beschlagnahme umfaßt außer dem Grundstück auch diejenigen Gegenstände, auf welche sich bei einem Grundstück die Hypothek erstreckt (§ 20 Abs. 2 ZVG Grundstück mit Bestandteilen, Grundstückszubehör, Versicherungsforderungen).

Durch die Anordnung der Zwangsversteigerung verliert der Schuldner aber nicht die Verwaltung und Nutzung des Grundstücks. Daher erfaßt die Beschlagnahme nicht die getrennten Erzeugnisse des Grundstücks, außer wenn sie Zubehör geworden sind, sowie die Miet- und Pachtzinsforderungen (§ 21 ZVG). Diese Gegenstände werden nur durch die Anordnung von Zwangsverwaltung beschlagnahmt (s. S. 128).

Die Beschlagnahme hat die Wirkung eines Veräußerungsverbots (§ 23 ZVG).

Wird nach der Anordnung der Zwangsversteigerung ein weiterer Antrag auf Zwangsversteigerung des Grundstücks gestellt, so erfolgt statt des Versteigerungsbeschlusses die Anordnung, daß der Beitritt des Antragstellers zu dem Verfahren zugelassen wird. Ein solcher Gläubiger hat dieselben Rechte, wie wenn auf seinen Antrag die Versteigerung angeordnet wäre (§ 27 ZVG).

3. Die Versteigerung

Nach Einleitung des Verfahrens bestimmt das Gericht einen Termin für die von ihm durchzuführende Versteigerung des Grundstücks. Die Terminbestimmung muß gewisse Mitteilungen (zB Versteigerungstermin nach Ort und Zeit) sowie zwei Aufgebote enthalten (§ 27 ZVG).

Die Inhaber nicht eingetragener Rechte sind aufzufordern, ihr Recht spätestens im Versteigerungstermin vor der Aufforderung zur Abgabe von Geboten anzumelden. Außerdem erfolgt ein Aufgebot der der Versteigerung entgegenstehenden Rechte. Inhaber solcher Rechte müssen vor der Erteilung des Zuschlags die Einstellung oder Aufhebung des Verfahrens herbeiführen, da sonst für ihr Recht anstelle der versteigerten Sache der Steigerlös tritt (§ 37 Nr. 4, Nr. 5 ZVG).

Auf Zubehörstücke, die sich im Besitz des Schuldners befinden, erstreckt sich im Gegensatz zur Beschlagnahme die Versteigerung auch dann, wenn sie einem Dritten gehören. Eine Ausnahme gilt nur, wenn der Dritte sein Recht geltend gemacht hat (§ 37 Nr. 5, § 55 Abs. 2 ZVG).

Mit dem Grundstück erwirbt der Ersteher zugleich die Gegenstände, auf welche sich die Versteigerung erstreckt hat (§ 90 Abs. 2 ZVG).

Im Termin wird nur das sog. geringste Gebot berücksichtigt,

welches mindestens die Kosten des Verfahrens, der Zwangsverwaltung, die Bezüge der land- und forstwirtschaftlichen sowie
der Bergwerksbeamten und Arbeiter, zweijährige Rückstände an
öffentlichen Lasten und die dem betreibenden Gläubiger vorgehenden Rechte umfassen muß (§§ 10, 44 ZVG). Es handelt sich
um das Deckungsprinzip. Im Gegensatz dazu steht das Lö-
schungsprinzip, bei dem auch die vorgehenden Rechte leer ausgehen könnten.

Bar zu zahlen sind nur solche in das geringste Gebot aufgenommenen Rechte, die nicht übernommen werden können (Kosten des Verfahrens, Verwaltungsausgaben, Löhne, öffentliche
Lasten – Klassen 1–3 des § 10 – sowie die Nebenleistungen der zu
übernehmenden Rechte). Hinzukommt, was noch mehr geboten
wird (§ 49 ZVG). Die vorgehenden Rechte selbst werden nach
den Versteigerungsbedingungen übernommen.

Das höchste der im Versteigerungstermin abgegebenen Gebote
ist das Meistgebot. Es umfaßt:

a) die zu übernehmenden Rechte, die in das geringste Gebot
aufgenommen sind;

b) das Bargebot, d.h. den im Versteigerungstermin bar zu zahlenden Betrag.

Beim Bieten im Versteigerungstermin wird nur das Bargebot
genannt.

Das Mehrgebot dient zur Befriedigung der nicht in das geringste Gebot aufgenommenen Rechte.

4. Zuschlag und Teilungsplan

Der Ersteher wird durch den Zuschlag Eigentümer des Grundstücks sowie der Gegenstände, auf die sich die Versteigerung erstreckt (§ 90 ZVG).

Die Gefahr eines zufälligen Untergangs des Grundstücks geht
mit dem Zuschlag auf den Ersteher über (anders § 446 BGB).

Von dem Zuschlag an gebühren dem Ersteher die Nutzungen
und trägt er die Lasten. Ein Anspruch auf Gewährleistung besteht
nicht (§ 56 ZVG).

Der Ersteher tritt in die bestehenden Miet- und Pachtverträge
ein, kann aber grundsätzlich mit der gesetzlichen Frist zum ersten
zulässigen Termin kündigen (§§ 57 ff. ZVG).

Durch den Zuschlag erlöschen alle Grundstücksrechte, soweit

sie nicht nach den Versteigerungsbedingungen bestehen bleiben sollen (§ 91 ZVG).

Aus dem Beschluß, durch welchen der Zuschlag erteilt wird, findet gegen den Besitzer des Grundstücks und einer mitversteigerten Sache die Zwangsvollstreckung auf Räumung und Herausgabe statt (§ 93 ZVG).

Das Gericht stellt einen Teilungsplan auf. Er regelt die Verteilung des Steigerlöses auf die durch Barzahlung zu deckenden Rechte (§§ 113 ff. ZVG).

Ist der Teilungsplan ausgeführt und der Zuschlag rechtskräftig, so ist das Grundbuchamt zu ersuchen, den Ersteher als Eigentümer einzutragen, den Versteigerungsvermerk sowie die durch den Zuschlag erloschenen Rechte zu löschen und die Eintragung der Sicherungshypotheken für die Forderung gegen der Ersteher zu bewirken (§ 130 ZVG).

III. Zwangsverwaltung

Die Zwangsverwaltung kann auf Grund eines eingetragenen Rechtes nicht nur den Grundeigentümer, sondern auch gegen den Eigenbesitzer des Grundstückes angeordnet werden (§ 147 ZVG).

Die Beschlagnahme ist umfassender als bei einer Zwangsversteigerung. Sie umfaßt:

a) sämtliche Gegenstände, auf welche sich die Hypothek erstreckt (also auch sämtliche land- und forstwirtschaftliche Erzeugnisse),

b) die Miet- und Pachtzinsen.

Durch die Beschlagnahme wird dem Schuldner die Verwaltung und Nutzung des Grundstücks entzogen (§ 148 ZVG).

Die Durchführung der Zwangsverwaltung obliegt dem Zwangsverwalter (§ 150 ZVG). Er hat das Recht und die Pflicht, alle Handlungen vorzunehmen, die erforderlich sind, um das Grundstück in seinem wirtschaftlichen Bestande zu erhalten und ordnungsmäßig zu benutzen (§ 152 ZVG). Für die Verteilung der Erträgnisse ist ebenfalls ein Teilungsplan maßgebend, der durch den Zwangsverwalter ausgeführt wird (§§ 156, 157 ZVG).

Die Reihenfolge der Verteilung bestimmt sich nach § 155 ZVG in Anlehnung an die Rangklassen des § 10 ZVG.

§ 26. Das Grundstück im Konkurs- und Vergleichsverfahren

I. Konkursverfahren

Die Konkursmasse umfaßt das gesamte, einer Zwangsvollstrek-kung unterliegende Vermögen des Gemeinschuldners, welches ihm zur Zeit der Eröffnung des Verfahrens gehört (§ 1 KO). Dazu zählen auch seine Grundstücke und die auf seinen Namen eingetragenen Grundpfandrechte.

Mit der Eröffnung des Konkursverfahrens verliert der Gemein-schuldner die Befugnis, über sein zur Konkursmasse gehöriges Vermögen zu verfügen und dieses zu verwalten. Diese Befugnisse werden durch einen Konkursverwalter ausgeübt (§ 6 KO). Rechtshandlungen, die der Gemeinschuldner nach der Eröffnung des Verfahrens vorgenommen hat, sind den Konkursgläubigern gegenüber unwirksam. Ein gutgläubiger Dritter wird jedoch nach Maßgabe der §§ 892, 893 BGB (vgl. oben § 15) geschützt (§ 7 KO).

Um den gutgläubigen Erwerb zu Lasten der Konkursmasse aus-zuschließen, ist ein vom Konkursgericht erlassenes allgemeines Veräußerungsverbot (§ 106 Abs. 1 Satz 3 KO) und die Eröffnung des Konkursverfahrens in das Grundbuch einzutragen
a) bei den Grundstücken, als deren Eigentümer der Gemein-schuldner im Grundbuch eingetragen ist;
b) bei den für den Gemeinschuldner eingetragenen Rechten an Grundstücken, wenn nach der Art des Rechts und den obwalten-den Umständen bei Unterlassung der Eintragung eine Beein-trächtigung der Konkursgläubiger zu besorgen ist (§ 113 Abs. 1 KO).

Soweit dem Konkursgericht solche Grundstücke bekannt sind, hat es das Grundbuchamt um Eintragung zu ersuchen (§ 113 Abs. 2 KO). Die Eintragung kann auch vom Konkursverwalter beantragt werden (§ 113 Abs. 3 KO). Verfügt der Gemeinschuld-ner nach Eröffnung des Konkursverfahrens, so können infolge der durch die Eintragung des Konkursvermerks herbeigeführten Grundbuchsperre solche Verfügungen nicht mehr zu einem Rechtserwerb führen (RGZ 71, 38).

Rechte an den zur Konkursmasse gehörenden Gegenständen

können nach Eröffnung des Verfahrens nicht mit Wirksamkeit gegenüber den Konkursgläubigern erworben werden, auch wenn der Erwerb nicht auf einer Rechtshandlung des Gemeinschuldners beruht. Jedoch bleiben die Vorschriften der §§ 878, 892, 893 BGB unberührt (§ 15 KO). Eine von dem Berechtigten unwiderruflich abgegebene Erklärung wird nicht dadurch unwirksam, daß der Berechtigte in der Verfügung beschränkt wird, nachdem die Erklärung für ihn bindend geworden und der Antrag auf Eintragung beim Grundbuchamt gestellt worden ist (§ 873 Abs. 2, § 878 BGB).

Die Vorschrift über die Anfechtung durch den Konkursverwalter (§§ 29 ff KO) gelten auch, wenn auf Grund einer Rechtshandlung nach Konkurseröffnung ein gutgläubiger Erwerb eingetreten ist (§ 42 KO).

Eine besondere Regelung für die Vormerkung (vgl. oben § 6) trifft § 24 KO: Ist zur Sicherung eines Anspruchs auf Einräumung oder Aufhebung eines Rechts an einem Grundstück oder an einem für den Gemeinschuldner eingetragenen Recht oder zur Sicherung eines Anspruches auf Änderung des Inhalts oder Ranges eines solchen Rechts eine Vormerkung eingetragen, so kann der Gläubiger vom Konkursverwalter die Befriedigung seines Anspruchs verlangen. Der Konkursverwalter hat dann alle Handlungen vorzunehmen, die zur Begründung oder Übertragung des Rechts notwendig sind, insbesondere eine erforderliche Eintragung im Grundbuch zu bewilligen. Diese Regelung gilt nicht für eine Amtsvormerkung nach § 18 GBO (RGZ 110, 207). Von einem Zwangsvergleich werden Rechte aus einer Vormerkung nicht berührt (§ 193 Satz 2 KO). Während des Konkursverfahrens kann an einem zur Konkursmasse gehörenden Grundstück keine Vormerkung auf Grund einer einstweiligen Verfügung zugunsten eines einzelnen Konkursgläubigers eingetragen werden.

II. Vergleichsverfahren

Zur Anwendung des Konkursverfahrens kann der Schuldner vor Eröffnung desselben einen Antrag auf Eröffnung des Vergleichsverfahrens stellen (§§ 1, 2 VerglO).

Nach § 25 Abs. 1 VerglO sind an dem Vergleichsverfahren grundsätzlich alle persönlichen Gläubiger des Schuldners beteiligt, die einen zur Zeit der Eröffnung des Verfahrens begründeten Vermögensanspruch gegen ihn haben (§ 25 Abs. 1 VerglO). Keine Vergleichsgläubiger sind jedoch diejenigen, deren Anspruch durch eine Vormerkung gesichert ist (§ 26 Abs. 1 VerglO). Eine Ausnahme von dieser Ausnahme bringt jedoch wieder § 28 VerglO. Wenn die Vormerkung auf Grund einer Zwangsvollstreckungsmaßnahme eingetragen worden ist, bleibt auch der Vormerkungsberechtigte Vergleichsgläubiger, wenn er die Vormerkung später als am 30. Tage (der Tag der Antragstellung wird nicht mitgezählt) vor der Stellung des Eröffnungsantrages erworben hat.

Grundsätzlich kann der Schuldner die Erfüllung eines gegenseitigen Vertrages ablehnen, wenn zur Zeit der Eröffnung des Vergleichsverfahrens noch keine Vertragspartei den Vertrag vollständig erfüllt hat (§ 50 Abs. 1 Satz 1 VerglO). Diese Ablehnungsbefugnis besteht jedoch nicht, wenn zur Sicherung des Anspruchs des Gläubigers eine Vormerkung eingetragen ist (§ 50 Abs. 4 VerglO).

Die Rechte aus einer für die Forderung bestehenden Hypothek, Grundschuld, Rentenschuld oder Vormerkung werden durch den Vergleich nicht berührt (§ 82 Abs. 2 VerglO).

§ 27. Die polizeirechtliche Verantwortlichkeit des Grundstückseigentümers

Die Polizei hat die notwendigen Maßnahmen zu treffen, um eine im Einzelfall bestehende Gefahr für die öffentliche Sicherheit und Ordnung abzuwehren (zB Art. 11 BayPAG; die Polizeiaufgabengesetze der anderen Bundesländer enthalten ähnliche Vorschriften). Sie kann nur zum Zweck der Gefahrenabwehr einschreiten.

Gefahren für die Allgemeinheit oder für einzelne können bei Grundstücken von diesen selbst, den darauf errichteten Gebäuden oder betriebenen Anlagen, von den im Zusammenhang mit Gebäuden unterhalb der Grundstücksoberfläche eingebrachten Sachen (zB Öltanks) und von Hecken, Bäumen etc. ausgehen.

Die Verantwortlichkeit für den polizeimäßigen Zustand von Sachen trifft den Eigentümer und/oder den Inhaber der tatsächlichen Gewalt.

Sie ist Ausfluß der rechtlichen und tatsächlichen Sachherrschaft. Der Verantwortliche haftet, wenn eine von ihm beherrschte Sache in einen polizeiwidrigen Zustand gerät, wenn die Sache selbst unmitelbar die Gefahrenquelle bildet, zB Baufälligkeit eines Hauses. Er haftet auch, wenn Handlungen Dritter oder Naturereignisse, Zufall oder höhere Gewalt die Sache in den gefährlichen Zustand versetzt haben.

Wenn infolge eines Unfalls eines Tankwagens Öl auf ein Grundstück fließt und eine Grundwasserverseuchung droht, ist der Grundstückseigentümer verantwortlich (OVG Münster DVBl. 1984, 683). Er hat etwa das Abtragen des verseuchten Erdreichs zu dulden.

Werden durch einen Sturm Dächer abgedeckt und behindern auf die Straße gefallene Dachziegel den Verkehr, sind die Eigentümer der Häuser verpflichtet, die Ziegel von der Straße zu entfernen.

Die Zustandshaftung des Eigentümers rechtfertigt sich aus seiner rechtlichen Sachherrschaft. Polizeipflichtig ist derjenige, dem nach bürgerlichen Recht das Eigentum an der störenden Sache zusteht.

Steht ein Grundstück im Miteigentum mehrerer Personen, so ist grundsätzlich jeder Miteigentümer für die Beseitigung polizeiwidriger Zustände allein und in vollem Umfang, nicht etwa nur anteilig verantwortlich (BGHZ 16, 12). Es ist unerheblich, ob es sich um Miteigentum nach Bruchteilen – zB gemeinschaftliches Eigentum der Wohnungseigentümer am Grundstück – oder um Gesamthandseigentum – zB einer Erbengemeinschaft – handelt (BGH aaO).

Ihrem Umfang nach wird die Zustandshaftung des Eigentümers insbesondere durch das Verbot begrenzt, ihm etwas rechtlich oder tatsächlich Unmögliches abzuverlangen (Drews/Wacke/Vogel/Martens, Gefahrenabwehr, Band 1 Seite 187 ff.).

Sollen Handlungen vorgenommen werden, zu denen ein Miteigentümer den anderen gegenüber nicht berechtigt ist, muß sich die Polizei an alle Miteigentümer halten (PrOWG 1969, 401).

Wird die Räumung einer vom Eigentümer vermieteten Wohnung aus bau- oder gesundheitspolizeilichen Gründen erforderlich, so kann die Polizei vom Eigentümer verlangen, dem Mieter zum ersten zulässigen Termin zu kündigen. Sie kann dem Eigentümer auch verbieten, neue Mietverträge abzuschließen oder die

Wohnung selbst zu Wohnzwecken zu benutzen. Sie darf dagegen den Eigentümer nicht auffordern, die noch vermietete Wohnung bis zu einem bestimmten Termin räumen zu lassen, weil sie damit den Bruch des Mietvertrages verlangen würde. In einem solchen Fall ist der richtige Weg der Erlaß einer Räumungsverfügung gegen den ebenfalls polizeipflichtigen Mieter (OVG Münster E 8, 29).

Fallen Eigentum und tatsächliche Sachherrschaft, wie zB bei Miete und Pacht, auseinander, so ist es zweckmäßig, den Inhaber der tatsächlichen Gewalt in Anspruch zu nehmen. Auf welchem Rechtsgrund die Innehabung der Sachgewalt beruht, ist unerheblich. Der Inhaber der tatsächlichen Gewalt ist nicht nur der unmittelbare Besitzer, § 854 BGB, sondern auch der Besitzdiener iSd § 855 BGB. Der Inhaber der tatsächlichen Gewalt ist grundsätzlich neben dem Eigentümer verantwortlich.

Für den Umfang der Haftung des Inhabers der tatsächlichen Gewalt gelten dieselben Beschränkungen wie für die Haftung des Eigentümers. So dürfen zB vom Mieter oder Pächter keine baulichen Veränderungen am Miet- oder Pachtgrundstück verlangt werden (BVerfGE 31, 16). Beide können aber zur Duldung der zur Gefahrenabwehr erforderlichen Arbeiten angehalten werden, während die Verfügung, sie vorzunehmen an den Eigentümer zu richten ist (OVG Hamburg DVBl 1957, 868).

Die Zustandshaftung des Eigentümers endet mit dem Verlust des Eigentums, zB durch Veräußerung. Die Haftung des Inhabers der tatsächlichen Sachherrschaft endet mit dieser. Das wird regelmäßig mit dem Zeitpunkt zusammenfallen, zu dem das die Sachgewalt vermittelnde Rechtsverhältnis endet. Errichtet also zB ein Pächter den Bestimmungen des öffentlichen Rechts zuwider Bauten auf dem Pachtgrundstück, darf von ihm Beseitigung nur während der Dauer des Pachtvertrages verlangt werden. Nach seinem Ablauf muß der Eigentümer in Anspruch genommen werden, da der frühere Pächter keine Einwirkungsmöglichkeit mehr hat (Drews/Wacke/Vogel/Martens aaO, Seite 208).

§ 28. Das Grundstück im Baurecht

I. Das Erfordernis der Baugenehmigung

Das in Art. 14 GG als Grundrecht garantierte Eigentum umfaßt auch das Recht, ein Grundstück zu bebauen oder anderweitig zu nutzen. Eine schrankenlose Ausnutzung dieser Freiheit würde jedoch dem Allgemeinwohl widersprechen.

Art. 14 Abs. 2 GG bestimmt, daß Eigentum verpflichtet und sein Gebrauch dem öffentlichen Wohl und der Allgemeinheit zu dienen habe. Diese Sozialgebundenheit des Eigentums rechtfertigt es, die Baufreiheit durch Gesetze einzuschränken. Die für den Bauwilligen praktisch bedeutsamsten Schranken finden sich im BBauG und in den Bauordnungen der Länder.

Im BBauG ist u. a. die städtebauliche Zulässigkeit von Baugesuchen unter dem Gesichtspunkt der örtlichen Planung geregelt. Ziel der örtlichen Planung ist, in den Gemeinden eine geordnete Bebauung und damit eine vernünftige städtebauliche Entwicklung herbeizuführen. Im einzelnen ist geregelt, an welcher Stelle gebaut werden darf, sowie Art und Maß der baulichen Nutzung, also zB die Größe der überbaubaren Grundstücksfläche, die Geschoßzahl, die Dachgröße, die Lage des Bauwerks auf dem Grundstück usw.

Die Bauordnung der Länder bestimmen, wie ein Bauwerk beschaffen sein muß, damit seine Errichtung zulässig ist.

Bauliche Anlagen sind so anzuordnen, zu errichten, zu ändern und zu unterhalten, daß die öffentliche Sicherheit und Ordnung, insbesondere Leben oder Gesundheit nicht gefährdet werden. Sie sind einwandfrei zu gestalten, dürfen das Gesamtbild ihrer Umgebung nicht verunstalten und müssen ihrem Zweck entsprechend ohne Mißstände benutzbar sein. Die allgemeinen Regeln der Baukunst sind zu beachten.

Weitere Einschränkungen der Baufreiheit finden sich im Wasser-, Naturschutz-, Straßen-, Immissionsschutzrecht usw.

Ist diesen Bestimmungen genügt, so ergibt sich ein Rechtsanspruch auf die Erteilung der Baugenehmigung. Eine Baugenehmigung ist daher keine Verleihung eines Rechts – das Recht zum Bauen ergibt sich bereits aus Art. 14 GG –, sondern eine öffentlich-rechtliche Unbedenklichkeitsbescheinigung.

II. Voraussetzungen für eine baurechtliche Genehmigung

Zahlreiche Vorhaben, wie zB Schwimmbecken bis zu einer be-stimmten Größe, bedürfen keiner Baugenehmigung.

Häuser sind immer baugenehmigungspflichtig.

Die Baugenehmigung darf aber nur versagt werden, wenn das Vorhaben öffentlich-rechtlichen Vorschriften widerspricht, Art. 74 Abs. 1 BayBO.

Zunächst müssen die planungsrechtlichen Vorschriften des BBauG beachtet werden.

Ein Gebäude darf grundsätzlich nur in Gebieten errichtet wer-den, die durch einen Bebauungsplan der Gemeinde als Baugebiet ausgewiesen sind, § 30 BBauG, oder die sich innerhalb der im Zusammenhang bebauten Ortsteile befinden, § 34 BBauG.

Auf Grundstücken, die nicht im Geltungsbereich eines Bebau-ungsplans und außerhalb der schon bestehenden Bebauung – im sog. Außenbereich – liegen, darf nur unter ganz engen Vorausset-zungen gebaut werden. Diese liegen für Wohnhäuser, die nicht im Zusammenhang mit forst- oder landwirtschaftlichen Betrieben stehen, praktisch nie vor, § 35 BBauG.

Das einsam gelegene Wochenendhaus im Grünen ist nach dem BBauG eine Utopie.

Als weitere Voraussetzung muß das Vorhaben den bauord-nungsrechtlichen Anforderungen der Bauordnungen der Länder entsprechen.

Das Grundstück muß insbesondere nach Lage, Form, Größe und Beschaffenheit für die beabsichtigte Bebauung geeignet sein, in einer angemessenen Breite an einer befahrbaren öffentlichen Verkehrsfläche liegen. Schließlich müssen bis zum Beginn der Benutzung des Gebäudes Zufahrtswege, Wasserversorgungs- und Abwasserbeseitigungsanlagen in dem erforderlichen Umfang be-nutzbar sein.

Zu Nachbarsgrundstücken müssen genau vorgeschriebene Ab-standsflächen eingehalten werden. Dadurch wird ein ausreichen-der Brandschutz und eine ausreichende Belichtung und Belüftung erreicht. Von den gesetzlich vorgeschriebenen Abstandflächen kann unter bestimmten Voraussetzungen in Bebauungsplänen abgewichen werden.

Die Abstandsflächen sind zwischen Grundstücksnachbarn

häufig Streitpunkte, da jeder den verständlichen Wunsch hegt, daß der Nachbar möglichst weit entfernt vom eigenen Haus baut.

Nachbarsstreitigkeiten dieser Art müssen vor den Verwaltungsgerichten ausgetragen werden. Da sämtlichen Nachbarn des Bauherrn die Baupläne vor Erteilung der Baugenehmigung zur Kenntnisnahme vorgelegt werden, haben diese genügend Zeit, sich vor Errichtung des Hauses zur Wehr zu setzen, wenn sie Beeinträchtigung ihrer eigenen Rechtsposition durch den Bau des Nachbarn fürchten.

Hat der Bauherr mit den Bauarbeiten begonnen, ohne eine Baugenehmigung zu beantragen, ist zu unterscheiden:

– wenn das Vorhaben den gesetzlichen Bestimmungen entspricht, also genehmigungsfähig ist liegt mangels Antragstellung nur eine formelle Baurechtswidrigkeit vor.
  In diesem Fall wird die Bauaufsichtsbehörde die Weiterführung des Baus nur untersagen – den Bau einstellen und dem Bauherrn aufgeben, einen Bauantrag zu stellen. Nach Erteilung der Baugenehmigung kann der Bau zu Ende geführt werden.

– Entspricht das Vorhaben nicht den öffentlichen Vorschriften, ist es formell und materiell baurechtswidrig. Dann folgt der Baueinstellung eine Abbruchsverfügung. Das Gebäude muß dann wieder entfernt werden.
  Zur Durchsetzung der Abbruchsverfügung stehen der Bauaufsichtsbehörde wirksame Zwangsmittel zur Verfügung, vom Zwangsgeld bis zur Ersatzzwangshaft.

§ 29. Versicherungen für das Grundstück

Der Haus- und Grundstückseigentümer ist verschiedenen Risiken ausgesetzt sowohl hinsichtlich auftretender Gefahren für sein Eigentum als auch hinsichtlich der Haftung für Gefahren, die von seinem Grundstück ausgehen. Entsprechend der Vielzahl der Risiken gibt es auch mehrere Versicherungen, die sich gegenseitig ergänzen und eine weitgehende Absicherung gewährleisten.

An Sachversicherungen sind zu nennen die Feuerversicherung (vgl. §§ 81 ff VVG), die Sturm- und Leitungswasserversicherung. Glasbruch wird auch durch die Hausratversicherung ersetzt. Der Bauherr kann das werdende Gebäude in einer Bauwesenversicherung versichern. Die Bodenerzeugnisse eines Grundstücks können gegen Hagelschlag in der Hagelversicherung versichert werden (vgl. §§ 108 ff. VVG).

Haftpflichtschäden werden teilweise bereits durch die allgemeine Haftpflichtversicherung, in der Regel aber durch die Grundstückshaftpflichtversicherung abgedeckt. Der Bauherr kann eine Bauherrenhaftpflichtversicherung abschließen. Für die Haftung wegen Ölschäden gibt es speziell die Öltankhaftpflichtversicherung.

Zu nennen ist schließlich noch die Rechtsschutzversicherung für Grundstückseigentum und Miete, durch die sich der Grundstückseigentümer gegen Prozeßrisiken absichern kann.

Die Kosten der Sach- und Haftpflichtversicherung können, sofern die allgemeinen mietrechtlichen Voraussetzungen hierfür gegeben sind, nach Nr. 13 der Anlage 3 zu § 27 Abs. 1 II. BV auf den Mieter umgelegt werden.

§ 30. Die Grundstücksteuern

I. Die Grunderwerbsteuer

Am 1. 1. 1983 trat das GrEStG 1983 in Kraft, das im Gegensatz zu dem früheren Grunderwerbsteuerrecht im ganzen Bundesgebiet einheitlich gilt.

Der Grunderwerbsteuer unterliegen alle Rechtsgeschäfte, die einen Anspruch auf Übereignung eines inländischen Grundstücks begründen oder den Übergang des Eigentums herbeiführen. Steuerpflichtig ist der Wechsel des Rechtsträgers. Die Grunderwerbsteuer erfaßt den Umsatz von Grundstücken und zählt damit zu den Verkehrsteuern.

1. Steuertatbestände

Das GrEStG knüpft die Besteuerung des Grunderwerbs an den Wechsel des Eigentümers an. Steuertatbestand ist aber nicht erst der dingliche Vollzugsakt, sondern bereits die schuldrechtliche Verpflichtung zur Übereignung. Fehlt ein schuldrechtliches Geschäft, ist die Auflassung und, wenn keine Auflassung erforderlich ist, der Eigentumsübergang als solcher Steuertatbestand (Schönhofer-Reinisch, Haus- und Grundbesitz in Recht und Praxis, Gruppe 15, Seite 483).

Im einzelnen kommen folgende Rechtsgeschäfte in Betracht:
- Kauf
- Tausch
  Grundstückstauschverträge lösen gemäß § 1 Abs. 5 GrEStG
  für beide Vertragsparteien die Steuerpflicht aus, denn es werden zwei Grundstücke umgesetzt.
- Schenkung,
  die aber nach § 3 Nr. 2 GrEStG von der Besteuerung ausgenommen ist (vgl. unten)
- Erwerb in der Zwangsversteigerung
- Auflassung,
  die aber nach § 1 Abs. 1 Nr. 2 GrEStG nur dann Steuertatbestand ist, wenn kein schuldrechtliches Verpflichtungsgeschäft
  vorliegt, wie zB beim Heimfall eines Erbbaurechts an den
  Grundstückseigentümer (BFH BStBl 1970 II, 130), beim Erwerb aufgrund eines Vermächtnisses, oder wenn die Übertragung eines Grundstücks aus ungerechtfertigter Bereicherung
  (§ 812 BGB) oder als Schadenersatz (§ 249 Satz 1 BGB) ge-
  schuldet wird.
- Eigentumsübertragung,
  wenn ein schuldrechtliches Verpflichtungsgeschäft fehlt und es
  zur Übertragung keiner Auflassung bedarf, § 1 Abs. 1 Nr. 3
  GrEStG.
  Damit werden die Fälle erfaßt, bei denen das Eigentum kraft
  Gesetzes übergeht, wie zB bei der Erbschaft, § 1922 BGB, die
  jedoch in § 3 Nr. 2 GrEStG von der Grunderwerbsteuer ausgenommen ist (vgl. unten), da sie dem Erbschaftsteuergesetz unterfällt.
  Hauptanwendungsbereich des § 1 Abs. 1 Nr. 3 GrEStG ist daher das Gesellschaftsrecht. Scheiden einzelne Gesellschafter
  aus der Gesellschaft aus und führen die verbleibenden Gesellschafter die Gesellschaft fort, so gehen Grundstücke im Wege
  der Anwachsung nach § 142 HGB, § 738 BGB auf letztere
  kraft Gesetzes und ohne Auflassung über.
- Verpflichtung zur Abtretung eines Übereignungsanspruchs,
  z.B. des Käufers nach § 433 Abs. 1 Satz 1 BGB, § 1 Abs. 1
  Nr. 5 GrEStG.
Rechtsgeschäfte, die die Verpflichtung zur Eigentumsübertragung selbst nicht enthalten, lösen keine Steuerpflicht aus:

- Verträge, die erst nach Erteilung einer Genehmigung oder dem Eintritt einer Bedingung wirksam werden,
- Kaufanwärterverträge, wenn sie nur auf Abschluß des schuldrechtlichen Vertrages gerichtet sind,
- Optionen bis zu ihrer Ausübung (BFH BStBl. 1972 II, 828),
- Ankaufs- oder Vorkaufsrechte bis zu ihrer Ausübung (BFH BStBl. 1965 III, 265),
- Grundstücksbeschaffungsaufträge,
  denn der Beauftragte übernimmt nur die Verpflichtung, ein Grundstück zu beschaffen. Erst der Abschluß des schuldrechtlichen Vertrages zwischen dem Beauftragten und dem Verkäufer begründet die Steuerpflicht, § 1 Abs. 1 Nr. 1 GrEStG.

Das GrEStG geht vom Grundstücksbegriff des bürgerlichen Rechts aus, § 2 Abs. 1 Satz 1 GrEStG.

Gleichgestellt sind jedoch Erbbaurecht, § 2 Abs. 2 Nr. 1 GrEStG, und Gebäude auf fremdem Boden.

Erfaßt ein Geschäft mehrere Grundstücke, die eine wirtschaftliche Einheit bilden, so gelten sie grunderwerbsteuerrechtlich als ein Grundstück, § 2 BewG.

2. Besteuerungsgrundlage

Nach § 8 Abs. 1 GrEStG bemißt sich die Steuer nach dem Wert der Gegenleistung. Der Wert des Grundstücks ist nur dann Bemessungsgrundlage, wenn eine Gegenleistung nicht vorhanden oder nicht zu ermitteln ist, oder in den Fällen des § 1 Abs. 3 GrEStG, auf die hier nicht eingegangen wird.

Eine Gegenleistung fehlt z.B. in den folgenden Fällen (Schönhofer-Reinisch, aaO, Gruppe 15 S. 508):
- bei der Abtretung der Rechte aus einem Kaufangebot (FG Münster EFG 1965, 122),
- beim Erwerb der Rechte aus einer Option,
- beim Erwerb durch Ausschlußurteil,
- bei der Übertragung eines Grundstücks vom Treugeber auf den Treuhänder,
- beim Erwerb aufgrund eines Schadenersatzanspruches oder bei der Übereignung eines Grundstücks nach den Vorschriften über die ungerechtfertigte Bereicherung.

Bei der Gegenleistung handelt es sich idR, wie z.B. beim Kauf, um Geld, es kommen aber Leistungen jeder Art in Betracht, wie

z. B. ein Grundstück beim Tausch, die Bestellung von Grundpfandrechten, die Übernahme von Verbindlichkeiten oder
Grundpfandrechten, Maklergebühren des Veräußerers usw.

Bewertet wird die Gegenleistung nach dem BewG (§§ 2–16).
Zugrundegelegt wird daher der Verkehrswert der Leistung.

Wird ein Grundstück zusammen mit dem Inventar oder dort
aufgestellten Maschinen erworben, entfällt nur ein Teil der Ge-
genleistung auf das Grundstück. Der Kaufpreis für Inventar und
Maschinen ist nicht grunderwerbsteuerpflichtig. Deshalb muß die
Gegenleistung aufgespalten und der das Grundstück betreffende
Teil ermittelt werden.

Dies geschieht nach folgender Formel:

$$\frac{\text{Gesamtleistung} \times \text{Verkehrswert des Grundstücks}}{\text{Verkehrswert von Grundstück und Inventar}}$$

3. Steuersatz

Die Steuer beträgt nach § 11 GrEStG 2% der Bemessungsgrundlage, also der Gegenleistung oder des Verkehrswerts des
Grundstücks.

4. Steuerschuldner

Steuerschuldner sind nach § 13 GrEStG die an einem Erwerbs-
vorgang beteiligten Personen, bei einem Kaufvertrag etwa Käufer
und Verkäufer.

Dem Finanzamt steht es frei, bei wem es die Steuer einfordert.
In der Praxis vereinbaren die Vertragsparteien meist, daß der
Käufer die Grunderwerbsteuer zu tragen hat. Ist sie bei diesem
vom Finanzamt nicht beizutreiben, wird es sich jedoch an den
Verkäufer halten.

5. Fälligkeit der Steuern

Nach § 15 GrEStG wird die Steuer einen Monat nach Bekanntgabe des Steuerbescheides fällig. Das Finanzamt darf eine längere
Zahlungsfrist setzen.

6. Örtliche Zuständigkeit

Grundsätzlich ist das Finanzamt örtlich zuständig, in dessen
Bezirk das Grundstück oder der wertvollste Teil des Grundstücks belegen ist.

Liegt das Grundstück in den Bezirken von Finanzämtern verschiedener Bundesländer, so sind die Finanzämter insoweit zuständig, als der Grundstücksteil in ihrem Bezirk liegt, § 17 Abs. 1 GrEStG.

7. Anzeigepflicht

Gerichte, Behörden und Notare sind gegenüber den Finanzämtern zur Anzeige aller von ihnen beurkundeten grunderwerbsteuerpflichtigen Vorgänge verpflichtet, § 18 GrEStG.

Die beteiligten Steuerschuldner (siehe oben) haben die Vorgänge anzuzeigen, die unter das GrEStG fallen, aber nicht beurkundet werden müssen.

Diese Anzeigen sind zugleich Steuererklärungen nach der AO, § 19 Abs. 5 GrEStG.

8. Unbedenklichkeitsbescheinigung

Der Eigentumsübergang darf vom Grundbuchamt erst in das Grundbuch eingetragen werden, wenn der Erwerber eine Unbedenklichkeitsbescheinigung des Finanzamtes vorlegt, daß steuerliche Bedenken nicht entgegenstehen, § 22 Abs. 1 GrEStG.

Die Unbedenklichkeitsbescheinigung wird erteilt, wenn die GrESt entrichtet, sichergestellt oder gestundet worden ist, bzw. wenn nach der Überzeugung des Finanzamtes die Einbringlichkeit der Steuerforderung nicht gefährdet ist.

9. Steuervergünstigungen

a) Bagatellfälle

Übersteigt der Wert eines Grundstücks nicht den Wert von DM 5000, ist der Erwerb steuerfrei, § 3 Nr. 1 GrEStG. Hierbei handelt es sich um eine Freigrenze, nicht um einen Freibetrag. Übersteigt der Kaufpreis DM 5000, ist daher der volle Kaufpreis zu versteuern und nicht nur der überschießende Betrag.

Die Freigrenze gilt für jeden Erwerber, dessen Anteil am Kaufpreis DM 5000 nicht übersteigt. Erwerben zwei Erwerber ein Grundstück für DM 10 000 gemeinsam, fällt keine GrESt an (Deckert, Die Eigentumswohnung, Gruppe 8, Seite 164).

b) Grundstückserwerb von Todes wegen

Der Grundstückserwerb im Wege der Erbfolge ist grunder-
werbsteuerfrei, § 3 Nr. 2 GrEStG.

Der Erbe soll dadurch vor einer zweimaligen Besteuerung be-
wahrt werden, denn idR hat der Erbe bereits Erbschaftsteuer zu
entrichten.

Die Steuerbefreiung entfällt aber nicht, wenn ein Steuertatbestand des Erbschaftsteuergesetzes nicht erfüllt wird und der Erbe
keine Erbschaftsteuer zahlen muß.

c) Grundstückserwerb durch Schenkung unter Lebenden

Die Schenkung eines unbelasteten Grundstücks, die ohne Auflage und ohne Gegenleistung erfolgt, ist nach § 3 Nr. 2 GrEStG
von der GrESt befreit, sie unterliegt der Schenkungsteuer.

Wird die Schenkung unter einer Auflage erklärt oder ist vom
Beschenkten eine Gegenleistung zu erbringen (gemischte Schenkung), entsteht in Höhe der Auflage bzw. in Höhe der Gegenleistung die Grunderwerbsteuerpflicht.

d) Nachlaßteilung durch Miterben

§ 3 Nr. 3 GrEStG befreit den Grundstückserwerb durch einen
Miterben unter der Voraussetzung, daß der Erwerber auch tatsächlich Miterbe ist und das erworbene Grundstück in den Nachlaß fällt.

Den Miterben sind gleichgestellt:
– der überlebende Ehegatte, wenn er entweder mit dem Erben
  des verstorbenen Ehegatten gütergemeinschaftliches Vermögen
  zu teilen hat oder wenn eine Ausgleichsforderung am Zuge-
  winn des verstorbenen Ehegatten besteht und in Anrechnung
  hierauf ein zum Nachlaß gehörendes Grundstück übertragen
  werden muß;
– die Ehegatten der Miterben, ohne Rücksicht auf den bestehenden Güterstand.

e) Grundstückserwerb durch den Ehegatten des Veräußerers

Besteht im Zeitpunkt des Erwerbs durch den Ehegatten eine
rechtswirksame Ehe, ist jeder Erwerb durch den Ehegatten des
Veräußerers von der GrESt befreit. Dies ist selbst dann noch der
Fall, wenn die Eheleute dauernd getrennt leben. Erst wenn die
Ehe geschieden ist, greift die Steuerbefreiung nicht mehr ein.

Trotz Scheidung der Ehe ist der Grundstückserwerb durch den früheren Ehegatten nach der Scheidung nach § 3 Nr. 5 GrEStG steuerfrei, wenn der Grundstückserwerb im Rahmen der Vermögensauseinandersetzung (Zugewinnausgleich) erfolgt.

Ist die Vermögensauseinandersetzung nach der Scheidung aber schon abgeschlossen und erfolgt erst danach eine entgeltliche Grundstücksübertragung zwischen den früheren Ehegatten, so wird eine Befreiung nicht mehr gewährt. (Deckert, aaO, Gruppe 8, Seite 169).

f) Erwerb durch Verwandte in gerader Linie

Nach § 3 Nr. 6 GrEStG ist der Erwerb eines Grundstücks durch Personen, die mit dem Veräußerer in gerader Linie verwandt sind, von der GrEStG befreit.

In gerader Linie verwandt sind die Vorfahren und ihre Nachkommen. Da Adoptivkinder den ehelichen Kindern gleichgestellt sind, besteht auch zwischen ihnen und den Adoptiveltern ein Verwandtschaftsverhältnis in gerader Linie.

Geschwister sind nicht miteinander in gerader Linie verwandt.

Befreit sind daher folgende Erwerbsvorgänge:
- Eltern an Kinder oder/und deren Ehegatten
- Kinder an Eltern oder/und deren Ehegatten
- Großeltern an Enkel oder/und deren Ehegatten
- Enkel an Großeltern oder/und deren Ehegatten.

II. Die Bewertung von Grundstücken

1. Der Einheitswert

Für verschiedene im Zusammenhang mit Grundstücksgeschäften anfallende Steuern ist Bemessungsgrundlage nicht der Verkehrswert des Grundstücks, also nicht der Wert, den das Grundstück als Wirtschaftsgut hat, sondern der sog. Einheitswert.

Er wird von den Finanzämtern, in deren Bereich ein Grundstück belegen ist, nach dem BewG festgestellt und liegt idR nur zwischen $\frac{1}{4}$ und $\frac{1}{10}$ des Verkehrswertes.

Insbesondere ist der Einheitswert Berechnungsgrundlage für die Festsetzung und Ermittlung von Grundsteuer, Vermögensteuer, Erbschaft- und Schenkungsteuer, sowie teilweise für die Einkommensteuer.

2. Die Berechnung des Einheitswertes

Der Einheitswert wird nach § 19 BewG für alle Grundstücke festgesetzt.

Der Grundstücksbegriff des BewG umfaßt:
– Grund und Boden, Gebäude, sonstige Bestandteile und Zubehör,
– das Erbbaurecht,
– das Wohnungseigentum, Teileigentum, Wohnungserbbaurecht und Teilerbbaurecht nach dem WEG.

a) Zu unterscheiden sind unbebaute und bebaute Grundstücke.

aa) Unbebaute Grundstücke sind nach § 72 BewG Grundstücke, auf denen sich keine benutzbaren Gebäude befinden. Die Benutzbarkeit beginnt im Zeitpunkt der Bezugsfertigkeit. Gebäude sind dann als bezugsfertig anzusehen, wenn den zukünftigen Bewohnern oder sonstigen Benutzern zugemutet werden kann, sie zu benutzen. Unerhebliche Restarbeiten stehen der Annahme der Bezugsfertigkeit nicht entgegen. Fehlen in einer Wohnung nur ein Teil des Teppichbodens sowie Spüle und Herd, so ist das Gebäude trotzdem als bezugsfertig anzusehen (BFH BStBl. 1981 II, 152). Fehlt der Fußbodenbelag dagegen vollkommen, ist die Wohnung nicht als bezugsfertig anzusehen. Obwohl also das Gebäude auf dem Grundstück bereits errichtet ist, gilt es als unbebaut iSd BewG.

bb) Bebaute Grundstücke sind nach § 74 BewG Grundstücke, auf denen sich benutzbare Gebäude befinden.

b) Für unbebaute Grundstücke wird dem Einheitswert der gemeine Wert zugrundegelegt, § 9 Abs. 1 BewG, das ist der Verkehrswert.

c) Bei bebauten Grundstücken ist der Einheitswert gemäß § 76 Abs. 1 BewG nach dem Ertragswertverfahren oder nach dem Sachwertverfahren, § 76 Abs. 2 BewG zu ermitteln.

aa) Dem Ertragswertverfahren unterliegen:
– Mietwohngrundstücke:
   Hausgrundstücke, die zu mehr als 80% Wohnzwecken dienen, mit Ausnahme der Ein- und Zweifamilienhäuser.
– Geschäftsgrundstücke:
   Grundstücke, die zu mehr als 80% eigenen oder fremden gewerblichen oder öffentlichen Zwecken dienen.
– gemischt genutzte Grundstücke:

Grundstücke, die teils Wohnzwecken, teils eigenen oder frem-
den gewerblichen oder öffentlichen Zwecken dienen und nicht
Mietwohngrundstücke, Geschäftsgrundstücke, Einfamilien-
häuser oder Zweifamilienhäuser sind.
- Einfamilienhäuser:
Wohngrundstücke, die nur eine Wohnung enthalten, wobei es
gleichgültig ist, ob sie zu gewerblichen oder öffentlichen
Zwecken mitbenutzt werden, wenn dadurch die Eigenart als
Einfamilienhaus nicht wesentlich beeinträchtigt wird. Darunter
fallen insbesondere die Fälle, in denen Ärzte, Rechtsanwälte,
Steuerberater oder auch Gewerbetreibende, wie Makler oder
Handelsvertreter, ihren Beruf im eigenen Wohnhaus ausüben.
- Zweifamilienhäuser:
Grundstücke mit nur zwei Wohnungen, wobei es gleichgültig
ist, ob beide Wohnungen gleichwertig sind oder nicht (z. B.
Hauptwohnung und Einliegerwohnung), ob Eigennutzung
vorliegt oder eine bzw. beide Wohnungen vermietet sind.

bb) Dem Sachwertverfahren unterliegen die sonstigen bebauten
Grundstücke:
- Grundstücke, die weder Wohnzwecken noch gewerblichen
oder öffentlichen Zwecken dienen, beispielsweise Clubhäuser,
Vereinshäuser, Turnhallen, Jagdhütten.
- Nach § 76 Abs. 3 Nr. 1 BewG u. a. auch Ein- und Zweifami-
lienhäuser, die überdurchschnittlich gut und luxuriös ausge-
stattet sind.

d) Ertragswertverfahren

Im Ertragswertverfahren wird die Jahresrohmiete gemäß § 79
BewG mit einem Faktor, dem sog. Vervielfältiger multipliziert,
der den Tabellen zu entnehmen ist, die dem BewG als Anlagen 3
bis 8 angegliedert sind.
Die Jahresrohmiete ist das Gesamtentgelt, das die Mieter/Päch-
ter für die Benutzung des Grundstücks für ein Jahr am 1. 1. 1964
zu entrichten hatten. Umlagen und alle sonstigen Leistungen,
auch die Betriebskosten, sind einzubeziehen. Nicht einzubeziehen sind Untermietzuschläge, Kosten des Betriebs der zentralen
Heizungs-, Warmwasserversorgungs- und Brennstoffversor-
gungsanlage sowie des Fahrstuhls.

e) Sachwertverfahren

Bei Berechnung des Einheitswertes im Sachwertverfahren wird
der Bodenwert (§ 84 BewG), der Gebäudewert (§§ 85–88 BewG)
und der Wert der Außenanlagen (§ 89 BewG) zum sog. Ausgangswert zusammengerechnet.

Der so erlangte Ausgangswert wird durch Verwendung einer
Wertzahl dem gemeinen Wert des Grundstücks angeglichen. Die
Wertzahlen sind in einer Rechtsverordnung festgelegt. Sie sollen
die wertbeeinflussenden Umstände, insbesondere die Zweckbestimmung und Verwendbarkeit der Grundstücke innerhalb bestimmter Wirtschaftszweige und die Gemeindegröße berücksichtigen. Die Wertzahlen liegen zwischen 50–85% des Ausgangs-
wertes.

f) Wohnungseigentum

Nach § 70 Abs. 1 BewG bildet jede wirtschaftliche Einheit des
Grundvermögens ein Grundstück. Der für den Einheitswert
maßgebliche Wert ist gemäß § 2 BewG für jede wirtschaftliche
Einheit, d.h. gemäß § 93 Abs. 1 Satz 1 BewG für jedes Wohnungseigentum und jedes Teileigentum gesondert festzustellen.

Demgemäß umfaßt die wirtschaftliche Einheit des Wohnungseigentums grundsätzlich das Sondereigentum an einer Wohnung
mit dem dazugehörigen Miteigentumsanteil und die wirtschaftliche Einheit des Teileigentums das Sondereigentum an nicht zu
Wohnzwecken dienenden Räumen und dem dazugehörigen Miteigentumsanteil. Zum Sondereigentum sind neben der Wohnung
auch die zur Wohnung gehörenden Nebenräume wie Kellerräu-
me, Garagen, soweit diese nicht gemeinschaftliches Eigentum
sind, zu rechnen.

Da die Bewertung für die wirtschaftliche Einheit zu erfolgen
hat, sind tatsächlich verbundene, rechtlich jedoch selbständige
Wohnungen desselben Eigentümers in dem selben Haus als eine
Einheit anzusehen, wenn sie mit einem einzigen Miteigentumsanteil verbunden sind (BFH BStBl. 1970 II, 822).

Werden zwei Wohnungen allerdings nur durch einen Durch-
bruch verbunden, ohne daß weitere bauliche Veränderungen vorgenommen werden, stellen diese ansonsten aber rechtlich und
räumlich selbständige Einheiten dar (vor allem mit jeweils eige-
nem Zugang), so besteht die Vermutung, daß es sich weiterhin

um zwei selbständige Einheiten handelt (Erlaß NRW vom 5. 12. 1974, StEK BewG 1965, § 93 Nr. 8).

3. Einspruch gegen Einheitswertbescheid

Da der Einheitswert die Bemessung mehrerer Steuern bestimmt, muß ein Einwand gegen die im Einheitswertbescheid getroffenen Feststellungen vor Rechtskraft des Bescheides erfolgen; ein auf der Einheitsbewertung beruhender Steuerbescheid, z. B. ein Grundsteuerbescheid, kann nicht mit der Begründung angegriffen werden, daß der Einheitswert unzutreffend festgestellt worden ist. Daher empfiehlt es sich, den Einheitswertbescheid, obwohl er selbst keine Zahlungspflicht begründet, genau zu prüfen und, soweit Anhaltspunkte für seine Unrichtigkeit gegeben sind, unverzüglich Einspruch einzulegen. Hilft das Finanzamt dem Einspruch nicht ab, ist der Rechtsweg zu den Finanzgerichten gegeben.

III. Die Grundsteuer

1. Steuerpflicht

Für den im Inland liegenden Grundbesitz ist Grundsteuer zu zahlen, § 2 GrStG.

Die Höhe der Grundsteuer wird in drei Schritten ermittelt:
– zunächst wird der Einheitswert festgesetzt (siehe oben II.),
– durch Multiplikation des Einheitswertes mit der Steuermeßzahl (siehe unten 2. und 3.) wird der Steuermeßbetrag berechnet,
– schließlich wird der Steuermeßbetrag mit dem Hebesatz (siehe unten 4.) multipliziert.

Das Produkt ergibt die Grundsteuer, die erhoben wird.

2. Steuermeßzahl

Nach § 14 und § 15 GrStG beträgt die Steuermeßzahl:
a) für die Betriebe der Land- und Forstwirtschaft einheitlich 6 v. T.
b) für Mietwohngrundstücke, Geschäftsgrundstücke, gemischt genutzte Grundstücke und sonstige bebaute Grundstücke 3,5 v. T.

c) für Einfamilienhäuser für die ersten DM 75 000 des Einheitswertes 2,6 v. T., für den Rest des Einheitswertes 3,5 v. T.

d) für Zweifamilienhäuser 3,1 v. T.

e) für unbebaute Grundstücke 3,5 v. T.

3. Steuermeßbetrag

Einheitswert × Steuermeßzahl = Steuermeßbetrag, § 13
GrStG.

Über den Steuermeßbetrag erteilt das Finanzamt einen Grund-
steuer-Meßbescheid idR zusammen mit dem Einheitswertbescheid.

Wie der Einheitswertbescheid enthält der Grundsteuer-Meßbe-
scheid keine eigene Steuerzahlungspflicht. Trotzdem sollte ihm
der Steuerschuldner besondere Beachung schenken, denn der später zugestellte Grundsteuerbescheid selbst kann nicht mit der Begründung angegriffen werden, daß der Meßbetrag falsch berechnet oder zu hoch sei. Einwendungen gegen die Berechnung des
Meßbetrages müssen durch Einspruch gegen den Grundsteuer-
Meßbescheid geltend gemacht werden. In der Praxis kommen
fehlerhafte Grundsteuer-Meßbescheide nur sehr selten vor. Ein-
sprüche gegen Grundsteuer-Meßbescheide können sich nur dagegen richten, daß eine falsche Steuermeßzahl angesetzt, nicht der
richtige Einheitswert zugrundegelegt, oder ein rechnerisch fal-
sches Ergebnis ermittelt oder eine beantragte Steuervergünstigung (z. B. nach dem II. WoBauG) nicht gewährt wurde.

Die Einspruchsfrist beträgt einen Monat.

4. Hebesatz

Steuermeßbetrag × Hebesatz = zu erhebende Grundsteuer.

Nach § 25 GrStG bestimmen die Gemeinden, mit welchem
Prozentsatz des Steuermeßbetrages die Grundsteuer zu erheben
ist. Der Hebesatz ist von Gemeinde zu Gemeinde verschieden
hoch und beträgt idR 300%–400%.

Der Hebesatz ist nach § 25 Abs. 2 GrStG für ein oder mehrere
Kalenderjahre, höchstens jedoch für den Hauptveranlagungszeit-
raum der Steuermeßbeträge festzusetzen und muß nach § 25
Abs. 4 GrStG einheitlich sein für

– die in einer Gemeinde liegenden Betriebe der Land- und Forstwirtschaft,

– die in einer Gemeinde liegenden Grundstücke.

Da die Gemeinden den Hebesatz nur für das Gemeindegebiet festsetzen können, kommt es vor, daß in zwei Nachbargemeinden unterschiedliche Hebesätze gelten.

5. Festsetzung der Grundsteuer

Die Grundsteuer wird nach § 27 Abs. 1 GrStG jeweils für ein Jahr durch die steuerberechtigte Gemeinde festgesetzt. Ändert sich in den folgenden Kalenderjahren die zu entrichtende Grundsteuer nicht, so kann die Grundsteuer durch öffentliche Bekanntmachung festgesetzt werden. Für den Steuerschuldner treten mit dem Tag der öffentlichen Bekanntmachung die gleichen Rechtswirkungen ein, wie wenn ihm an diesem Tag ein schriftlicher Steuerbescheid zugegangen wäre, § 27 Abs. 3 GrStG.

Die Grundsteuer wird nach den Verhältnissen zu Beginn des Kalenderjahres festgesetzt, § 9 Abs. 1 GrStG.

6. Fälligkeit

Die Grundsteuer wird zu je ¼ ihres Jahresbetrages am 15. Februar, 15. Mai, 15. August und 15. November fällig, § 28 Abs. 1 GrStG.

Die Gemeinden können bestimmen, daß Kleinbeträge bis zu einem Jahresbetrag von DM 30 am 15. August und bis zu DM 60 je zur Hälfte am 15. Februar und am 15. August zu entrichten sind, § 28 Abs. 2 GrStG.

Die Grundsteuer kann auf Antrag des Steuerschuldners auch in einem Jahresbetrag am 1. Juli entrichtet werden, wenn der Antrag bis zum 30. September des vorausgegangenen Kalenderjahres gestellt wurde, § 28 Abs. 3 GrStG.

Nach § 29 GrStG hat der Steuerschuldner bis zur Bekanntgabe eines neuen Steuerbescheides Vorauszahlungen unter Zugrundelegung der zuletzt festgesetzten Jahressteuer zu den bisherigen Fälligkeitstagen zu entrichten.

7. Steuerschuldner

Schuldner der Grundsteuer ist nach § 10 Abs. 1 GrStG derjenige, dem der Steuergegenstand bei der Feststellung des Einheitswertes zugerechnet ist. Dies muß nicht zwangsläufig der Eigentümer sein; zB schuldet bei Bestehen eines Erbbaurechts nicht der Eigentümer, sondern der Erbbauberechtigte die Grundsteuer.

Der Steuerschuldner schuldet die Grundsteuer für ein ganzes Kalenderjahr auch dann, wenn die Wohnung während des Jahres verkauft wird. Nach § 11 Abs. 1 GrStG haftet aber der Erwerber neben dem früheren Eigentümer für die auf den Steuergegenstand entfallende Grundsteuer. Die Haftung ist beschränkt auf die Grundsteuer, die seit dem Beginn des letzten vor der Übereignung liegenden Kalenderjahres zu berechnen ist.

8. Grundsteuererlaß wegen wesentlicher Ertragsminderung

Die Grundsteuer wird gemäß § 33 GrStG teilweise erlassen, wenn
– die Minderung des normalen Rohertrages 20% übersteigt und
– der Steuerschuldner die Minderung des Rohertrages nicht zu vertreten hat.

Die Minderung ergibt sich aus dem Unterschiedsbetrag zwischen der normalen Jahresrohmiete (vgl. oben II.) zu Beginn des Erlaßzeitraumes und der im Erlaßzeitraum tatsächlich erzielten Jahresrohmiete. Der Unterschiedsbetrag ist einem Prozentsatz des normalen Rohertrages festzustellen.

Der Steuerschuldner hat die Minderung nicht zu vertreten, wenn die Umstände, die zu der Minderung geführt haben, unabhängig von seinem Willen eingetreten sind und er auf ihren Eintritt oder Nichteintritt keinen Einfluß gehabt hat. Solche Umstände liegen zB vor bei Nutzungsminderungen durch Unwetterschäden, Brand oder Abbruch oder bei Mietausfall durch Zahlungsunfähigkeit des Mieters.

Bei leerstehenden Mietwohnungen hat der Eigentümer die Minderung nicht zu vertreten, falls er sich in erforderlicher und zumutbarer Weise um die Vermietung bemüht hat und keine höhere als die marktgerechte Miete fordert.

Der Grundsteuererlaß setzt einen Antrag des Steuerschuldners voraus, der jedoch bis zu dem auf den Erlaßzeitraum (= Kalenderjahr) folgenden 31. März bei der Gemeinde zu stellen ist, § 34 GrStG. Der Antrag ist für jedes Kalenderjahr erneut zu stellen, wenn sich die Ertragsminderung auf mehrere Jahre erstreckt.

Liegen die Voraussetzungen für einen Erlaß wegen wesentlicher Ertragsminderung vor, so besteht ein Rechtsanspruch auf den Erlaß.

9. Grundsteuervergünstigungen nach dem II. WoBauG

Gemäß § 92 a II. WoBauG bemißt sich der Steuermeßbetrag für Grundstücke mit öffentlichen Mitteln geförderten oder steuerbegünstigten Wohnungen auf die Dauer von zehn Jahren nur nach dem Teil des jeweils maßgebenden Einheitswertes, der auf den Grund und Boden entfällt.

Gemäß § 93 Abs. 1 II. WoBauG ist bei öffentlich geförderten Wohnungen Steuerbegünstigung dann zu gewähren, wenn der Bewilligungsbescheid vorgelegt wird.

Bei steuerbegünstigten Wohnungen wird eine Grundsteuerbegünstigung nur bei Vorlage eines Anerkennungsbescheides gewährt; diese Wohnungen müssen somit vorher in einem Anerkennungsverfahren gemäß §§ 82 ff. II. WoBauG als steuerbegünstigt anerkannt worden sein.

IV. Die Einkommensteuer

Einkünfte aus Vermietung und Verpachtung unterliegen der Einkommensteuer, § 2 Abs. 1 Nr. 6 EStG.

Zu den Einkünften aus Vermietung und Verpachtung zählen gemäß § 21 Abs. 1 Nr. 1 EStG u. a. die Einkünfte aus der Vermietung und Verpachtung von Grundstücken, Gebäuden, Gebäudeteilen und grundstücksähnlichen Rechten, z. B. Erbbaurechten.

Ermittelt werden die Einkünfte idR durch Gegenüberstellung der Einnahmen (§ 8 EStG) und der Werbungskosten (§ 9 EStG), § 2 Abs. 2 Nr. 2 EStG.

1. Einnahmen

a) vereinnahmte Mieten

Einnahmen sind in erster Linie der Miet- und Pachtzins, aber auch Nebenleistungen, z. B. die Vergütung, die der Mieter für die Benutzung der Zentralheizung entrichtet. Auch Vergütungen, die der Vermieter von Wohnungen zusätzlich zur Miete für die Ausstattung der Wohnungen erhebt, sind Bestandteile der Miete (BFH BStBl. 1956 III, 236). Zu den Nebenleistungen gehören ferner die Bezahlung von Steuern jeder Art, zu denen der Verpächter oder Vermieter veranlagt wird, Schuldübernahmen, eine besondere Entschädigung für Abnutzung der Gebäude oder des Inventars, die Bezahlung der Müllabfuhrkosten, des Wassergelds, der Straßenreinigungskosten und anderer Gebühren, die den Vermieter oder Verpächter treffen. Die Einnahmen aus der Vermietung von Garagen, Reklameflächen oder von Grund und Boden für Verkaufsstände etc. sind ebenfalls anzusetzen.

Die Einnahmen müssen nicht unbedingt in Geld bestehen. Auch Sach- oder Dienstleistungen sind zu erfassen. Einnahmen, die nicht in Geld bestehen, sind mit den üblichen Mittelpreisen am Ort anzusetzen (§ 8 EStG).

Der Wert von Aufwendungen eines Mieters für Maßnahmen zur Modernisierung der Wohnung oder des Hauses kann dem Vermieter u. U. dann als Einnahme zugerechnet werden, wenn es sich um Herstellungsaufwand handelt, der nur über Absetzung für Abnutzung zu berücksichtigen ist. Dies gilt aber nicht, wenn die Baumaßnahme zu einem Scheinbestandteil führt, es sich um eine Betriebsvorrichtung handelt oder sonstige Mietereinbauten oder Mieterumbauten gegeben sind, die wirtschaftlich Eigentum des Mieters sind oder zumindest den betrieblichen oder beruflichen Zwecken des Mieters dienen und mit dem Gebäude nicht in einem einheitlichen Nutzungs- und Funktionszusammenhang stehen.

Bauaufwendungen des Mieters werden damit in aller Regel beim Vermieter nicht als Einnahmen zu berücksichtigen sein.

Zu den Einnahmen aus Vermietung und Verpachtung gehört auch das Entgelt für die Überlassung grundstücksgleicher Rechte wie das Erbbaurecht. Es sind deshalb sowohl die laufenden Erbbauzinsen als auch einmalige Beträge, die für die Einräumung des Erbbaurechts gezahlt werden, beim Grundstückseigentümer als Einnahmen zu erfassen (BFH BStBl. 1969 II, 724).

Zinserträge gehören zwar grundsätzlich zu den Einkünften aus Kapitalvermögen, stehen sie jedoch im Zusammenhang mit Einkünften aus Vermietung und Verpachtung, sind sie diesen nach § 20 Abs. 3 EStG zuzurechnen.

Im Zusammenhang mit Einkünften aus Verpachtung und Vermietung stehen insbesondere:

– Zinsen aus der Anlage von Instandsetzungsrücklagen bei Eigentumswohnungen,
– Guthabenzinsen aus Bausparverträgen, wenn sie in einem engen zeitlichen und sachlichen Zusammenhang mit der Anschaf-

fung eines Grundstücks oder dem Bau eines Gebäudes stehen (BFH BStBl. 1983 II, 172 und 355),

b) Nutzungswert

Nach § 21 Abs. 2 EStG gehört zu den Einnahmen aus Vermietung und Verpachtung auch
– der Nutzungswert der Wohnung im eigenen Haus und
– der Nutzungswert einer ganz oder teilweise mietfreien Wohnung in einem fremden Haus.
Durch diese Regelung wird eine steuerliche Gleichbehandlung von Haus- oder Wohnungseigentümern mit Mietern erreicht. Dies beruht auf der Überlegung, daß Mieter die Ausgaben für ihre Wohnung als Kosten der Lebensführung steuerlich nicht absetzen können. Durch § 21 Abs. 2 EStG werden die ersparten Mietausgaben der Wohnungseigentümer und sonst mietfrei Wohnender als fiktive Einkünfte der Einkommensteuer unterworfen.
Beachte: Die Rechtslage ändert sich mit Wirkung ab 1. 1. 1987. Auf die zusammenfassende Darstellung in Ziff. 5 wird verwiesen.
Als Nutzungswert ist die ortsübliche Miete für eine Wohnung vergleichbarer Art, Lage und Ausstattung anzusetzen. Berücksichtigt werden dabei nicht nur die eigentlichen Wohnräume, sondern auch zur Wohnung gehörende Nebenräume (z. B. Garage und Gärten). Auch ein Schwimmbad, selbst wenn es sich außerhalb des Gebäudes befindet, ist in die Ermittlung des Nutzungswerts einzubeziehen (BFH BStBl. 1983 II, 364). Fremdvermietete Wohnungen können zum Vergleich nicht herangezogen werden, wenn sie unter dem ortsüblichen Mietzins vermietet werden (BFH BStBl. 1984 II, 368).
Der Nutzungswert der Wohnung im eigenen Haus entspricht grundsätzlich der Marktmiete, also dem Betrag, der im Fall einer Vermietung erzielt werden würde (BFH BStBl. 1977 II, 860). Um diesen Wert zu finden, ist nicht nur auf Vergleichsobjekte in der näheren Umgebung abzustellen; es ist vielmehr auch der überregionale Wohnungsmarkt heranzuziehen (Schönhofer-Reinisch, aaO, Gruppe 15, 38).
Nach § 21a EStG wird der Nutzungswert beim selbstgenutzten Einfamilienhaus, bei der selbstgenutzten Eigentumswohnung und unter bestimmten Voraussetzungen auch bei Wohnungen in einem eigenen Haus, das kein Einfamilienhaus ist, vereinfacht ermittelt. In diesen Fällen wird als pauschaler Nettonutzungswert

gemäß § 21 a Nr. 4 EStG ein Grundbetrag von 1% des maßgeblichen Einheitswertes (s. S. 143) jährlich angesetzt.

Nach § 121 a BewG ist der auf den 1. 1. 1964 festgestellte Einheitswert mit 140% anzusetzen, so daß der pauschale Nutzungswert im Ergebnis 1,4% des Einheitswertes entspricht.

Von diesem Grundbetrag dürfen nach § 21 a Abs. 3 EStG nur abgesetzt werden:
- die mit der Nutzung des Grundstücks zu Wohnzwecken in wirtschaftlichem Zusammenhang stehenden Schuldzinsen bis zur Höhe des Grundbetrages und
- erhöhte Absetzungen, die für das Haus in Anspruch genommen werden, nach Abzug der Schuldzinsen.

Bei leerstehenden, d. h. nicht vermieteten und auch nicht selbstgenutzten Räumen, insbesondere Wohnungen, fallen keine Einnahmen an. Trotzdem können auch die mit solchen Räumen im Zusammenhang stehenden Kosten voll als Werbungskosten berücksichtigt werden (Schönhofer-Reinisch, aaO, Gruppe 15, 40).

2. Werbungskosten

Zur Minderung der Einkommensteuerpflicht können Werbungskosten vom Steuerschuldner geltend gemacht werden. Werbungskosten sind Aufwendungen zum Erwerb, zur Sicherung und Erhaltung der Einnahmen, § 9 Abs. 2 EStG. Bei Einkünften aus Vermietung und Verpachtung sind dies alle jene Aufwendungen, die durch die Vermietung und Verpachtung verursacht oder veranlaßt sind (BFH BStBl. 1975 II, 664). Dazu gehören auch die Aufwendungen, die bereits vor der Erzielung von Einnahmen anfallen, wie zB Zwischenfinanzierungszinsen während der Bauzeit.

Die Anschaffungs- und Herstellungskosten eines Mietobjekts stellen keine Werbungskosten dar. Soweit das angeschaffte oder erweiterte Objekt aber der Abnutzung unterliegt, kann der zeit- und nutzungsabhängige Wertverlust in der Form von Absetzungen für Abnutzung jedoch als Werbungskosten berücksichtigt werden, § 9 Abs. 1 Nr. 7 EStG.

Folgende Kosten können als Werbungskosten geltend gemacht werden:

a) Kosten der Finanzierung

aa) Schuldzinsen, § 9 Abs. 1 Nr. 1 EStG
- Zinsen für Grundstücks- und Gebäudeschulden sind dann abzugsfähig, wenn der wirtschaftliche Zusammenhang mit den Einkünften aus Vermietung und Verpachtung eindeutig ist. Daran fehlt es bei Kontokorrentzinsen für ein Konto, von dem auch private Zahlungen geleistet werden (BFH BStBl. 1981 II, 510). Grundstücksschulden müssen daher streng von übrigen Schulden, am besten durch Führung besonderer Konten, getrennt werden.
- Schuldzinsen können nur von Einnahmen des Gebäudes abgezogen werden, für das die Schulden aufgenommen wurden. Sichert die Hypothek auf einem Mietshaus die Schuldzinsen für die Baufinanzierung eines Einfamilienhauses, können die Zinsen nur bei den Einkünften aus dem Einfamilienhaus abgezogen werden (BFH BStBl. 1980 II, 348).
- Bei Tilgungsdarlehen sind nur die Zinsen, nicht dagegen die Tilgungsraten Werbungskosten.
- Erbbauzinsen können als Werbungskosten geltend gemacht werden.
- Werbungskosten sind auch Schuldzinsen für einen Zwischenkredit, mit dem ein Bausparvertrag aufgefüllt wird. Die Habenzinsen aus dem Bausparguthaben sind dann aber bei den Einnahmen aus Vermietung und Verpachtung zu erfassen.

bb) Geldbeschaffungskosten
- Disagio
Banken zahlen Darlehen idR nicht zu 100%, sondern nur mit einem prozentualen Abschlag auf den Nennwert aus. Trotzdem ist der Darlehensnehmer verpflichtet, das Darlehen zum Nennbetrag zurückzuzahlen.
Das Disagio oder Damnum fällt daher neben den Zinsen unter die Kosten des Darlehens und ist als Werbungskosten abzugsfähig.
Wird das Damnum zeitlich vor der Darlehensauszahlung an den Darlehensgläubiger erbracht, ist es nur abzugsfähig, wenn die Vorleistungspflicht des Darlehensnehmers vereinbart ist und zwischen der Zahlung des Damnums und der Auszahlung des Darlehens ein enger zeitlicher Zusammenhang besteht. Dies ist dann der Fall, wenn das Darlehen spätestens einen

Monat nach Abfluß des Damnums an den Steuerpflichtigen ausgezahlt wird (BFH BStBl. 1984 II, 426 und 428).

Veräußert der Darlehensnehmer das Anwesen vor Fälligkeit der Hauptschuld und erstattet ihm der Erwerber das bereits geleistete Disagio, zählt das Disagio zu den Anschaffungskosten des Erwerbers und nicht zu den Werbungskosten des Veräußerers (BFH BStBl. 1981 II, 466).

– Abschlußgebühren für einen Bausparvertrag
  Bausparabschlußgebühren gehören zu den Werbungskosten, wenn durch den Abschluß des Bausparvertrages allein die Erlangung eines Baudarlehens und somit die Verwendung des Kredits zur Erzielung von Einkünften aus Vermietung und Verpachtung bezweckt wird (BFH BStBl. 1983 II, 355). Weiterhin setzt die Berücksichtigung der Abschlußgebühr als Werbungskosten voraus, daß zwischen Vertragsabschluß und Einkunftserzielung ein unmittelbarer wirtschaftlicher Zusammenhang besteht. Dies ist ohne weiteres gegeben, wenn der Bausparvertrag zur Baufinanzierung abgeschlossen wird. Ein wirtschaftlicher Zusammenhang besteht aber auch dann, wenn mit der Bausparsumme ein bisheriges Baudarlehen für ein bereits fertiggestelltes Gebäude abgelöst werden soll und zur Sicherung die Rechte aus dem Bausparvertrag an den Kreditgeber abgetreten werden (Schönhofer-Reinisch, Gruppe 15, Seite 52). Es sollte aber jeweils geprüft werden, ob die Abschlußgebühr als Sonderausgabe abzugsfähig oder prämienbegünstigt (§ 10 Abs. 4 EStG und § 2b Abs. 1 WoPG) ist.

– Sonstige Geldbeschaffungskosten
  Zu den als Werbungskosten abzugsfähigen Geldbeschaffungskosten gehören auch alle sonstigen Aufwendungen, die durch die Finanzierung des Objekts veranlaßt oder verursacht werden, insbesondere Kreditprovisionen, Kreditbereitstellungszinsen, Zuteilungsgebühren bei Bausparverträgen, Kreditvermittlungsgebühren, Kontoführungsgebühren, Kosten der Eintragung von Hypotheken und Grundschulden (Notargebühren und Grundbuchkosten), ebenso die entsprechenden Löschungskosten, Kosten für die Prüfung der Kreditunterlagen, Schätzungskosten, Bürgschaftsgebühren etc.
  Soweit zur Geldbeschaffung Reisen erforderlich sind, können die Fahrtkosten und der Verpflegungsmehraufwand als Werbungskosten abgezogen werden (BFH BStBl. 1966 III, 451).

b) Betriebskosten

aa) Steuern

– Die Grundsteuer ist grundsätzlich als Werbungskosten absetzbar. Bei unbebautem Grund und Boden, der nur der Geldanlage dient, wird die Grundsteuer nur bis zur Höhe etwaiger Einnahmen aus dem Grundstück als Werbungskosten anerkannt (BFH BStBl. 1960 III, 67; FG München EFG 1983, 64). Besteht die konkrete Absicht, das Grundstück zu bebauen, kann die Grundsteuer jedoch in voller Höhe abgesetzt werden.

– Ist aus Mieteinnahmen Umsatzsteuer zu entrichten, kann sie als Werbungskosten abgesetzt werden (BFH BStBl. 1982 II, 755).

– Die Grunderwerbsteuer knüpft an den Erwerb an und gehört daher zu den Anschaffungskosten. Sie kann allenfalls über Absetzung für Abnutzung steuerlich geltend gemacht werden.

Auf Grundbesitz entfallende Vermögensteuer und Einkommensteuer werden nicht berücksichtigt.

bb) Kosten der Versorgung und Entsorgung. Abzugsfähig sind insbesondere Kosten der Müllabfuhr, die laufenden Kanal- und Straßenreinigungsgebühren, die Kosten des Schornsteinfegers, die Wassergebühren, die Kosten der Hausbeleuchtung, die Kosten für Zentralheizung, Warmwasserversorgung und Fahrstuhlbetrieb, vorausgesetzt, der Steuerschuldner trägt diese Aufwendungen selbst und erfaßt die hierfür erhobenen Umlagen als Einnahmen.

cc) Kosten der Verwaltung. Kosten der Hausverwaltung, wie z. B. Ausgaben für Schreibmaterial, Porto, Fernsprechgebühren, Ausgaben für einen Hausmeister oder einen Haus- und Grundstücksverwalter, Aufwendungen für einschlägige Fachliteratur, Kosten für Zeitungsannoncen wegen Vermietung etc. sind Werbungskosten.

dd) Steuerberatungskosten. Soweit bei der Ermittlung der Einkünfte Steuerberatungskosten anfallen, sind diese Werbungskosten (BFH BStBl. 1965 III, 410).

Grundsätzlich läßt sich nicht ohne weiteres ermitteln, inwieweit die Steuerberatungskosten mit der Ermittlung der Einkünfte zusammenhängen und Werbungskosten sind, die Abgrenzung ist dann im Wege der Schätzung vorzunehmen. Aus Vereinfachungsgründen können jedoch Steuerberatungskosten von nicht mehr als DM 1000 im Jahr als Werbungskosten voll berücksichtigt werden (Abschnitt 102 EStR).

c) Erhaltungsaufwendungen (Instandhaltung und Instandsetzung)

Instandhaltungs- und Instandsetzungskosten können als Kosten, die mit den Einnahmen aus Vermietung und Verpachtung in unmittelbarem Zusammenhang stehen, im Zeitpunkt der Ausgabe als Werbungskosten abgesetzt werden. Aufwendungen dagegen, die dazu führen, da das Gebäude in seiner Substanz vergrößert oder in seinem Zustand wesentlich verändert wird, gehören zum Herstellungsaufwand, der nur durch Absetzungen für Abnutzung berücksichtigt werden kann.

aa) Abgrenzung zum Herstellungsaufwand. Um Erhaltungsaufwand handelt es sich immer dann, wenn bereits vorhandene Teile des Gebäudes wiederhergestellt oder erneuert werden, z. B. Austausch von Fenstern (Holz- gegen Aluminiumrahmen, Einfach- gegen Doppelglas), Umstellung einer Heizungsanlage, Ersatz eines vorhandenen Fahrstuhls durch einen modernen, Umdeckung des Dachs.

Entscheidend ist dabei, daß das neue Teil oder die neue Anlage für das Gebäude dieselbe Funktion erfüllt, wie z. B. Zentralheizung statt Kohleöfen.

Um Herstellungsaufwand dagegen handelt es sich bei Maßnahmen, durch die ein Gebäude in seiner Substanz wesentlich vermehrt oder in seinem Wesen nachhaltig verändert oder (von Modernisierungen abgesehen) über seinen bisherigen Zustand hinaus verbessert wird. Dies setzt grundsätzlich voraus, daß etwas neues geschaffen wird, das bisher (auch in technisch einfacherer Form) nicht vorhanden war (Schönhofer-Reinisch, aaO, Gruppe 15, Seite 59), z. B. ein Anbau, der Ausbau des Dachgeschosses, der Einbau einer bisher nicht vorhandenen Fahrstuhlanlage, die erstmalige Einrichtung eines Badezimmers oder der nachträgliche Einbau von Rolläden (BFH BB 1983, 1076).

Werden Erhaltungs- und Herstellungsmaßnahmen zu gleicher Zeit vorgenommen, werden die Maßnahmen der Erhaltung zum Herstellungsaufwand gezählt, wenn sie in engem räumlichen und zeitlichen Zusammenhang durchgeführt werden (BFH BStBl. 1975 II, 878). Ein enger räumlicher Zusammenhang besteht z B, wenn im Anschluß an einen Umbau Wände frisch tapeziert und Türen und Fenster neu gestrichen werden.

Werden jedoch Erhaltungsaufwendungen während der Herstellungsphase notwendig, wie z B die Mängelbeseitigung an einem unfertigen Wohngebäude, können die Kosten ausnahmsweise als Werbungskosten berücksichtigt werden (FG Bremen EFG 1980, 222).

bb) Kleinere Baumaßnahmen. Einzelne Baumaßnahmen, die nicht mehr als DM 4000 (Rechnungsbetrag ohne Mehrwertsteuer) je Gebäude betragen, können auf Antrag ohne Nachprüfung als Erhaltungsaufwand abgesetzt werden (Abschnitt 157 Abs. 4 EStR). Dies gilt grundsätzlich auch für neu errichtete Gebäude, allerdings dürfen die Baumaßnahmen nicht von vornherein vorgesehen und nur vorübergehend zurückgestellt worden sein. Aufwendungen, die lediglich der endgültigen Fertigstellung eines neu errichteten Gebäudes dienen, sind also stets als Herstellungskosten über Absetzungen für Abnutzung geltend zu machen.

cc) Modernisierung. Soweit durch Modernisierungsmaßnahmen schon Vorhandenes durch Neues ersetzt wird, zählen sie zu den Erhaltungsaufwendungen:

– Ersatz von Kohleöfen durch Zentralheizung (BFH BStBl. 1980 II, 7) und der damit verbundene Neueinbau von Öltanks,

– Anschaffung von Nachtstromspeicheröfen und die dadurch bedingten Kosten für die Verstärkung des Stromhausanschlusses (BFH BStBl. 1981 II, 469),

– Nachrüstungen an der Tankanlage zur Verringerung von Immissionen (BFH BStBl. 1975 II, 194),

– Kosten für den Einbau von Auffangräumen und von Sicherungsgeräten aller Art, z B Innenblasen, Leckanzeigegeräte, Leckwarn- und Sicherungsgeräte,

– Kosten meßtechnischer Anlagen zur verbrauchsabhängigen Abrechnung von Heiz- und Warmwasserkosten (Schönhofer-Reinisch, aaO, Gruppe 15, Seite 62),

– Fassaden, die durch Verkleidung der Außenwände mit Eternitplatten oder durch Verklinkerung der bereits bestehenden Fassade vorgehängt werden, wurden bisher vom BFH zum Erhaltungsaufwand gerechnet (BFH BStBl. 1979 II, 435 für die Verkleidung mit Eternitplatten). In der Entscheidung (BFH BStBl. 1982 II, 64) hat der BFH die Frage, ob die Kosten einer Vorhangfassade zu den Erhaltungsaufwendungen oder den Herstellungskosten zählen, offengelassen, jedoch zu erkennen gegeben, daß Außenfassaden aus kostspieligem Material unter die Herstellungskosten fallen können.

– Der Neuanschluß eines Gebäudes an die öffentliche Kanalisation ist eine Modernisierungsmaßnahme. Nicht erfaßt werden nach Auffassung der Finanzverwaltung die regelmäßig zu zahlende einmalige Anschlußgebühr, weil die Anschlußgebühr nachträgliche Anschaffungskosten des Grund und Boden darstellen (Abschnitt 33a Abs. 4 Nr. 3 EStR).

dd) Schönheitsreparaturen. Läßt der Vermieter Schönheitsreparaturen in der Wohnung des Mieters durchführen, sind diese ihrer Art nach Erhaltungsaufwendungen und als Werbungskosten absetzbar. Schönheitsreparaturen werden heute jedoch nur ausnahmsweise von Vermietern durchgeführt, da die Pflicht zur Ausführung der Schönheitsreparaturen üblicherweise mietvertraglich auf den Mieter abgewälzt wird.

Von großer praktischer Bedeutung ist die Frage, ob Schönheitsreparaturen in der vom Steuerschuldner selbstgenutzten Wohnung steuerlich berücksichtigt werden können. Dies ist nur der Fall, wenn ihnen ein entsprechender Nutzungswert als fiktive Miete gegenübersteht. Da sich der Nutzungswert jedoch an Vergleichsmieten orientiert und regelmäßig der Mieter die Kosten der Schönheitsreparaturen zu tragen hat, schlagen sich die Schönheitsreparaturen in den Vergleichsmieten nicht nieder. Lediglich wenn der angesetzte Nutzungswert einer Vergleichsmiete entspricht, bei der dem Vermieter die Schönheitsreparaturen obliegen, können auch Kosten für Schönheitsreparaturen in der eigenen Wohnung steuerlich geltend gemacht werden.

ee) Breitbandkabelanschluß. Kosten für den Anschluß an das Breitbandkabel läßt die Finanzverwaltung bei bestehenden Gebäuden als Erhaltungsaufwand zu. Auch die einmaligen Gebühren für den Anschluß und die laufenden Gebühren können als Werbungskosten sofort abgezogen werden, soweit diese Aufwendungen vom Vermieter und nicht vom Mieter getragen werden (Schönhofer-Reinisch, aaO, Gruppe 15, Seite 64).

d) Absetzung für Abnutzung

Nach § 9 Abs. 1 Nr. 7 EStG sind Werbungskosten auch Absetzungen für Abnutzung (AfA) und Substanzverringerung.

Die Anschaffungs- und Herstellungskosten können aber nicht

sofort und in voller Höhe abgezogen werden, vielmehr mindern sie das steuerpflichtige Einkommen, verteilt auf die Nutzungsdauer des Gebäudes.

aa) Lineare Absetzung. Nach § 7 Abs. 4 EStG können die Anschaffungs- und Herstellungskosten gleichmäßig, d. h. in gleichbleibenden Prozentsätzen, auf die Nutzungsdauer verteilt werden.

Bei Gebäuden, wirtschaftlich selbständigen Gebäudeteilen, Eigentumswohnungen (Ausnahme für Pauschalbesteuerung nach § 21 a EStG) und für im Teileigentum stehende Räume (§ 7 Abs. 5 a EStG) sind folgende Beträge abzuziehen:

– Bei Gebäuden, die nach dem 31. 12. 1924 fertiggestellt worden sind, jährlich 2%,
– bei Gebäuden, die vor dem 1. 1. 1925 fertiggestellt worden sind, jährlich 2,5%,
– bei Gebäuden, die zu einem Betriebsvermögen gehören und nicht Wohnzwecken dienen und für die der Bauantrag nach dem 31. 3. 1985 gestellt worden ist, jährlich 4% (§ 7 Abs. 4 Nr. 1 EStG nF mit Wirkung ab 1. 1. 1985)

der Anschaffungs- oder Herstellungskosten (abzüglich der Kosten für den Grund und Boden).

Diese Mindest-AfA basieren auf einer Nutzungsdauer von 50 Jahren bzw. bei einem vor dem 1. 1. 1925 fertiggestellten Gebäude von 40 Jahren. Beträgt die tatsächliche Nutzungsdauer eines nach dem 31. 12. 1924 fertiggestellten Gebäudes weniger als 50 Jahre oder eines vor dem 1. 1. 1925 fertiggestellten Gebäudes weniger als 40 Jahre oder eines zum Betriebsvermögen gehörenden, nicht Wohnzwecken dienenden Gebäudes, für das die Baugenehmigung nach dem 31. 3. 1985 gestellt worden ist, weniger als 25 Jahre, so können der tatsächlichen Nutzungsdauer entsprechende höhere Absetzungen vorgenommen werden, § 7 Abs. 4 Satz 2 EStG.

Für das Jahr der Fertigstellung oder der Anschaffung des Gebäudes kann die lineare Absetzung nur zeitanteilig vorgenommen werden.

Absetzungen können solange vorgenommen werden, bis die Herstellungs- und Anschaffungskosten voll abgesetzt sind.

Nachträgliche Herstellungskosten verlängern den Absetzungszeitraum, wenn anderenfalls die Absetzungsdauer die voraussichtliche tatsächliche Nutzungsdauer überschreiten würde.

Anschaffungszeitpunkt ist nicht der Abschluß des Kaufvertrages, sondern der Zeitpunkt, in dem Besitz, Nutzungen und Lasten auf den Erwerber übergehen.

Bemessungsgrundlage sind die tatsächlich aufgewendeten Anschaffungs- oder Herstellungskosten. Nur bei Gebäuden, die vor dem 21. 6. 1948 (Währungsreform) angeschafft wurden, wird jedoch der am 21. 6. 1948 maßgebliche Einheitswert zugrundegelegt. Herstellungskosten, die nach dem 20. 6. 1948 angefallen sind, werden dem anteiligen Einheitswert zugerechnet.

Die Anschaffungskosten für Grund und Boden sind nicht absetzbar, da Grund und Boden keiner Abnutzung unterliegen. Auf die von diesem Grundsatz ab 1. 1. 1987 abweichende Rechtslage bei selbstgenutztem Wohneigentum, die unter Ziff. 5 behandelt ist, wird hingewiesen. Von einem Gesamtkaufpreis muß daher der Verkehrswert für das Grundstück abgezogen werden, um die absetzbaren Anschaffungskosten zu erhalten.

Zu den Herstellungskosten gehören:
– der Kaufpreis
– Maklergebühren
– Notarkosten für den Kaufvertrag
– Gebühren des Grundbuchamtes für die Eintragung des Eigentumswechsels
– Grunderwerbsteuer
– Kosten des Anschlusses an das Stromversorgungsnetz (BFH BStBl. 1965 III, 226) und die Wasser- und Wärmeversorgung
– Hausanschlußkosten für den Anschluß an die Kanalisation (BFH BStBl. 1968 II, 178)
– Beträge, die zur Ablösung der Verpflichtung zum Bau von Kfz-Einstellplätzen an die Gemeinde bezahlt werden (BFH BStBl. 1984 II, 702)
– Beiträge an die Gemeinde zur Anlegung eines Kinderspielplatzes durch die Gemeinde (Abschnitt 33 a Abs. 1 Nr. 8 EStR)
– Aufwendungen für ein Richtfest (Schönhofer-Reinisch, aaO, Gruppe 15, Seite 85)
– die Herstellungskosten für Fahr- und Gehwege von der Grundstücksgrenze bis zum Hauseingang, zur Garage und einem sonstigen Nebengebäude etc.

bb) Degressive Absetzung für Abnutzung. Bei Gebäuden, die vom Steuerpflichtigen hergestellt oder bis zum Ende des Jahres der Fertigstellung angeschafft worden sind, kann nach § 7 Abs. 5

EStG statt der linearen wahlweise die degressive AfA vorgenommen werden. Wird ein bereits fertiggestelltes Gebäude angeschafft, ist jedoch Voraussetzung, daß der Hersteller für das veräußerte Gebäude weder degressive Absetzungen noch erhöhte Absetzungen oder Sonderabschreibungen in Anspruch genommen hat, § 7 Abs. 5 Satz 2 EStG.

Die Prozentsätze bei der degressiven Abschreibung betragen:
– im Jahr der Fertigstellung oder Anschaffung und in den folgenden sieben Jahren jeweils 5%
– in den darauffolgenden sechs Jahren jeweils 2,5% und
– in den darauffolgenden 36 Jahren jeweils 1,25%
der Herstellungs- oder Anschaffungskosten, § 7 Abs. 5 Satz 1 EStG.

Diese Abschreibungssätze gelten aber erst für Gebäude, für die der Antrag auf Baugenehmigung nach dem 29. 7. 1981 oder mit deren Errichtung erst nach dem 29. 7. 1981 begonnen worden ist oder die erst nach dem 29. 7. 1981 gekauft worden sind, § 52 Abs. 8 Satz 1 und Satz 2 EStG.

Bei früher gebauten oder gekauften Gebäuden können in den ersten 12 Jahren jeweils 3,5%, in den darauffolgenden 20 Jahren jeweils 20% und in den darauffolgenden 18 Jahren jeweils 1% der Herstellungs- oder Anschaffungskosten abgesetzt werden.

Für die degressive AfA wird stets eine Nutzungsdauer von 50 Jahren zugrundegelegt, andere als die vom Gesetz vorgeschriebenen Staffelsätze sind nicht zulässig. Soll sich die Absetzung nach einer tatsächlichen Nutzungsdauer von weniger als 50 Jahren richten, ist nur die lineare AfA möglich.

Mit Wirkung ab 1. 1. 1985 können abweichend bei Gebäuden, die zu einem Betriebsvermögen gehören und nicht Wohnzwecken dienen und für die der Antrag auf Baugenehmigung nach dem 31. 3. 1985 gestellt worden ist, im Jahr der Fertigstellung oder Abschreibung sowie in den drei folgenden Jahren 10%, in den darauffolgenden drei Jahren 5% und in den darauffolgenden 18 Jahren 2,5% der Herstellungs- und Anschaffungskosten abgesetzt werden, §§ 7 Abs. 5 Nr. 1 und 52 Abs. 8 S. 1 EStG nF.

Die degressive AfA kann im Jahr der Fertigstellung bereits für das ganze Jahr geltend gemacht werden, selbst wenn das Gebäude erst kurz vor Jahresende fertiggestellt oder angeschafft wird. Im Jahr der Veräußerung des Gebäudes dagegen kann die degressive AfA nur zeitanteilig vorgenommen werden.

Der Übergang von der degressiven Absetzung mit fallenden Staffelsätzen nach § 7 Abs. 5 EStG zur linearen Absetzung nach § 7 Abs. 4 EStG und umgekehrt ist unzulässig, Abschnitt 42 Abs. 6 EStR. Das gleiche gilt für den Übergang von der erhöhten Absetzung nach § 7b EStG zur degressiven AfA (BFH BStBl. 1976 II, 414). Ebensowenig kann von der degressiven AfA zur erhöhten Absetzung nach § 7b EStG übergegangen werden, Abschnitt 42 Abs. 6 Satz 2 EStR.

Wenn die Voraussetzungen für die degressive AfA gegeben sind, muß sich der Steuerpflichtige bereits im ersten Jahr entscheiden, ob er linear oder degressiv absetzen will. Im Regelfall empfiehlt sich die degressive AfA, weil bereits im Erstjahr die volle Jahresabschreibung berücksichtigt wird und in den ersten Jahren verhältnismäßig viel von den Herstellungs- oder Anschaffungskosten als Werbungskosten abgesetzt werden kann.

cc) Absetzung für außergewöhnliche Abnutzung. Neben der linearen oder degressiven Absetzung können zusätzlich Absetzungen für außergewöhnliche technische oder wirtschaftliche Abnutzung vorgenommen werden, § 7 Abs. 5 Satz 3, Abs. 1 Satz 4 EStG.

Außergewöhnliche technische Abnutzungen werden insbesondere durch äußere Einflüsse auf das Gebäude verursacht, wie z. B. Holzwurmbefall oder Hausschwamm, nicht behebbare Baumängel eines Neubaus (FG Rheinland-Pfalz EFG 1983, 492), Entfernung eines Gebäudeteils anläßlich eines Umbaus (BFH BStBl. 1962 III, 272), Abbruch eines Gebäudes, um Platz für einen Neubau zu schaffen (BFH BStBl. 1965 III, 323) und auch Abbruch eines erst vor kurzem errichteten Gebäudes, wenn an dessen Stelle ein überraschend möglich gewordener, seit langem geplanter Erweiterungsbau tritt (BFH BStBl. 1973 II, 678).

Soweit es sich in diesen Fällen um Erhaltungsaufwand handelt, besteht aber auch die Möglichkeit, auf die außerordentliche Absetzung zu verzichten und die Wiederherstellungskosten als Werbungskosten sofort abzuziehen (BFH BStBl. 1963 III, 325).

Eine außergewöhnliche wirtschaftliche Abnutzung liegt vor, wenn die wirtschaftliche Nutzbarkeit im Jahr der Geltendmachung durch außergewöhnliche Umstände gesunken ist, z. B. durch eine behördlich verfügte Nutzungseinschränkung. Minderungen der Rendite, die nicht auf Dauer bestehen und nicht durch außergewöhnliche, von außen kommende Ereignisse herbeigeführt werden, zB wenn Wohnungen oder gewerbliche Mieträume solange leerstehen, bis ein Mieter gefunden wird, berechtigen zu keiner Absetzung für außergewöhnliche wirtschaftliche Abnutzung (FG Baden-Württemberg EFG 1984, 224).

Wird ein objektiv weder technisch noch wirtschaftlich verbrauchtes Gebäude, das ohne Abbruchsabsicht erworben wird, dennoch abgerissen, kann eine Absetzung für außergewöhliche Abnutzung vorgenommen werden (BFH BStBl. 1978 II, 620). Wird das Gebäude dagegen unmittelbar zum Abbruch angeschafft, gehören der Gebäudewert, die Abbruchkosten sowie Abstandszahlungen für den Auszug der Mieter zu den Herstellungskosten des neu zu errichtenden Gebäudes (BFH BStBl. 1983 II, 451; FG Nürnberg EFG 1983, 223 für den Fall der Errichtung einer Parkplatzanlage, aus der Einnahmen erzielt werden sollen). Bei einem Abbruch innerhalb von drei Jahren nach dem Erwerb wird vermutet, daß der Erwerber das Gebäude mit der Absicht erworben hat, es abzureißen. Die Drei-Jahres-Frist beginnt in der Regel mit Abschluß des Kaufvertrages (BFH BStBl. 1979 II, 509). Hierbei handelt es sich jedoch nur um einen Anscheinsbeweis, der widerlegt ist, wenn die ernstliche Möglichkeit dargelegt wird, daß im konkreten Einzelfall keine Abbruchsabsicht bestand (BFH BStBl. 1980 II, 69).

e) Erhöhte Absetzungen für Abnutzung

In bestimmten Fällen können anstelle der normalen Absetzungen erhöhte Absetzungen vorgenommen werden:
- bei der Anschaffung oder Herstellung oder bei Ausbauten und Erweiterungen bestimmter Wohngebäude, § 7b EStG,
- bei Herstellungskosten für bestimmte Anlagen und Einrichtungen in Gebäuden, § 82a EStDV,
- bei Herstellungskosten für bestimmte Baumaßnahmen iSd BBauG und des Städtebauförderungsgesetzes, § 82g EStDV,
- bei Herstellungskosten für Baudenkmäler, § 82i EStDV und
- bei Herstellungskosten für Schutzräume iSd Schutzbaugesetzes.

aa) Erhöhte Absetzungen nach § 7b EStG. Bei Einfamilienhäusern, Zweifamilienhäusern und Eigentumswohnungen, die zu mehr als 66⅔% Wohnzwecken dienen und vor dem 1. 1. 1987 hergestellt oder angeschafft wurden, kann der Bauherr im Jahr der Fertigstellung bzw. der Erwerber im Jahr der Anschaffung und in den sieben folgenden Jahren jeweils bis zu 5% der Herstellungskosten absetzen. Nach Ablauf dieser acht Jahre sind als AfA bis zur vollen Absetzung jährlich 2,5% des Restwertes abzuziehen. Übersteigen die Herstellungs- oder Anschaffungskosten bei einem Einfamilienhaus oder einer Eigentumswohnung DM 150000 (nach dem 29. 7. 1981 DM 200000), bei einem Zweifamilienhaus DM 20000 (nach dem 29. 7. 1981 DM 250000), so ist der übersteigende Teil der Herstellungs- oder Anschaffungskosten zu den normalen Abschreibungssätzen nach § 7 Abs. 4 EStG abzuschreiben.

Zur Vorbeugung mißbräuchlicher Inanspruchnahme der erhöhten Absetzungen ist dies jedoch ausgeschlossen, wenn der Steuerpflichtige das Einfamilien-, Zweifamilienhaus oder die Eigentumswohnung

– von seinem Ehegatten erwirbt und beide Ehegatten im Inland nicht dauernd getrennt leben, § 26 Abs. 1 EStG;
– bei wechselseitigen Anschaffungsgeschäften, es sei denn, sie beruhen auf sinnvollen wirtschaftlichen Erwägungen (BGH BStBl. II 1985, 692; BMF Schr. v. 18. 11. 85, BStBl. I 1985, 682);
– früher veräußert hat und wieder zurückerwirbt, und zwar auch dann, wenn der Rückerwerb durch den Ehegatten erfolgt.

Garagen werden immer als zu Wohnzwecken dienend behandelt, soweit in ihnen nicht mehr als ein Personenwagen für jede in dem Gebäude befindlichen Wohnung untergestellt werden kann. Dabei ist gleichgültig, ob diese Garagen mit privaten oder gewerblichen Fahrzeugen belegt sind, § 7b Abs. 4 EStG.

Erhöhte Absetzungen sind grundsätzlich auch für Ferienhäuser und Ferienwohnungen zulässig, soweit diese bautechnisch so ausgestattet sind, daß eine ganzjährige Nutzung möglich ist. Ausgeschlossen sind jedoch Ferienhäuser und Ferienwohnungen, die vor dem 1. 1. 1977 fertiggestellt oder gekauft wurden und deren Nutzung als Dauerwohnraum aus baurechtlichen Gründen ausgeschlossen ist (BFH BStBl. 1983 II, 498).

Die erhöhten Absetzungen des § 7b EStG sind auf ein Objekt je Person beschränkt. Ehegatten können die erhöhten Absetzungen bei einem Objekt insgesamt zweimal in Anspruch nehmen, wobei die Eigentumsverhältnisse der Ehegatten am Objekt ohne Bedeutung sind. Sie können auch insgesamt zwei Objekte erhöht absetzen, dabei können beide Objekte nur einem der Ehegatten, je ein Objekt jedem Ehegatten oder auch ein oder beide Objekte den Ehegatten gemeinsam gehören.

Bauherren von Kaufeigenheimen, Trägerkleinsiedlungen und Kaufeigentumswohnungen, können für alle von ihnen erstellten Objekte im Jahr der Fertigstellung und im folgenden Jahr erhöhte Absetzungen bis zu jeweils 5% vornehmen, § 7b Abs. 7 EStG.

Die erhöhten Absetzungen können im Jahr der Herstellung bzw. im Jahr der Anschaffung erstmals geltend gemacht werden, auch dann, wenn die Herstellung oder Anschaffung erst gegen Ende eines Jahres erfolgt.

Auch im Jahr der Veräußerung kann der Steuerpflichtige die erhöhten Absetzungen mit dem vollen Jahresbetrag geltend machen, wenn die Veräußerung im Begünstigungszeitraum liegt. Die lineare Abschreibung der die Höchstbeträge überschreitenden Anschaffungs- oder Herstellungskosten ist im Veräußerungsjahr nur zeitanteilig möglich.

Die erhöhten Absetzungen können innerhalb der vier ersten Jahren nachgeholt werden, wenn sie nicht in Anspruch genommen wurden oder sich nicht voll ausgewirkt haben, weil bereits ein geringerer Absetzungsbetrag zur Steuerfreistellung ausreichte, wenn in allen Jahren die Voraussetzungen für die erhöhten Absetzungen gegeben waren. Im Jahr der Nachholung müssen die Voraussetzungen der erhöhten Absetzungen nicht während des ganzen Jahres bestanden haben (BFH BStBl. 1980 II, 688).

Es empfiehlt sich in jedem Einzelfall zu prüfen, ob die erhöhte Absetzung nach § 7b EStG oder die degressive Abschreibung nach § 7 Abs. 5 EStG vorteilhafter ist.

Beachte: Für Einfamilienhäuser, Zweifamilienhäuser und Eigentumswohnungen, die ab dem 1. 1. 1987 hergestellt oder angeschafft wurden, kommt eine Abschreibung gemäß § 7b EStG nicht mehr in Betracht. Die Neuregelung ab 1. 1. 1987 ist in Ziff. 5 zusammenfassend dargestellt.

bb) Erhöhte Absetzung bei Modernisierungs- und Energiesparmaßnahmen nach § 82a EStDV. Für zahlreiche Modernisierungs- und Energiesparmaßnahmen können erhöhte Absetzungen bis zu 10% nach § 82a EStDV geltend gemacht werden, wenn die Maßnahmen bis 30. 6. 1983 durchgeführt und fertiggestellt worden sind.

Begünstigt sind bzw. waren die Herstellungskosten für folgende Baumaßnahmen:

bei vor dem 1. 1. 1961 fertiggestellten Gebäuden
- Wohnungsabschluß mit oder ohne Vorraum in der Wohnung
- Kochraum mit Entlüftungsmöglichkeiten, Wasserzapfstelle und Spülbecken, Anschlußmöglichkeit für Kohle-, Gas- und Elektroherd, entlüftbare Speisekammer oder entlüftbarer Speiseschrank,
- neuzeitliche sanitäre Anlagen
- ein eingerichtetes Bad (oder Dusche) je Wohnung sowie Waschbecken
- Anschlußmöglichkeiten für Ofen oder gleichwertiges Heizgerät
- elektrische Brennstellenanschlüsse und Steckdosen
- Heizungs- und Warmwasseranlagen
- Fahrstuhlanlagen bei Gebäuden mit mehr als vier Geschossen
- Anschlüsse an die Kanalisation und an die Wasserversorgung
- Umbau von Fenstern und Türen

bei vor dem 1. 1. 1978 fertiggestellten Gebäuden
- Maßnahmen, die ausschließlich zum Zweck des Wärme- oder Lärmschutzes vorgenommen wurden, nicht dagegen Rolläden (BFH BStBl. 1982 II, 67)

bei Gebäuden ohne Rücksicht auf den Zeitpunkt der Fertigstellung
- Einbau von Wärmepumpenanlagen
- Solaranlagen
- Anlagen zur Wärmerückgewinnung einschließlich der Anbindung an das Heizsystem.

Für Modernisierungs- und Energiesparmaßnahmen nach dem 30. 6. 1983 sind nur mehr begünstigt:
- wie schon bisher die Anschlüsse an eine Fernwärmeversorgung, wenn die Fernwärmeversorgung überwiegend aus Anlagen der Kraft-Wärme-Koppelung, aus Anlagen zur Verbrennung von Müll oder aus Anlagen zur Verwertung von Abwärme gespeist wird,
- der Einbau von Wärmepumpenanlagen, Solaranlagen und Anlagen zur Wärmerückgewinnung einschließlich der Anbindung an das Heizsystem
- die Errichtung von Windkraftanlagen unter bestimmten Voraussetzungen und

- die Errichtung von Biogasanlagen unter bestimmten Voraussetzungen.

Die Herstellungskosten folgender Anlagen und Einrichtungen sind begünstigt, wenn sie nach dem 30. 6. 1985 und vor dem 1. 1. 1992 fertiggestellt werden:
- Einbau einer zentralen Heizungsanlage
- Einbau eines Heizkessels, eines Brenners, einer zentralen Steuerungseinrichtung
- Einbau einer neuen Wärmeabgabevorrichtung (Radiatoren, Ergänzung einer Fußbodenheizung usw.)
- Änderung der Abgasanlage (Kamin) einer zentralen Heizungsanlage
- Einbau einer Warmwasseranlage
- Anschaffung von Einzelöfen, wenn keine Zentralheizung vorhanden ist wenn mit der Maßnahme nicht vor Ablauf von zehn Jahren seit Fertigstellung des Gebäudes begonnen worden ist (Steuerbereinigungsgesetz 1986 BStBl. I/1985, 735). Voraussetzung ist nicht, daß die vorgenannten Maßnahmen erstmalig erfolgen, so daß auch der Austausch einer bereits vorhandenen Anlage oder Einrichtung auch bei eigengenutzten Eigentumswohnungen und Einfamilienhäusern begünstigt ist.

3. Die steuerlichen Vorteile eines Zweifamilienhauses

Einfamilienhäuser mit Einliegerwohnung gelten steuerrechtlich als Zweifamilienhäuser und genießen daher die für Zweifamilienhäuser bestehenden Steuervorteile. Insbesondere bei der Einkommen- und der Grundsteuer sind Zweifamilienhäuser privilegiert. Die ab 1. 1. 1987 eintretende Änderung der Rechtslage für Zweifamilienhäuser ist zusammenfassend unter Ziff. 5 dargestellt.

a) Begriff des Zweifamilienhauses

Zweifamilienhäuser sind Wohngrundstücke, die nur zwei Wohnungen enthalten, § 75 Abs. 6 BewG. Wohnungen des Hauspersonals sind nicht mitzurechnen, § 75 Abs. 5 Satz 2 BewG. Ein Grundstück gilt auch dann als Zweifamilienhaus, wenn es zu gewerblichen oder öffentlichen Zwecken mitbenutzt wird und dadurch die Eigenart als Zweifamilienhaus nicht wesentlich beeinträchtigt wird, § 75 Abs. 5 Satz 4, Abs. 6 Satz 2 BewG. Es ist darauf abzustellen, wie das Zweifamilienhaus nach

außen in Erscheinung tritt. Entspricht das äußere Erscheinungs-
bild einem Zweifamilienhaus, schadet es beispielsweise nicht, daß
sich Büroräume darin befinden, deren Nutzfläche nahezu so groß
ist wie die Wohnfläche. Von einem Zweifamilienhaus kann aber
nicht mehr gesprochen werden, wenn eine intensive, baulich nach
außen sichtbare, gewerbliche Mitbenutzung gegeben ist (BFH
BStBl. 1976 II, 640).

Der Klassifizierung als Zweifamilienhaus steht nicht entgegen,
daß beide Wohnungen selbst genutzt werden. Eine Vermietung
der zweiten Wohnung empfiehlt sich aber bei Häusern, für die
der Antrag auf Baugenehmigung vor dem 30. Juli 1981 gestellt
worden ist oder die vor dem 30. Juli 1981 erworben worden sind,
§ 21 a Abs. 7 EStG, um der Pauschalbesteuerung nach § 21 a EStG
zu entgehen, § 21 a Abs. 1 Satz 3 Nr. 1 EStG. Die Einkünfte werden dann nämlich nicht pauschal, sondern nach dem Einnahme-
Ausgabe-Prinzip ermittelt und die tatsächlich geflossenen Einnahmen den Kosten (Werbungskosten) gegenübergestellt. Bei der
Pauschalbesteuerung nach § 21 a EStG dürfen dagegen vom Nutzungswert Schuldzinsen nur bis zur Höhe des Grundbetrages
und andere Werbungskosten (mit Ausnahme der erhöhten Absetzungen) überhaupt nicht abgezogen werden, § 21 a Abs. 3 EStG.

Als Wohnung sind einzelne oder mehrere Räume anzusehen,
die zur Führung eines Haushalts geeignet und zu diesem Zweck
jeweils mit Küche oder Kochgelegenheit, Wasserversorgung oder
Toilette ausgestattet sind und deren Gesamtfläche mindestens
23 m² beträgt (BFH BStBl. II 1979, 255). IdR muß ein erkennba-
rer Abschluß der Wohnung vorhanden sein. Ob im Einzelfall
eine Wohnung anzunehmen ist, richtet sich nach der baulichen
Gestaltung und der Zweckbestimmung. Es kann sich auch um
eine Einraumwohnung, z. B. ein Appartement handeln (Abschnitt 24 Abs. 2 GrStR). Ein Zweifamilienhaus kann dadurch,
daß in einer der Wohnungen die Küche entfernt wird, zu einem
Einfamilienhaus werden. Dies kann für den Eigentümer dann
interessant sein, wenn der Abschreibungszeitraum vorbei ist.

Eine Eigentumswohnung gehört bewertungsrechtlich grundsätzlich zur Grundstücksart der Einfamilienhäuser. Ausnahmsweise kann eine Eigentumswohnung auch als Zweifamilienhaus
zu bewerten sein, wenn eine das Sondereigentum bildende
abgeschlossene große Wohnung zwei nicht abgeschlossene Teile
enthält, die jedoch beide bewertungsrechtlich den Begriff „Woh-

nung" erfüllen. Ein Wohnungseigentum kann danach beispielsweise als Zweifamilienhaus behandelt werden, wenn (Schönhofer,
Gruppe 15, Seite 341)
- es sich um eine Maisonette-Wohnung handelt, bei der die Räume der Einliegerwohnung in einem eigenen Geschoß liegen,
- oder die Räume der Einliegerwohnung zwar auf einer Ebene
  mit der Hauptwohnung, jedoch an einem eigenen Flur zusam-
  mengefaßt liegen, der zur gemeinsamen Eingangsdiele beider
  Wohnungen führt.

b) Einkommensteuer

Das Zweifamilienhaus genießt in erster Linie die beiden folgenden Vorzüge:

Wie bereits dargelegt (siehe oben a)), findet auf ein selbstgenutztes Einfamilienhaus zwingend die Pauschalbesteuerung nach
§ 21 a EStG Anwendung, während bei einem Zweifamilienhaus
(unter den oben bei a) dargestellten Voraussetzungen) die Einkünfte individuell durch Gegenüberstellen von Einnahmen und
Ausgaben ermittelt wird.

Bei der Abschreibung nach § 7 b EStG können für ein Zweifamilienhaus die Anschaffungs- und Herstellungskosten bis zu einem Betrag von DM 250 000 abgesetzt werden, bei Einfamilienhäusern dagegen nur bis zu DM 200 000. Außerdem können die
diese Höchstgrenze übersteigenden Anschaffungs- und Herstellungskosten nur bei Einfamilienhäusern nach § 7 Abs. 4 EStG
linear abgesetzt werden.

Dies soll anhand eines Beispiels verdeutlicht werden (nach
Schönhofer, Gruppe 15, Seite 342):

Die Anschaffungs- oder Herstellungskosten eines Gebäudes
betragen DM 400 000 zuzüglich DM 50 000 für Grund und Boden; davon sind DM 250 000 fremdfinanziert, wodurch jährlich
DM 20 000 Schuldzinsen und DM 1000 andere Hausunkosten anfallen. Der Einheitswert beträgt DM 50 000, der jährliche Mietwert der selbstgenutzten Wohnung einschließlich der Miete für
die zweite Wohnung DM 12 000.
- Handelt es sich bei dem Gebäude um ein selbstgenutztes Einfamilienhaus, so ergeben sich (während des Begünstigungszeitraumes nach § 7 b EStG) jährliche Verluste von DM 10 000 (5%
  von – höchstens – DM 200 000). Falls der erweiterte Schuldzinsenabzug möglich ist, erhöhen sich die Verluste (allerdings nur

für drei Jahre) auf DM 20 000. Für den erweiterten Schuldzinsenabzug ist Voraussetzung, daß der Antrag auf die Baugenehmigung nach dem 30. 9. 1982 gestellt oder zumindest erst nach diesem Zeitpunkt tatsächlich mit den Bauarbeiten begonnen worden ist.

– Handelt es sich dagegen um ein Einfamilienhaus mit Einliegerwohnung, also um ein Zweifamilienhaus, dann errechnet sich folgender Verlust:

Einnahmen		DM 12 000
Werbungskosten:		
AfA nach § 7 EStG	DM 12 500	
AfA nach § 7 Abs. 4 EStG	DM 3 000	
Schuldzinsen	DM 20 000	
andere Werbungskosten	DM 1 000	DM 36 500
		DM 24 500

Dieser Vergleich zeigt ganz deutlich, daß die steuerlichen Vorteile des Zweifamilienhauses umso größer sind, je höher die abzugsfähigen Werbungskosten (Schuldzinsen, Instandhaltung und Instandsetzung usw.) sind.

c) Grundsteuer

Die allgemeine Steuermeßzahl (s. S. 147) beträgt bezogen auf den Einheitswert 3,5‰, bei Zweifamilienhäusern nach § 15 Abs. 2 Nr. 2 GrStG dagegen nur 3,1‰. Einfamilienhäuser mit nur einer Wohnung werden dagegen für die ersten DM 75 000 des Einheitswertes nur mit 2,6‰ besteuert.

Wohnungen, die im sozialen Wohnungsbau errichtet werden, sind zehn Jahre lang grundsteuerfrei. Ebenso Wohnungen, die im steuerbegünstigten Wohnungsbau errichtet werden, wenn folgende Wohnflächengrenzen nicht überschritten werden:

– beim eigengenutzten Einfamilienhaus 156 m²
– beim Zweifamilienhaus 240 m², jedoch darf die Wohnfläche der eigengenutzten Wohnung 156 m² nicht unterschreiten.

4. Der Nießbrauch

Seit dem 15. 11. 1984 liegt der neue Erlaß des Bundesministers der Finanzen zur einkommensteuerlichen Behandlung des Nießbrauchs vor (BStBl. 1984 I, 561).

Die früher bestehende besondere Attraktivität des Nießbrauchs, daß dem Eigentümer keine Einnahmen angerechnet
wurden, er andererseits jedoch Werbungskosten abziehen
konnte, besteht nicht mehr.

Dennoch kann die Bestellung eines Nießbrauchs auch heute
noch zu Steuervorteilen führen.

a) Arten des Nießbrauchs

Der Nießbrauch-Erlaß unterscheidet vor allem
- den Zuwendungsnießbrauch,
  der vorliegt, wenn der Eigentümer dem Berechtigten den
  Nießbrauch bestellt und
- den Vorbehaltsnießbrauch,
  durch den ein Nießbrauch bezeichnet wird, der bei der
  Übertragung eines Grundstücks für den bisherigen Eigentümer an dem übertragenen Grundstück bestellt wird.

b) Zuwendungsnießbrauch

aa) Ein Zuwendungsnießbrauch kann entgeltlich oder unentgeltlich bestellt werden, was durch einen Vergleich von Leistung
und Gegenleistung, also durch Gegenüberstellung der von den
Vertragsparteien jeweils insgesamt zu erbringenden Leistungen,
festgestellt wird. Stehen Leistung und Gegenleistung nicht in einem deutlichen Mißverhältnis zueinander, handelt es sich um eine
entgeltliche Bestellung. Ist jedoch der Wert der Gegenleistung im
Verhältnis zum Wert des Nießbrauchs so bemessen, daß bei Zugrundelegung einer zwischen Fremden üblichen Gestaltung nicht
mehr von einer Gegenleistung ausgegangen werden kann, liegt
ein unentgeltlich bestellter Nießbrauch vor.

bb) Voraussetzungen für die steuerliche Anerkennung: Für die
steuerliche Anerkennung ist der Nießbrauch im Gegensatz zur
früheren Rechtslage an keine Mindestlaufzeit mehr gebunden.
Voraussetzung ist jedoch, daß der Nießbraucher eine gesicherte
Rechtsposition hat, die im Fall eines jederzeit vorbehaltenen
Kündigungsrechts zumindest dann gegeben ist, wenn eine einjäh-
rige Kündigungsfrist vorgesehen ist.

Der Nießbraucher hat eigene Einkünfte aus Vermietung und
Verpachtung grundsätzlich nur, wenn er die Nutzungen tatsächlich zieht, das Grundstück in Besitz hat und es verwaltet. Mietverträge, die nach Bestellung des Nießbrauchs abgeschlossen

werden, müssen durch den Nießbraucher abgeschlossen werden. In bestehende Mietverträge tritt der Nießbraucher kraft Gesetzes nach § 577 BGB ein (BFH BStBl. 1983 II, 502). Der Nießbraucher zieht die Nutzungen aber nur dann selbst, wenn Mietzahlungen auf die Konten des Nießbrauchers geleistet werden.

cc) Unentgeltlich bestellter Zuwendungsnießbrauch

Behandlung beim Nießbraucher

– Fließen dem Nießbraucher als Vermieter die Mieten zu, werden ihm diese steuerlich zugerechnet. Nutzt der Nießbraucher dagegen das Grundstück selbst, ist ein entsprechender Nutzungswert als fiktive Einnahmen anzusetzen. Da der Nießbraucher beim Zuwendungsnießbrauch jedoch regelmäßig nicht wirtschaftlich Eigentümer ist, kommt eine Nutzungswertbesteuerung nach § 21a EStG nicht in Betracht, vielmehr bestehen die Einnahmen stets im tatsächlichen Mietwert.

– Absetzungen für Abnutzung auf das Gebäude kann der Nießbraucher nicht geltend machen, da er nicht (auch nicht wirtschaftlich) Eigentümer ist. Er kann jedoch für die in Ausübung des Nießbrauchs eingebauten Anlagen und Einrichtungen iSd § 95 Abs. 1 Satz 2 BGB sowohl AfA als auch erhöhte AfA zB nach § 82a EStDV geltend machen.

– Die laufenden Haus- und Grundstückskosten kann der Nießbraucher als Werbungskosten von seinen Einnahmen sofort abziehen.

– Außergewöhnliche Erhaltungsaufwendungen kann der Nießbraucher nur als Werbungskosten absetzen, wenn er sie vertraglich übernommen hat.

Behandlung beim Eigentümer

– Da der Eigentümer keine Einnahmen aus dem nießbrauchsbelasteten Grundstück hat, können schon begrifflich keine Werbungskosten beim Eigentümer anfallen, § 9 Abs. 1 Satz 1 EStG. Daher kann er weder AfA noch Werbungskosten noch außergewöhnlichen Erhaltungsaufwand geltend machen.

– Allenfalls können vorweggenommene Werbungskosten berücksichtigt werden, wenn ein enger zeitlicher Zusammenhang zwischen den aufgewendeten Kosten und zukünftigen Einnahmen besteht, zB nach Beendigung des Nießbrauchsverhältnisses. Dies ist jedoch bei einem lebenslänglichen Nutzungsrecht selbst dann nicht gegeben, wenn der Nutzungsberechtigte bereits ein hohes Alter erreicht hat (BFH BStBl. 1983 II, 660).

dd) Entgeltlich bestellter Zuwendungsnießbrauch

Behandlung beim Nießbraucher

- Da der Nießbraucher für die Einräumung des Nutzungsrechts ein Entgelt gezahlt hat, wird er behandelt, als ob er sich mit dem Nießbrauchsentgelt eingemietet hätte. Daher ist beim Nießbraucher kein Nutzungswert der Wohnung anzusetzen, wenn er sie selbst nutzt (BFH BStBl. 1979 II, 332).
- Bei Selbstnutzung zu Wohnzwecken kann der Nießbraucher weder Werbungskosten, noch AfA geltend machen.
- Vermietet der Nießbraucher die Wohnung, hat er Einkünfte und kann auf das entgeltlich erworbene Nießbrauchsrecht AfA nach § 7 Abs. 1 EStG auf die Dauer des Nießbrauchs bemessen vornehmen (BFH BStBl. 1979 II, 38).
- Werbungskosten kann der Nießbraucher für Aufwendungen, die er nach Vertrag oder Gesetz zu tragen hat, abziehen.

Behandlung beim Eigentümer

- Das für die Bestellung des Nießbrauchs gezahlte Entgelt stellt beim Eigentümer eine Einnahme dar (BFH BStBl. 1979 II, 332).
- Der Eigentümer ist zur Vornahme von AfA (ggf. auch erhöhten Absetzungen) berechtigt (Schönhofer Gruppe 16, Seite 666).
  - Daneben kann er die nach Vertrag oder Gesetz von ihm zu tragenden Aufwendungen für das belastete Grundstück als Werbungskosten abziehen.

c) Vorbehaltsnießbrauch

aa) Voraussetzung der steuerlichen Anerkennung. Für die steuerliche Anerkennung eines Vorbehaltsnießbrauchs ist Voraussetzung, daß der Nießbrauch ernsthaft gewollt und auch tatsächlich durchgeführt wird (Schönhofer Gruppe 15, Seite 667). In diesem Zusammenhang kann auf das zum Zuwendungsnießbrauch Ausgeführte verwiesen werden.

bb) Unentgeltliche Grundstücksübertragung

Behandlung beim Nießbraucher

- Der Nießbraucher wird wie der wirtschaftliche Eigentümer behandelt, § 21 Abs. 2 1. Alternative EStG.
- Bei Selbstnutzung eines Einfamilienhauses kommt daher die Pauschalbesteuerung nach § 21 a EStG zur Anwendung (BFH BStBl. 1983 II, 627).
- Der Vorbehaltsnießbraucher kann für die von ihm getragenen

Aufwendungen auf das Grundstück Werbungskosten abziehen, soweit er sie vertraglich tragen muß.
- Für die von ihm getragenen Anschaffungs- oder Herstellungskosten für das Gebäude kann er AfA in Anspruch nehmen (BFH BStBl. 1982 II, 380).

Behandlung beim Eigentümer
- Dem Eigentümer fließen aus dem mit einem Vorbehaltsnießbrauch belasteten Grundstück keine Einnahmen zu.
- Er kann daher keine Werbungskosten geltend machen, auch nicht für die von ihm zu tragenden dauernden Lasten (BFH BStBl. 1983 II, 660).
- AfA auf das Gebäude selbst kann dann nicht in Anspruch genommen werden, wenn der Nießbraucher eigene zusätzliche Herstellungskosten aufgewendet hat (Schönhofer Gruppe 15, Seite 670).

cc) Entgeltliche Grundstücksübertragung. Sowohl für die Behandlung beim Nießbraucher als auch für die beim Eigentümer gilt das oben zum entgeltlich bestellten Zuwendungsnießbrauch Gesagte.

5. Neuregelung ab 1. 1. 1987

Ab 1. 1. 1987 gilt für selbst genutztes Wohneigentum insbesondere folgendes (vgl. BT-Drucks. 10/5208):
- die steuerliche Grundförderung wird in § 10 e EStG gegenüber § 7 b EStG verbessert,
- der Nutzungswert der zu eigenen Wohnzwecken genutzten Wohnung wird steuerlich nicht mehr erfaßt,
- eine längerfristige Übergangsregelung tritt in Kraft.

a) Grundförderung gemäß § 10 e Abs. 1 EStG

aa) Begünstigte Objekte. Nach der neuen gesetzlichen Regelung ist selbst genutztes Wohneigentum begünstigt. Unter diesem – mit dem daneben bestehenden Wohnungseigentum leicht zu verwechselnden und daher unglücklich gewählten – Begriff versteht der Gesetzgeber die Wohnung im eigenen Haus und die Eigentumswohnung.

Es wird nicht unterschieden, ob es sich um ein Ein-, Zwei- oder Mehrfamilienhaus handelt. § 10 e Abs. 1 EStG begünstigt daher nicht mehr das Zweifamilienhaus als solches, sondern nur die

selbst bewohnte Wohnung im eigenen Zwei- oder Mehrfamilienhaus.

Eine Nutzung zu eigenen Wohnzwecken liegt insbesondere
vor, wenn
- das zu begünstigende Objekt im jeweiligen Veranlagungszeitraum den Mittelpunkt der Lebensinteressen des Steuerpflichtigen bildet,
- in Analogie zu § 34f EStG gemäß Abschnitt 213a Abs. 3 Satz 4
  EStR selbst dann, wenn die Nutzung zu eigenen Wohnzwekken nur während eines Teils des Kalenderjahres vorliegt,
- ein Vorbehaltsnießbraucher auch nach Übertragung des begünstigten Objektes dieses nach wirtschaftlicher Betrachtungsweise ununterbrochen aufgrund eigenen Rechts wie früher als Eigentümer nutzt (BFH BStBl. 1982 II, 380),
- sich der Vermächtnisnießbraucher oder dinglich Wohnberechtigte sein Nutzungsrecht vorbehalten oder es vermächtnisweise
  erhalten hat,
- Teile der Wohnung unentgeltlich zu Wohnzwecken gemäß
  § 10e Abs. 1 Satz 3 EStG überlassen werden; dabei wird nicht
  unterschieden, ob die unentgeltliche Überlassung mit oder ohne gesicherte Rechtsposition des Nutzenden erfolgt.

Für Ferienwohnungen, die nach dem 31. 12. 1986 hergestellt oder
angeschafft werden, schließt § 10e Abs. 1 Satz 2 EStG die Grundförderung aus.

*bb) Steuerliche Berücksichtigung der Anschaffungs- und Her-
stellungskosten.* Gemäß § 10e Abs. 1 Satz 1 und 4 EStG können
von den Herstellungs- und Anschaffungskosten selbst genutzten
Wohneigentums zuzüglich der Hälfte der Anschaffungskosten
für den dazugehörenden Grund und Boden während der Begünstigungsdauer (S. 160) 5%, höchstens jedoch DM 15 000 jährlich
wie Sonderausgaben abgezogen werden.
- Unter die Herstellungskosten fallen gemäß § 10e Abs. 2 EStG
  auch die Kosten für Ausbauten und Erweiterungen an begünstigten Objekten.

Ein Ausbau liegt nach § 17 Abs. 1 II. WoBauG vor, wenn
durch Ausbau des Dachgeschoßes oder eine unter wesentli-
chem Bauaufwand durchgeführte Umwandlung von Räumen,
die nach ihrer baulichen Anlage und Ausstattung bisher anderen als Wohnzwecken gedient haben, Wohnraum geschaffen
oder Wohnraum, der infolge Änderung der Wohngewohnhei-

ten nicht mehr für Wohnzwecke geeignet ist, durch Umbau eines bestehenden Gebäudes an die veränderten Wohngewohnheiten angepaßt wird.

Eine Erweiterung ist nach § 17 Abs. 2 II. WoBauG das Schaffen von Wohnraum durch Aufstockung oder Ausbau eines bestehenden Gebäudes.

Ein Ausbau oder eine Erweiterung an selbst genutztem Wohneigentum ist aber z. B. bei einem Dachgeschoßausbau nicht gegeben, wenn der Steuerpflichtige das Erdgeschoß selbst bewohnt, das 1. Obergeschoß dagegen vermietet hat (Stephan Betr. 1986, 1145).

– Für die Berücksichtigung der Anschaffungskosten ist nicht erforderlich, daß der Erwerber bereits Eigentümer ist; vielmehr reicht es aus, daß er die tatsächliche Sachherrschaft über das Objekt in der Weise ausübt, daß er den im Grundbuch eingetragenen Eigentümer für die gewöhnliche Nutzungsdauer von der Einwirkung auf das Wohneigentum ausschließt, also wirtschaftlich darüber verfügen kann.

Wird ein Grundstück vor dem 1. 1. 1987 erworben, das darauf zu errichtende Gebäude aber erst nach dem 31. 12. 1986 fertiggestellt, sind die Anschaffungskosten für Grund und Boden gleichwohl zur Hälfte abzugsfähig.

Zwar ist § 10e Abs. 1 bis 5 EStG gemäß § 52 Abs. 14 EStG erstmals bei begünstigten Objekten anzuwenden, die nach dem 31. 12. 1986 hergestellt oder angeschafft worden sind, jedoch sind die Anschaffungskosten des Grundstücks nach dem Wortlaut des § 10e Abs. 1 Satz 1 EStG lediglich ein unselbständiger Bestandteil der Bemessungsgrundlage und führen deshalb erst nach Fertigstellung des auf dem Grundstück zu errichtenden Gebäudes zu einer Steuerbegünstigung.

Anschaffungskosten, die aufgrund entgeltlichen Erwerbs zwischen Ehegatten anfallen, können gemäß § 10e Abs. 1 Satz 7 EStG nicht wie Sonderausgaben abgezogen werden, wenn die Ehegatten gemäß § 26 Abs. 1 EStG unbeschränkt steuerpflichtig sind und nicht getrennt leben.

Demgegenüber können Ehegatten bei entgeltlichem Erwerb im Zuge wechselseitiger Anschaffungen oder in Rückkaufsfällen den Sonderausgabenabzugsbetrag in Anspruch nehmen, da § 10e Abs. 1 Satz 7 EStG dies im Gegensatz zu § 7b Abs. 1 Satz 4 Nr. 2 und 3 EStG nicht ausschließt. Sonderausgaben sind grundsätzlich nur bei Personen steuerlich abzugsfähig, die mit der Ausgabe wirtschaftlich belastet werden (Schmidt § 10 Anm. 5).

Daran fehlt es bei demjenigen, der unentgeltlich, etwa als Erbe, Vermächtnisnehmer oder Beschenkter erwirbt.

Da Personenidentität zwischen dem Steuerpflichtigen, der die Ausgabe getragen hat, und dem Steuerpflichtigen, der sie steuerlich als Sonderausgabe geltend macht, bestehen muß (BFH BStBl. 1983 II, 425), kann die Möglichkeit zum Sonderausgabenabzug nicht durch Rechtsgeschäft unter Lebenden übertragen werden (BFH BStBl. 1958 III, 97).

Hiervon werden lediglich Ausnahmen für Erbfälle gemacht, da der Erbe im Rahmen der Gesamtrechtsnachfolge auch steuerlich in vollem Umfang in die Rechtsstellung des Erblassers eintritt (BFH BStBl. 1972 II, 621). Danach kann ein Erbe Verluste, die bei dem Erblasser entstanden sind und die dieser nicht mit anderen Einkünften ausgleichen oder gemäß § 10d EStG rücktragen konnte, im Veranlagungszeitraum des Erbfalls mit eigenen Einkünften ausgleichen bzw. rück- oder vortragen.

Die Anschaffungs- und Herstellungskosten von Mehrfamilienhäusern sind steuerlich unterschiedlich zu behandeln, je nach dem, ob sie auf die selbst genutzte Wohnung oder auf das übrige Gebäude entfallen. Die selbst genutzte Wohnung und die Hälfte des auf sie entfallenden Anteils am Grundstück sind nach § 10e Abs. 1 EStG, das Gebäude im übrigen ist nach § 7 Abs. 4 und 5 EStG abzuschreiben.

Nachträgliche Anschaffungs- und Herstellungskosten, die bis zum Ende des Begünstigungszeitraums (S. 168) anfallen, können von dem Jahr an, in dem sie angefallen sind, für Veranlagungszeiträume, in denen der Steuerpflichtige nach § 10 Abs. 1 und 2 EStG abzugsberechtigt gewesen wäre, so behandelt werden, als wären sie bereits zu Beginn des Begünstigungszeitraums vom Steuerpflichtigen getragen worden.

Nachträgliche Anschaffungs- und Herstellungskosten sind solche Aufwendungen, die noch nach erfolgter Anschaffung oder Herstellung des selbst genutzten Wohneigentums gemacht werden, z. B. Einbau von Zusatzgeräten oder Kostenerhöhung infolge Nachkalkulation (Schmidt § 7 Anm. 4f).

Danach kann sowohl der Bauherr als auch der Erwerber (FG Nürnberg EFG 1986, 114) solche Kosten in die Bemessungsgrundlage für die Grundförderung ab dem ersten Jahr der Selbstnutzung einbeziehen, auch wenn sie erst im Zeitraum zwischen dem 2. und 8. Jahr der Selbstnutzung angefallen sind. Nachträgliche Anschaffungs- oder Herstellungskosten werden jedoch nur für Veranlagungszeiträume berücksichtigt, in denen der Steuerpflichtige Eigentümer der Wohnung ist.

cc) Begünstigungsdauer. Der Sonderausgabenabzugsbetrag kann im Jahr der Fertigstellung bzw. Anschaffung und den folgenden sieben Jahren gemäß § 10e Abs. 1 Satz 1 EStG in Anspruch genommen werden. Im Jahr der Fertigstellung bzw. Anschaffung können die Sonderausgaben unabhängig vom Zeitpunkt der Fertigstellung oder Anschaffung bereits für das volle Jahr geltend gemacht werden.

dd) Teilweise Nutzung zu anderen als zu eigenen Wohnzwekken. Werden Teile einer selbst bewohnten Wohnung nicht zu eigenen Wohnzwecken genutzt, sondern z. B. einzelne Räume zu gewerblichen, freiberuflichen oder beruflichen Zwecken selbst genutzt oder vermietet, ist die Bemessungsgrundlage entsprechend zu kürzen. D. h. die Anschaffungs- oder Herstellungskosten zuzüglich der Hälfte der Anschaffungskosten des auf diesen Teil der Wohnung entfallenden Anteils am Grund und Boden sind nicht begünstigt.

Da die nicht selbst genutzten Teile der Wohnungen jedoch der Erzielung von Einkünften dienen, können hierauf entfallende Aufwendungen einschließlich AfA als Betriebsausgaben oder Werbungskosten abgezogen werden.

Im Gegensatz zu der erhöhten AfA nach § 7b EStG, die sich auf das gesamte Gebäude oder die Eigentumswohnung bezieht, erfolgt im Rahmen des § 10e Abs. 1 Satz 6 EStG keine anteilige Kürzung des Sonderausgabenhöchstbetrages von DM 15 000, da § 10e EStG den selbst genutzten Wohnungsteil als selbständigen Gebäudeteil erfaßt.

ee) Miteigentum. Besteht an einem begünstigten Objekt Miteigentum, so ist jeder Miteigentümer sonderausgabenabzugsberechtigt, jedoch gemäß § 10e Abs. 1 Satz 5 EStG nur in Höhe eines seinem Miteigentumsanteil entsprechenden Teils der Abzugsbeträge nach § 10e Abs. 1 Satz 1 EStG, also in Höhe eines entsprechenden Anteils an den Anschaffungs- oder Herstellungskosten zuzüglich der Hälfte der Anschaffungskosten für den dazugehörenden Grund und Boden bis zu einem entsprechenden Teil von DM 15 000.

Die Beschränkung des § 7a Abs. 7 EStG, daß die erhöhten Absetzungen von Miteigentümern grundsätzlich nur einheitlich vorgenommen werden konnten, wurde in § 10e EStG nicht aufgenommen.

Wird der Sonderausgabenabzugsbetrag abweichend von den Miteigentumsanteilen auf die Miteigentümer verteilt, ist dies – wie schon bisher bei der erhöhten AfA gemäß § 7b EStG – möglich, wenn hierfür wirtschaftlich vernünftige und grundstücksbezogene Gründe vorliegen (Stephan Betr. 1986, 1144), z.B. ein Miteigentümer an der Baufinanzierung des Objektes abweichend von seinen Miteigentumsanteilen beteiligt ist (BFH BStBl. 1966 III, 580).

ff) Objektbeschränkungen. Gemäß § 10e Abs. 4 Satz 1 EStG können die Abzugsbeträge nur für eine Wohnung, einen Ausbau oder eine Erweiterung abgezogen werden.

Für weitere Objekte tritt damit in der Person des Steuerpflichtigen der sog. Objektverbrauch ein, d.h. diese sind nicht gemäß § 10e EStG begünstigt.

Objektverbrauch tritt jedoch nur ein, wenn sich der Sonderausgabenabzug steuerlich ausgewirkt hat, wobei es unerheblich ist, in welchem Umfang, für welche Zeit, und grundsätzlich auch, ob der Abzugsbetrag zu Recht oder zu Unrecht gewährt wurde (BFH BStBl. 1980 II, 689), sofern er dem Steuerpflichtigen bei gleichbleibendem Sachverhalt erhalten bleibt.

An einer endgültigen steuerlichen Auswirkung fehlt es dann, wenn der Sonderausgabenabzugsbetrag zwar zunächst gemäß § 37 Abs. 3 EStG im Einkommensteuervorauszahlungsverfahren oder Lohnsteuerermäßigungsverfahren gemäß § 39a Abs. 1 Nr. 6 EStG, nicht aber bei der Einkommensteuerveranlagung geltend gemacht wird.

– Objektverbrauch bei Ehegatten

Ehegatten, die beide unbeschränkt steuerpflichtig sind und nicht dauernd getrennt leben, können gemäß § 10e Abs. 4 Satz 2 EStG in den Jahren, in denen diese Voraussetzungen zu Beginn des Veranlagungszeitraums vorgelegen haben oder im Lauf des Veranlagungszeitraums eingetreten sind, die Grundförderung nach § 10e Abs. 1 oder Abs. 2 EStG für insgesamt zwei Objekte unabhängig von der gewählten Veranlagungsform in Anspruch nehmen.

Die Grundförderung für zwei Objekte ist ausgeschlossen, wenn diese in räumlichem Zusammenhang belegen sind. Dies ist dann der Fall, wenn beide Objekte durch geringfügige Baumaßnahmen zu einer Einheit verbunden werden können.

Bei dauerhaft getrennten Wohnungen im Zweifamilienhaus ist ein räumlicher Zusammenhang immer gegeben, ebenso bei Ausbauten und Erweiterungen iSd § 10e Abs. 2 EStG und der zu eigenen Wohnzwecen genutzten Wohnung.

Da der Ausschluß voraussetzt, daß die Ehegatten im Zeitpunkt der Herstellung oder der Anschaffung der Objekte unbeschränkt steuerpflichtig sind und nicht dauernd getrennt leben, führt eine Eheschließung nach Anschaffung oder Herstellung nicht zum Verlust der Sonderausgabenabzugsberechtigung, auch wenn beide Objekte räumlich zusammenhängen.

In geeigneten Fällen kann daher der Verlust der Grundförderung durch entsprechende Wahl des Heiratszeitpunktes verhindert werden.

Der Ausschluß des gleichzeitigen Sonderausgabenabzugs gilt jedoch nach der ausdrücklichen gesetzlichen Regelung nur für Abzugsbeträge nach § 10e Abs. 1 und 2 EStG, nicht dagegen im Verhältnis zum Sonderausgabenabzug im Rahmen der Übergangsregelung des § 52 Abs. 21 Satz 4 EStG (vgl. S. 180).

– Objektverbrauch durch erhöhte AfA gemäß § 7b EStG oder § 15 Abs. 1 bis 4 BerlinFördG

Die bereits erfolgte Inanspruchnahme erhöhter Abschreibungen nach § 7b EStG in der jeweiligen Fassung ab Inkrafttreten des Gesetzes vom 16. 6. 1964 oder nach § 15 Abs. 1 bis 4 BerlinFördG in der jeweiligen Fassung ab Inkrafttreten des Gesetzes vom 11. 7. 1977 für Ein-, Zweifamilienhäuser oder Eigentumswohnungen, führt gemäß § 10e Abs. 4 Satz 3 EStG zum Objektverbrauch.

– Objektverbrauch bei Miteigentum

Steht eine Wohnung im Miteigentum mehrerer Steuerpflichtiger, die sie zu eigenen Wohnzwecen nutzen, so gilt jeder Miteigentumsanteil gemäß § 10e Abs. 5 Satz 1 EStG als ein selbständiges Objekt iSd § 10e Abs. 4 EStG.

Die Inanspruchnahme der Grundförderung nach § 10e Abs. 1 EStG durch einen Miteigentümer führt bei diesem zum Objektverbrauch.

Erwirbt ein Miteigentümer den Anteil eines anderen Miteigentümers, so stellt dieser ein selbständiges zweites Objekt dar (BFH BStBl. 1982 II, 735).

Dasselbe gilt gemäß § 10e Abs. 5 Satz 1 Halbsatz 2 EStG bei Miteigentum an einem selbstbewohnten Ausbau oder einer selbst bewohnten Erweiterung iSd § 10e Abs. 2 EStG.

– Miteigentumsanteile von Ehegatten
Miteigentumsanteile von Ehegatten werden gemäß § 10e Abs. 5 Satz 2 EStG wie ein einziges Objekt behandelt, sofern nicht ein Dritter an diesem Objekt beteiligt ist und soweit in den einzelnen Veranlagungszeiträumen die Eheleute unabhängig von der gewählten Veranlagungsform die Voraussetzung des § 26 Abs. 1 EStG erfüllen. Danach können Ehegatten bis zu zwei steuerbegünstigte Objekte erwerben, wenn sie Miteigentum ohne Beteiligung Dritter begründen.

Entfallen die Voraussetzungen für die Ehegattenbesteuerung gemäß § 26 Abs. 1 EStG aufgrund Entfallens der unbeschränkten Steuerpflicht, durch dauerndes Getrenntleben oder Scheidung oder aufgrund des Todes eines Ehegatten, so ist nach den in der Person des einzelnen Ehegatten bestehenden ursprünglichen Merkmalen zu beurteilen, ob Objektverbrauch eingetreten ist (BFH BStBl. 1983 II, 198).

Erwirbt jedoch ein Ehegatte einen Miteigentumsanteil des anderen Ehegatten durch Erbfolge hinzu, kann er die auf diesen Anteil entfallenden Abzugsbeträge nach § 10e Abs. 1 und 2 EStG gemäß § 10e Abs. 5 Satz 3 Halbsatz 1 EStG neben den ihm bereits zuvor zustehenden bis zum Ende des Abzugszeitraums in der bisherigen Höhe abziehen, sofern die Voraussetzungen des § 26 Abs. 1 EStG bis zum Tod des Ehegatten vorgelegen haben.

Beim Erwerb des Anteils des anderen Ehegatten durch Rechtsgeschäft unter Lebenden und gleichzeitigem Entfallen der Voraussetzungen des § 26 Abs. 1 EStG, wie z.B. im Fall der Scheidung, kann der auf den Anteil entfallende Abzugsbetrag gemäß § 10e Abs. 5 Satz 3 Halbsatz 2 EStG geltend gemacht werden.

Im Gegensatz zum Erwerb durch Erbfolge ist aber Voraussetzung, daß der Ehegatte den Anteil des anderen Ehegatten zu Alleineigentum erwirbt.

gg) Folgeobjekt. Nutzt der Steuerpflichtige die Wohnung im eigenen Haus oder die Eigentumswohnung nicht bis zum Ablauf des Abzugszeitraums zu eigenen Wohnzwecken und kann er deshalb die Abzugsbeträge nicht mehr in Anspruch nehmen, kann der Sonderausgabenabzug bei einem sog. Folgeobjekt gemäß § 10e Abs. 4 Satz 4 bis 6 EStG fortgesetzt werden, wenn das Folgeobjekt innerhalb von zwei Jahren vor und drei Jahre nach Ablauf des Veranlagungszeitraumes, in dem das Erstobjekt letztmals zu eigenen Wohnzwecken genutzt wurde, angeschafft oder hergestellt wird.

Dasselbe gilt gemäß § 10e Abs. 4 Satz 4 Halbsatz 2 bei einem Ausbau oder einer Erweiterung der Wohnung.

Anders als bei § 7b Abs. 5 Satz 4 EStG führt nicht nur der Eigentumsverlust am Erstobjekt zum Wegfall der Grundförderung, da der Sonderausgabenabzug von der Selbstnutzung abhängig ist, so daß bereits deren Beendigung genügt.

Da § 10e Abs. 4 EStG die Anschaffung eines Folgeobjekts verlangt, ist dessen unentgeltlicher Erwerb nicht begünstigt. Folgeobjekt kann auch nicht das vorübergehend zu anderen als Wohnzwecken genutzte Erstobjekt sein, das der Steuerpflichtige vor Ablauf des Begünstigungszeitraums für das Folgeobjekt wieder zu eigenen Wohnzwecken nutzt.

Der Begünstigungszeitraum für das Folgeobjekt beträgt acht Jahre abzüglich der Anzahl der Veranlagungszeiträume, in denen für den Steuerpflichtigen die Möglichkeit bestanden hat, die Abzugsbeträge gemäß § 10e Abs. 1 oder 2 EStG geltend zu machen. Gemäß § 10e Abs. 4 Satz 5 Halbsatz 2 EStG beginnt der Abzugszeitraum für das Folgeobjekt abweichend von § 10e Abs. 1 EStG mit Ablauf des Veranlagungszeitraumes des letztmaligen Selbstbewohnens des Erstobjekts, wenn das Folgeobjekt schon zuvor angeschafft oder hergestellt wurde.

Liegen die Voraussetzungen des § 10e Abs. 4 Satz 4 und 5 EStG vor, ist auch der Übergang von einem Erstobjekt iSd § 7b Abs. 5 Satz 4 EStG oder § 15 Abs. 1 BerlinFördG (Einfamilienhäuser, Zweifamilienhäuser oder Eigentumswohnungen) sowie § 15b BerlinFördG (selbst bewohnte Wohnungen) auf ein Folgeobjekt iSd § 10e EStG möglich.

Dies schließt nach dem Sinn der Regelung auch Objekte ein, die unter die Übergangsregelung des § 52 Abs. 21 Satz 4 EStG (s. S. 188) fallen.

hh) Aufwendungen vor erstmaliger Nutzung zu eigenen Wohnzwecken. Gemäß § 10e Abs. 6 Satz 1 EStG können Aufwendun-

gen, die bis zum Beginn der erstmaligen Nutzung einer nach
§ 10e Abs. 1 EStG begünstigten Wohnung zu eigenen Wohnzwecken gemacht werden, unmittelbar mit der Herstellung oder
Anschaffung des Gebäudes oder der Eigentumswohnung oder
der Anschaffung des dazugehörenden Grund und Bodens zusammenhängen, nicht zu den Herstellungskosten oder Anschaffungskosten der Wohnung oder des Grund und Bodens gehören und
die im Fall der Vermietung oder Verpachtung der Wohnung als
Werbungskosten abgezogen werden könnten, wie Sonderausgaben geltend gemacht werden.

– Die Aufwendungen müssen bis zum Beginn der erstmaligen
  Nutzung durch den Steuerpflichtigen entstanden sein, d. h. –
  unabhängig vom Zeitpunkt der Zahlung oder Verrechnung –
  wirtschaftlich auf den vor der erstmaligen Nutzung liegenden
  Zeitraum entfallen.
  Dabei schadet es nicht, wenn die Wohnung zwischen Fertigstellung bzw. Anschaffung und der erstmaligen Selbstnutzung
  vorübergehend leersteht.
  Aufwendungen während einer zwischenzeitlichen Räumung
  sind nicht berücksichtigungsfähig.
  Die erstmalige Nutzung beginnt an dem Tag, an dem der Steuerpflichtige in die Wohnung einzieht.

– Ob ein unmittelbarer Zusammenhang der Aufwendungen mit
  der Herstellung oder Anschaffung besteht, ist durch Auslegung nach den von der Rechtsprechung entwickelten Grundsätzen zur Berücksichtigungsfähigkeit vorweggenommener
  Werbungskosten zu ermitteln.
  Die Anerkennung vorweggenommener Werbungskosten setzt
  einen ausreichend bestimmten wirtschaftlichen Zusammenhang zwischen den Aufwendungen und der Einkunftsart, in
  deren Rahmen ein Abzug geltend gemacht wird, voraus. Anhand objektiver Umstände muß feststellbar sein, daß der Steuerpflichtige den Entschluß, z. B. durch die Errichtung oder den
  Erwerb eines Gebäudes die Einkunftsart Vermietung und Verpachtung zu begründen, endgültig gefaßt hat (BFH BStBl.
  1981 II, 470).
  Zwischen den Aufwendungen und der Herstellung oder Anschaffung des Gebäudes oder der Anschaffung des dazugehörenden Grund und Bodens besteht ein unmittelbarer Zusammenhang, wenn der Steuerpflichtige bereits zu dem Zeitpunkt,

in dem er die Aufwendungen tätigt, die Absicht hatte, das anzuschaffende oder zu errichtende Gebäude selbst zu bewohnen.
– Die vorweggenommenen Aufwendungen dürfen nicht zu den Anschaffungs- oder Herstellungskosten der Wohnung oder zu den Anschaffungskosten des Grund und Bodens gehören. Sie müssen vielmehr im Fall der Vermietung oder Verpachtung der Wohnung als Werbungskosten abgezogen werden können (vgl. S. 154 ff.).

Da § 10e Abs. 6 EStG in § 52 Abs. 14 EStG nicht erwähnt ist, können die unter § 10e Abs. 6 EStG fallenden Aufwendungen ab 1. 1. 1987 (vgl. § 52 Abs. 1 Satz 1 EStG) wie Sonderausgaben abgezogen werden, wenn die Wohnung im eigenen Haus oder die Eigentumswohnung vor dem 1. 1. 1987 angeschafft oder fertiggestellt, aber erst nach dem 31. 12. 1986 selbst bezogen ist.

ii) Zeitlicher Geltungsbereich des § 10e Abs. 1 bis 5 EStG. § 10e Abs. 1 bis 5 EStG ist erstmals bei Wohnungen im eigenen Haus oder bei Eigentumswohnungen oder bei Ausbauten und Erweiterungen anzuwenden, wenn das Haus oder die Eigentumswohnung nach dem 31. 12. 1986 hergestellt oder angeschafft worden ist oder der Ausbau oder die Erweiterung nach dem 31. 12. 1986 fertiggestellt worden ist.

b) Übergangsregelungen

aa) Wegfall der Nutzungswertbesteuerung gemäß § 21 Abs. 2 Satz 1 EStG. Gemäß § 52 Abs. 21 Satz 1 EStG sind die §§ 21 Abs. 2 Satz 1 und 21a EStG letztmals für den Veranlagungszeitraum 1986 anzuwenden.

Die Nutzungswertbesteuerung für die Wohnung im eigenen Haus gemäß § 21 Abs. 2 Alternative 1 EStG und für eine dem Steuerpflichtigen ganz oder teilweise unentgeltlich überlassenen Wohnung gemäß § 21 Abs. 2 Alternative 2 EStG (vgl. S. 153 ff.) fällt somit weg.

Nicht von der Neuregelung berührt werden lediglich der entgeltliche Nießbrauch und das entgeltliche Nutzungsrecht, da die Rechtsstellung des entgeltlich nutzenden Nießbrauchers wirtschaftlich mit der des Mieters vergleichbar ist, so daß dessen Gegenleistungen dem steuerpflichtigen Eigentümer wie Einnahmen

aus Vermietung und Verpachtung gemäß § 21 Abs. 1 Nr. 1 EStG
zugerechnet werden (BFH BStBl. 1979 II, 332). Aufgrund derar-
tiger Einnahmen kann der Eigentümer auch weiterhin Werbungskosten einschließlich AfA geltend machen.

Dasselbe gilt für entgeltlich eingeräumte Nutzungsrechte sowie
beim teilweise entgeltlich bestellten Nießbrauch oder Nutzungsrecht, soweit das Nutzungsrecht entgeltlich bestellt worden ist.

bb) Möglichkeit der Nutzungswertbesteuerung bis 1998. Haben
bei einer Wohnung im eigenen Haus im Veranlagungszeitraum
1986 die Voraussetzungen für die Ermittlung des Nutzungswertes gemäß § 21 Abs. 2 Satz 1 EStG vorgelegen, so ist die Nutzungswertbesteuerung gemäß § 52 Abs. 21 Satz 2 EStG für die
folgenden Veranlagungszeiträume bis einschließlich Veranlagungszeitraum 1998 beizubehalten, in denen diese Voraussetzungen vorliegen.

Nicht unter diese Übergangsregelung fallen Steuerpflichtige,
die bisher gemäß § 21 Abs. 2 Alternative 2 EStG zu besteuern
sind – da sie keine Wohnung im eigenen Haus bewohnen –, nämlich der unentgeltliche Nießbraucher oder Wohnberechtigte, der
aufgrund gesicherter Rechtsposition unentgeltlich obligatorisch
Nutzende und der teilweise unentgeltlich nutzende Nießbraucher, Wohnberechtigte oder obligatorisch Nutzende. Dieser Personenkreis verliert ohne Übergangsregelung ab Veranlagungszeitraum 1987 das Recht, den Nutzungswert durch Gegenüberstellung des Mietwerts und der Werbungskosten oder der Betriebsausgaben zu ermitteln und damit die Möglichkeit, weiterhin
Werbungskosten mit der Folge negativer Einkünfte aus Vermietung und Verpachtung absetzen zu können.

Haben diese Nutzungsberechtigten einen größeren Erhaltungsaufwand gemäß § 82b EStDV auf mehrere Jahre verteilt, so können sie in entsprechender Anwendung des § 82b Abs. 2 EStDV
den noch nicht berücksichtigten Teil des Erhaltungsaufwandes im
Veranlagungszeitraum 1986 als Werbungskosten abziehen (Stephan Betr. 1986, 1193). Auch Einfamilienhäuser und Eigentumswohnungen, die unter § 21a Abs. 1 Satz 1 EStG fallen, werden
von der Übergangsregelung nicht betroffen.

Bei Zwei- und ausnahmsweise auch Mehrfamilienhäusern ist
für die Frage, ob die pauschale Nutzungswertbesteuerung des
§ 21a EStG und nicht die Überschußrechnung gemäß §§ 21
Abs. 2, 2 Abs. 2 Nr. 2 EStG anzuwenden ist, zu unterscheiden,

ob das Objekt bereits von § 21a Abs. 1 EStG in der Fassung des
2. Haushaltsstrukturgesetzes erfaßt wird; dabei ist maßgeblicher
Stichtag der 29./30. 7. 1981 gemäß § 21a Abs. 7 EStG. Sind die
Voraussetzungen des § 21a Abs. 1 EStG erfüllt, so sind auch
Zwei- und Mehrfamilienhäuser gemäß § 21a Abs. 1 Satz 2 EStG
der pauschalen Nutzungswertbesteuerung zu unterwerfen, es sei
denn, daß ein Ausnahmetatbestand gemäß § 21a Abs. 1 Satz 3
EStG vorliegt.

Für das Vorliegen der Voraussetzungen des § 21 Abs. 2 Satz 1
EStG in den einzelnen Veranlagungszeiträumen bis einschließlich
1998 ist nicht erforderlich, daß sie ununterbrochen erfüllt
werden.

cc) Option zu § 10e EStG. Der Steuerpflichtige kann für einen
Veranlagungszeitraum nach dem Veranlagungszeitraum 1986 gemäß § 52 Abs. 21 Satz 3 EStG unwiderruflich beantragen, nach
§ 10e EStG besteuert zu werden, obwohl die Voraussetzungen
einer Nutzungswertbesteuerung bis 1998 gemäß §§ 52 Abs. 21
Satz 2, 21 Abs. 2 EStG an sich vorliegen. Ein solcher Antrag ist
jedoch nur dann sinnvoll, wenn sich für die Wohnung nachhaltig
ein Überschuß des Nutzungswerts nach § 21 Abs. 2 Satz 1 EStG
über die Werbungskosten oder über die Betriebsausgaben ergibt.
Bei der Entscheidung über die Option sollte berücksichtigt werden, ob nicht ein größerer Erhaltungsaufwand für die Wohnung
bevorsteht, der zu einem Überschuß der Werbungskosten über
den Nutzungswert und damit zu negativen Einkünften führen
kann; die Option zur Besteuerung nach § 10e EStG kann nämlich
nicht widerrufen werden.

dd) Erhöhte Absetzungen. Haben bei einer Wohnung im eigenen Haus bei einem Steuerpflichtigen im Veranlagungszeitraum
1986 die Voraussetzungen für die Inanspruchnahme von erhöhten Absetzungen, z.B. gemäß § 7b EStG, § 15 BerlinFördG oder
§§ 82a, 82g oder 82i EStDV vorgelegen und ist zu § 10e EStG
optiert worden, können für Gebäude oder Wohnungen, die vor
dem 1. 1. 1987 angeschafft oder hergestellt wurden, die den erhöhten Absetzungen entsprechenden Beträge noch bis zum
Ablauf des jeweiligen Begünstigungszeitraumes gemäß § 52
Abs. 21 Satz 4 EStG wie Sonderausgaben abgezogen werden.

Voraussetzung für die Fortführung der erhöhten AfA ist, daß
sich die AfA auf eine Wohnung im eigenen Haus bezieht.
- Mit dieser Regelung wird erreicht, daß alle Steuerpflichtigen,

die bisher im Rahmen der pauschalen Nutzungswertbesteuerung nach § 21 a EStG erhöhte Absetzungen vornehmen konnten, unter die Übergangsregelung fallen.

— der Steuerpflichtige im Veranlagungszeitraum 1986 die Voraussetzungen für erhöhte Absetzungen erfüllt, nicht aber, daß er sie auch tatsächlich in Anspruch genommen hat.

Daher ist es möglich, erhöhte Absetzungen entsprechend § 7b Abs. 3 Satz 1 EStG oder nachträgliche Herstellungskosten entsprechend § 7b Abs. 3 Satz 2 EStG nachzuholen.

Ferien- und Wochenendwohnungen sind zwar von der Grundförderung gemäß § 10 e EStG ab 1987 ausgeschlossen, das im Veranlagungszeitraum 1986 bestehende Recht zur Vornahme erhöhter AfA soll jedoch gemäß § 52 Abs. 21 Satz 4 EStG jedenfalls in entsprechendem Umfang zum Sonderausgabenabzug führen, sofern der jeweilige Begünstigungszeitraum noch nicht abgelaufen ist.

Die Übergangsregelung des § 52 Abs. 21 EStG erfaßt danach auch Ferien- und Wochenendwohnungen.

ee) Erhaltungsaufwendungen gemäß § 82a Abs. 3 EStDV und erweiterter Schuldzinsenabzug gemäß § 21a Abs. 4 EStG. Unter den vorstehend in dd) aufgeführten Voraussetzungen kann der dort genannte Personenkreis gemäß § 52 Abs. 21 Satz 5 EStG, wenn zu § 10e EStG optiert wurde, Erhaltungsaufwendungen entsprechend § 51 Abs. 1 Nr. 2 Buchstabe q) Satz 5 EStG iVm § 82a Abs. 3 EStDV in der jeweils anzuwendenden Fassung und vor allem Zinsen nach Maßgabe des erweiterten Schuldzinsenabzuges gemäß § 21a Abs. 4 EStG über das Jahr 1986 hinaus bis zum Ablauf der entsprechenden Begünstigungszeiträume wie Sonderausgaben abziehen.

ff) Maßnahmen iSd §§ 82a, 82g und 82i EStDV und §§ 7, 12 Abs. 3 SchutzbauG. Gemäß § 52 Abs. 21 Satz 6 und 7 EStG können Herstellungskosten für Maßnahmen iSd §§ 82a (bestimmte Anlagen und Einrichtungen bei Gebäuden), 82g (Baumaßnahmen iSd BBauG und StädtebaufördG) oder 82i (Baudenkmäler), §§ 7 und 12 Abs. 3 SchutzbauG (Aufwendungen für Schutzräume) sowie Aufwendungen iSd § 82a Abs. 3 EStDV in den jeweils geltenden Fassungen trotz Wegfalls der Nutzungswertbesteuerung mit jährlich bis zu 10% wie Sonderausgaben abgezogen werden, wenn die Maßnahmen nach dem 31. 12. 1986 und vor dem 1. 1. 1992 durchgeführt werden.

Voraussetzung ist, daß
- der Steuerpflichtige die Aufwendungen nicht in die Bemessungsgrundlage des § 10 e EStG einbezogen hat, da dies steuerlich zur zweifachen Berücksichtigung der Aufwendungen führen würde,
- der Steuerpflichtige nicht die Voraussetzungen des § 21 Abs. 2 Satz 1 EStG (Nutzungswertbesteuerung) erfüllt und
- die begünstigten Maßnahmen an einer zu eigenen Wohnzwecken genutzten Wohnung im eigenen Haus vorgenommen werden.

Von der Förderung ist jedoch neben dem unentgeltlich Nutzenden auch der Eigentümer, der eine Wohnung unentgeltlich obligatorisch einem Dritten zur Selbstnutzung ohne gesicherte Rechtsposition überläßt, ausgeschlossen.

6. 7b-Freibetrag auf die Lohnsteuerkarte

Der Lohnsteuer unterliegen nach § 38 EStG nur die Einkünfte aus nicht selbständiger Arbeit. Im Lohnsteuerverfahren können sich daher nur solche Umstände steuermindernd auswirken, die mit einer nichtselbständigen Tätigkeit unmittelbar zusammenhängen.

Baut oder erwirbt ein Arbeitnehmer ein Gebäude, kommen aber zu den Einkünften aus nichtselbständiger Arbeit solche aus Vermietung und Verpachtung hinzu, sei es, wenn das Gebäude vermietet wird, in Form von Mieteinnahmen oder bei selbstgenutzten Gebäuden in Form des Nutzungswertes (siehe oben Einkommensteuer).

Da der Steuerpflichtige nun auch andere als Einkünfte aus nichtselbständiger Arbeit hat, ist er zur Einkommensteuer zu veranlagen und hat nach Ablauf des Veranlagungszeitraums (Kalenderjahr) eine Einkommensteuererklärung abzugeben.

Bei der Einkommensteuer wirken sich dann auch solche Umstände steuermindernd aus, die nicht mit der nichtselbständigen Tätigkeit im Zusammenhang stehen, sondern zB mit den Einkünften aus Vermietung und Verpachtung.

Von dem Grundsatz, daß andere Einkünfte als Arbeitslohn im Lohnsteuerverfahren nicht berücksichtigt werden, gibt es eine Ausnahme: Negative Einkünfte aus Vermietung und Verpachtung können als Freibetrag auf der Lohnsteuerkarte eingetragen

werden, wenn sie sich bei Inanspruchnahme der erhöhten Absetzung nach § 7 b EStG oder 14 a und § 15 BerlinFG voraussichtlich ergeben, § 39 a Abs. 1 Nr. 6 Satz 1 EStG (in der bis 31. 12.
1986 geltenden Fassung).

Dies soll den Arbeitnehmer davor bewahren, daß er im Lohn-
steuerabzug erhöhte Vorauszahlungen leistet, die er erst bei der
Veranlagung zurückerhält (Schmidt, Komm. z. EStG, 4. Aufl.
§ 39 a Anm. 1).

Macht der Arbeitnehmer die künftigen Aufwendungen glaubhaft, so hat er einen Rechtsanspruch auf Eintragung des Freibetrages.

Der Antrag kann nur nach amtlich vorgeschriebenem Vor-
druck bis zum 31. 11. des Kalenderjahres gestellt werden, für das
die Lohnsteuerkarte gilt, § 39 a Abs. 2 Satz 3 EStG.

Entscheidungen im Lohnsteuerermäßigungsverfahren nach
§ 39 a EStG erzeugen jedoch keine Bindung für die Veranlagung
(Schmidt, aaO, § 39 a Anm. 1; § 42 Anm. 5 a). Die Eintragung des
Freibetrages bedeutet nämlich nur eine vorläufige Berücksichtigung des Verlustes, denn die genaue Höhe des Verlustes steht erst
nach Ablauf des Kalenderjahres endgültig fest. Deshalb ist es
auch zwingend vorgeschrieben, daß bei Eintragung eines 7b-
Freibetrages auf der Lohnsteuerkarte für das betreffende Jahr
eine Einkommensteuererklärung abzugeben und eine Einkommensteuerveranlagung durchzuführen ist, § 46 Abs. 2 Nr. 4
EStG.

Erst dann wird der Verlust aus Vermietung und Verpachtung
genau ermittelt.

Der Freibetrag wegen negativer Einkünfte aus Vermietung und
Verpachtung kann auf der Lohnsteuerkarte nur eingetragen werden, wenn von den erhöhten Absetzungen nach § 7 b EStG, oder
nach den §§ 14 a, 15 BerlinFG auch tatsächlich Gebrauch gemacht wird. Ohne Inanspruchnahme dieser erhöhten Absetzungen können Verluste nicht als Freibetrag berücksichtigt werden.
Weitere als die genannten Verluste aus Vermietung und Verpachtung können nicht eingetragen werden (BVerfG BStBl. 1977 II,
297). Der Eintrag des 7b-Freibetrages ist der Höhe nach nicht
begrenzt. Die erhöhten Absetzungen werden für die Dauer von
acht Jahren (in Berlin 12 Jahre) gewährt. Die danach vom Rest-
wert vorzunehmenden weiteren Absetzungen sind keine erhöhten Absetzungen mehr und können daher nicht mehr als Freibe-

trag auf der Lohnsteuerkarte eingetragen werden (FG Rheinland-Pfalz, EFG 1981, 593), sie können nur noch bei der Einkommensteuerveranlagung berücksichtigt werden.

Der Freibetrag umfaßt die Verlußte, die sich aus allen Grundstücken des Arbeitnehmers insgesamt ergeben.

Bei Ehegatten, die die Voraussetzungen für eine Zusammenveranlagung erfüllen, wird der als Freibetrag einzutragende Verlust aus Vermietung und Verpachtung gemeinsam ermittelt, unabhängig davon, welchem Ehegatten Einkünfte zuzurechnen sind.

Ab 1. 1. 1987 können gemäß § 39a Abs. 1 Nr. 5 EStG (idF ab 1. 1. 1987) nur noch die Abzugsbeträge nach § 10e oder § 52 Abs. 21 Satz 4 EStG (vgl. 5b dd) sowie nach § 15b BerlinFördG vom Arbeitslohn abzuziehender Freibetrag auf der Lohnsteuererkarte eingetragen werden. Die Eintragung darf erst nach Fertigstellung oder Anschaffung vorgenommen werden, § 39a Abs. 1 Nr. 6 Satz 2 EStG.

Sonstige negative Einkünfte aus Vermietung und Verpachtung anderer Objekte können auf der Lohnsteuerkarte nicht mehr eingetragen und somit im Lohnsteuerermäßigungsverfahren nach § 39a EStG nicht mehr berücksichtigt werden.

7. Veräußerung von Grundstücken

a) Spekulationsgeschäfte

Bei privaten Grundstücksverkäufen erzielte Gewinne unterliegen der Einkommensteuer, wenn es sich um Spekulationsgeschäfte handelt, §§ 2 Abs. 1 Nr. 7, 22 Nr. 2 EStG. Dies sind nach § 23 Abs. 1 Nr. 1a EStG Veräußerungsgeschäfte, bei denen der Zeitraum zwischen Anschaffung und Veräußerung des Grundstücks oder eines grundstücksgleichen Rechts nicht mehr als zwei Jahre beträgt.

aa) Gegenstand von Spekulationsgeschäften. Besteuert wird nur der Gewinn, der aus der Veräußerung von Grund und Boden erzielt wird (BFH BStBl. 1977 II, 384). Bei der Veräußerung mit einem hergestellten Gebäude entfällt auf das Gebäude kein Spekulationsgewinn (FG Baden-Württemberg, EFG 1978, 431). Das angeschaffte und veräußerte Grundstück müssen identisch sein. Teilidentität reicht aus, so zB, wenn ein großes Grundstück erworben, später parzelliert und nur eine Parzelle veräußert wird (BFH BStBl. 1984 II, 26).

bb) Anschaffung. Das Grundstück muß von einem Dritten entgeltlich erworben worden sein.

Keine Anschaffungsvorgänge sind insbesondere:

- der Erwerb kraft Gesetzes oder eines aufgrund gesetzlicher Vorschriften ergangenen Hoheitsaktes.
- der unentgeltliche Erwerb, wie zB durch Erbfall, Erbauseinandersetzung oder Schenkung. Um ein Spekulationsgeschäft soll es sich jedoch trotzdem handeln, wenn zwischen Anschaffung durch den Erblasser und Veräußerung durch den Erben die Spekulationsfrist noch nicht abgelaufen ist (Schmidt, Komm. z. EStG, 4. Aufl., § 23 Anm. 5 d aa). Dasselbe gilt für den Erwerb durch Schenkung (Schmidt, aaO, § 23 Anm. 5 d dd).
- die Herstellung (siehe oben aa).
- die Aufhebung von Miteigentum durch Realteilung ohne Spitzenausgleich (Schmidt, aaO, § 23 Anm. 5 a).
- die Entnahme aus dem Betriebsvermögen (BFH BStBl. 1965 II, 477).

cc) Veräußerung. Veräußerung ist die entgeltliche Übertragung eines Grundstücks auf einen Dritten, zB, durch Kaufvertrag, Tausch, Verpflichtung zur Abtretung eines Rechts, Übertragung des wirtschaftlichen Eigentums etc.

Der Grund einer Veräußerung ist nach dem Gesetzeswortlaut unerheblich, eine Spekulationsabsicht braucht nicht vorzuliegen. Die Bezeichnung als „Spekulationsgeschäfte" im Gesetz ist daher irreführend (BVerfG BStBl. 1970 II, 156).

dd) Spekulationsgewinn. Gewinn aus einem Spekulationsgeschäft ist der Unterschied zwischen Veräußerungserlös einerseits und den Anschaffungskosten andererseits, vermindert um die Werbungskosten, die mit dem Spekulationsgeschäft in ursächlichem Zusammenhang stehen. Eine zwischenzeitlich vorgenommene Abschreibung nach § 7 Abs. 4 oder 5 EStG oder § 7 b EStG ist bei der Berechnung des Gewinns nicht zu berücksichtigen.

Werbungskosten sind in erster Linie die Veräußerungskosten, also insbesondere Maklerprovision, Anzeigenkosten, Notarkosten, Grundbuchgebühren für Eigentumsumschreibung oder Löschungen.

Spekulationsgewinne bleiben steuerfrei, soweit sie in einem Kalenderjahr DM 1000 nicht übersteigen, § 23 Abs. 4 Satz 2 EStG.

Verluste aus Spekulationsgeschäften dürfen nur bis zur Höhe des Spekulationsgewinns, den der Steuerpflichtige im gleichen

Kalenderjahr erzielt hat, ausgeglichen werden, § 23 Abs. 4 Satz 3 EStG.

b) Private Vermögensverwaltung oder Gewerbebetrieb?

Außer bei Spekulationsgeschäften unterliegen die aus dem Verkauf von privatem Haus- oder Grundbesitz erzielten Gewinne nicht der Einkommensteuer.

Unter Umständen sind die Gewinne jedoch als Einkünfte aus Gewerbebetrieb nach § 2 Abs. 1 Nr. 2 EStG zu beurteilen – mit der Folge, daß für sie sowohl Einkommen- als auch Gewerbesteuer zu entrichten ist –, selbst wenn der Veräußerer ansonsten kein Gewerbe betreibt.

aa) Abgrenzungskriterien. Um private Vermögensverwaltung handelt es sich, wenn der vorhandene Grundstücksbestand zur langfristigen Erhaltung bestimmt ist und durch Fruchtziehung (eigene Nutzung, Vermietung) genutzt wird, unabhängig davon wie groß der Grundstücksbestand ist und wieviele Objekte er umfaßt. Die gelegentliche Veräußerung einzelner Objekte oder des gesamten Grundbesitzes nach langjähriger Nutzung fällt in den Bereich der privaten Vermögensverwaltung und ist somit einkommensteuermäßig nicht zu erfassen.

Der Bereich der privaten Vermögensverwaltung wird dagegen überschritten, wenn Ankäufe und Verkäufe mehrerer Grundstücke oder Wohnungen in einem engen zeitlichen und wirtschaftlichen Zusammenhang stehen. Als enger zeitlicher Zusammenhang wird eine Zeitspanne von etwa fünf Jahren anzusehen sein (Schmidt, aaO, § 15 Anm. 11).

Zur Abgrenzung werden in erster Linie die folgenden drei Kriterien herangezogen:
– die Anzahl der Verkäufe,
    die jedoch für sich allein nicht ausschlaggebend ist. ZB kann schon bei vier Verkäufen (BFH BStBl. 1980 II, 106) eine gewerbliche Tätigkeit vorliegen, dagegen ist es selbst bei 20 Verkäufen denkbar, daß es sich um private Vermögensverwaltung handelt.
– Handelt es sich um sog. Altbesitz,
    d. h. Wohnungen, die schon seit langem zum Grundstücksbestand des Veräußerers gehören oder um
– Neubesitz,
    d. h. Häuser oder Eigentumswohnungen, bei denen Erwerb

bzw. Herstellung und Veräußerung innerhalb eines kurzen Zeitraums erfolgen.

bb) Altbesitz. Werden Grundstücke veräußert, die wenigstens 10 Jahre im Rahmen der eigenen privaten Vermögensverwaltung durch Vermietung und/oder Eigennutzung genutzt wurden, liegen idR keine Einkünfte aus Gewerbebetrieb vor.

cc) Neubesitz. Veräußert jemand wiederholt während eines überschaubaren Zeitraums von zB fünf Jahren verschiedene unbebaute oder bebaute Grundstücke, auch Mietgrundstücke, die er bereits bebaut in Veräußerungsabsicht erworben hat, oder Althausbesitz, den der Steuerpflichtige planmäßig weitgehend fremdfinanziert erworben hat (BFH BStBl. 1981 II, 522), liegt gewerblicher Grundstückshandel vor, auch wenn die Grundstücke unverändert oder allenfalls aufgeteilt jedoch unerschlossen veräußert werden; der kurzfristige Umschlag erheblicher Sachwerte durch fortgesetzten Erwerb und Veräußerung ist keine Vermögensverwaltung, sondern typische gewerbliche Betätigung (BFH BStBl. 1984 II, 798).

Die Grenze der privaten Vermögensverwaltung wird nicht schon dadurch überschritten, daß der Eigentümer eines Grundstücks bisherige Mietwohnungen in Eigentumswohnungen umwandelt und diese in engem zeitlichen Zusammenhang veräußert. Nur wenn der Verkäufer mehr tut, als nur die Mängel zu beseitigen, die durch das Abwohnen des Mietobjekts eingetreten sind, also nicht nur Schönheitsreparaturen vornimmt, sondern in erheblichem Umfang Modernisierungsmaßnahmen durchführt, überschreitet er die private Vermögensverwaltung. Durch die Modernisierung kommt es nämlich zu einer zusätzlichen Wertschöpfung, die auf dem Markt einen Preisvorteil zugunsten des Verkäufers herbeiführt, wodurch der Rahmen der privaten Vermögensverwaltung gesprengt wird.

Um eine private Vermögensverwaltung handelt es sich auch, wenn ein Grundstückseigentümer ein größeres unbebautes Grundstück parzelliert und die Einzelparzellen nach Teilung veräußert. Eine gewerbliche Betätigung liegt jedoch vor, wenn sich der Veräußerer selbst oder durch Beauftragte aktiv an der Erschließung der Grundstücke beteiligt.

V. Die Vermögensteuer

Die Vermögensteuer erfaßt das Gesamtvermögen des Steuerschuldners, also auch das darin enthaltene Grundvermögen, § 4 Abs. 1 Nr. 1 VStG (das Gesamtvermögen kann sich aus bis zu vier verschiedenen Vermögensarten zusammensetzen, im folgenden soll jedoch nur dargestellt werden, in welchem Umfang Grundvermögen die Vermögensteuerpflicht beeinflußt).

1. Gesamtvermögen

Zur Ermittlung des Gesamtvermögens wird zunächst nach §§ 114 bis 120 BewG das Rohvermögen festgestellt. Dieses besteht bei Grundvermögen aus dem 1,4-fachen Einheitswert, § 121 a BewG.

Von diesem werden die Schulden und sonstige nach § 118 BewG abziehbaren Lasten abgesetzt. Schulden sind Verpflichtungen zu einmaliger Leistung, Lasten Verpflichtungen zu Leistungen jeder, vor allem wiederkehrender Art. Der Abzug einer Schuld oder Last setzt voraus, daß diese am Stichtag bereits bestanden hat und noch nicht getilgt ist und außerdem nicht mit einem gewerblichen Betrieb oder Wirtschaftsgütern wirtschaftlich zusammenhängen, die nicht zum Vermögen iSd. BewG gehören.

Beim Grundvermögen sind abzugsfähig insbesondere:
– Restkaufpreisschulden aus dem Erwerb,
– Schulden für die Renovierung und Modernisierung von Gebäuden,
– Schulden für den Kauf von Material, das für das Grundstück benötigt wird,
– dinglich gesicherte Forderungen,
  jedoch nicht in Höhe des Nennwertes des Grundpfandrechts, sondern nur in Höhe der Valutierung.

Das so gewonnene Ergebnis entspricht dem Gesamtvermögen. Dieses vermindert um die Freibeträge ergibt das steuerpflichtige Vermögen.

2. Freibeträge

Nach § 6 VStG können folgende Freibeträge vom Gesamtvermögen abgezogen werden:

– der persönliche Freibetrag von DM 70000 nach § 6 Abs. 1 VStG für den Steuerpflichtigen selbst, bei Zusammenveranlagung von Ehegatten DM 140000,

– der Kinderfreibetrag von DM 70000 für jedes Kind, das mit einer Einzelperson oder mit Ehegatten zusammen veranlagt wird, § 6 Abs. 2 VStG,

– der gewöhnliche Altersfreibetrag von DM 10000 nach § 6 Abs. 3 VStG für jeden Steuerpflichtigen, der das 60. Lebensjahr vollendet hat oder voraussichtlich für mindestens drei Jahre erwerbsunfähig ist, wenn sein Gesamtvermögen DM 150000 nicht übersteigt. Bei höherem Vermögen vermindert sich der Freibetrag um den Betrag, um den das Vermögen DM 150000 übersteigt.

Bei zusammen veranlagten Ehegatten erhöht sich die maßgebliche Vermögensgrenze auf DM 300000, wenn ein Ehegatte das 60. Lebensjahr vollendet hat, oder für mindestens drei Jahre erwerbsunfähig ist. Sind beide Ehegatten über 60 Jahre alt oder beide für mindestens drei Jahre erwerbsunfähig oder ist der eine Ehegatte für voraussichtlich drei Jahre erwerbsunfähig und der andere über 60 Jahre alt, so erhöht sich der Altersfreibetrag auf DM 20000.

– der erhöhte Altersfreibetrag von DM 50000 bei einem Steuerpflichtigen, der das 65. Lebensjahr vollendet hat oder voraussichtlich für mindestens drei Jahre erwerbsunfähig ist, wenn sein Gesamtvermögen nicht mehr als DM 150000 beträgt und die steuerfreien Ansprüche dieses Steuerpflichtigen nach § 111 Nr. 1–4 und Nr. 9 BewG den Betrag von insgesamt DM 4800 jährlich nicht übersteigen.

3. Bemessung der Vermögensteuer

Die zu entrichtende Vermögensteuer beträgt 0,5% des um die Freibeträge nach § 6 VStG verminderten Gesamtvermögens. Die Vermögensteuer wird in einem Jahresbetrag festgesetzt. Beträge bis zu DM 50 Jahressteuer werden nicht festgesetzt. Beträgt die Jahressteuer nicht mehr als DM 500, so ist sie jährlich zum 10. 11. in einem Betrag zu entrichten. Höhere Beträge sind in gleichen Vierteljahresraten zum 10. 2., 10. 5., 10. 8. und 10. 11. fällig.

VI. Die Erbschaft- und Schenkungsteuer

1. Steuerpflicht

Der Erwerb von Grundbesitz aufgrund einer Erbschaft oder einer Schenkung unterliegt dem ErbStG und SchStG.

Gegenüber anderen Vermögensarten (Wertpapieren, Forderungen, Gegenständen eines Betriebsvermögens, beweglichen Sachen) hat Grundbesitz steuerlich den Vorteil, daß als Bemessungsgrundlage nicht der Verkehrswert angesetzt wird, sondern 140% des Einheitswertes. Da der Einheitswert auch heute noch – bis zu einer etwaigen Neufestsetzung – auf den Wertverhältnissen vom 1. 1. 1964 beruht, liegt er erheblich unter dem Verkehrswert, was zu einer erheblichen Ungleichbehandlung von Grundbesitz und den sonstigen Vermögensarten führt.

2. Erwerb von Todes wegen

Als Erwerb von Todes wegen gilt nach § 3 Abs. 1 ErbStG:
– der Erwerb durch Erbanfall (§ 1922 BGB),
  aufgrund Erbersatzanspruchs (§§ 1934 a ff. BGB),
  durch Vermächtnis (§§ 2147 ff. BGB) oder
  aufgrund eines geltend gemachten Pflichtteilsanspruchs
  (§§ 303 ff. BGB);
– der Erwerb durch Schenkung auf den Todesfall (§ 2301 BGB),
– sonstige Erwerbe, auf die die für Vermächtnisse geltenden Vorschriften des bürgerlichen Rechts Anwendung finden;
– jeder Vermögensvorteil, der aufgrund eines vom Erblasser geschlossenen Vertrages bei dessen Tode von einem Dritten unmittelbar erworben wird.

Nach § 3 Abs. 2 ErbStG gilt als Zuwendung des Erblassers auch:
– der Übergang von Vermögen auf eine vom Erblasser angeordnete Stiftung,
– der Erwerb infolge Vollziehung einer vom Erblasser angeordneten Auflage oder infolge Erfüllung einer vom Erblasser gesetzten Bedingung, es sei denn, daß eine einheitliche Zweckzuwendung vorliegt,
– was jemand dadurch erlangt, daß bei Genehmigung einer Zuwendung des Erblassers Leistungen an andere Personen ange-

ordnet oder zur Erlangung der Genehmigung freiwillig übernommen wird,
– was als Abfindung für einen Verzicht auf den entstandenen
Pflichtteilanspruch oder für die Ausschlagung einer Erbschaft,
eines Erbersatzanspruchs oder eines Vermächtnisses gewährt
wird,
– was als Abfindung für ein aufschiebend bedingtes, betagtes
oder befristetes Vermächtnis, für das die Ausschlagungsfrist
abgelaufen ist, vor dem Zeitpunkt des Eintritts der Bedingung
oder des Ereignisses gewährt wird,
– was als Entgelt für die Übertragung der Anwartschaft eines
Nacherben gewährt wird.

Nicht der Nachlaß des Verstorbenen als Ganzes wird belastet,
sondern der auf den einzelnen Beteiligten übergegangene Teil des
Nachlasses, wobei es keine Rolle spielt, ob dieser Übergang aufgrund gesetzlicher Erbfolge oder aufgrund letztwilliger Verfügung erfolgt.

Sind mehrere Personen Erben eines Grundstücks geworden, so
wird dieses bis zur Auseinandersetzung zwar nach § 2032 BGB
gemeinschaftliches Vermögen aller Miterben, die Steuer wird aber
für jeden Miterben gesondert berechnet und festgesetzt.

Sie richtet sich nach der dem einzelnen Miterben kraft Gesetzes
oder letztwilliger Verfügung zustehenden Erbquote, seinem pro-
zentuelen Anteil am gesamten Nachlaß.

3. Schenkungen

Die Erbschaftsteuer kann nicht dadurch umgangen werden,
daß der Erblasser sein Vermögen noch zu Lebzeiten auf seine
Erben durch Schenkungen verteilt.

Das ErbStG erfaßt auch Schenkungen unter Lebenden, § 7
ErbStG, und behandelt diese mit dem Erwerb von Todes wegen
gleich, § 1 Abs. 1 Nr. 1 ErbStG.

Als Schenkungen unter Lebenden gelten nach § 7 ErbStG
– jede freigiebige Zuwendung unter Lebenden, soweit der Bedachte durch sie auf Kosten des Zuwendenden bereichert wird,
– was infolge Vollziehung einer von dem Schenker angeordneten
Auflage oder infolge Erfüllung einer einem Rechtsgeschäft unter Lebenden beigefügten Bedingung ohne entsprechende Gegenleistung erlangt wird, es sei denn, daß eine einheitliche
Zweckzuwendung vorliegt,

- was jemand dadurch erlangt, daß bei Genehmigung einer Schenkung Leistungen an andere Personen angeordnet oder zur Erlangung der Genehmigung freiwillig übernommen werden,
- die Bereicherung, die ein Ehegatte bei Vereinbarung der Gütergemeinschaft (§ 1415 BGB) erfährt,
- was als Abfindung für einen Erbverzicht (§§ 2346 und 2352 BGB) gewährt wird,
- was durch vorzeitigen Erbausgleich (§ 1934 d BGB) erworben wird,
- was ein Vorerbe dem Nacherben mit Rücksicht auf die Angeordnete Nacherbschaft vor ihrem Eintritt herausgibt,
- der Übergang von Vermögen aufgrund eines Stiftungsgeschäfts unter Lebenden,
- was bei Aufhebung einer Stiftung oder bei Auflösung eines Vereins, dessen Zweck auf die Bindung von Vermögen gerichtet ist, erworben wird,
- was als Abfindung auf aufschiebend bedingt, betagt oder befristet erworbene Ansprüche, soweit es sich nicht um einen Fall des Erwerbs von Todes wegen handelt, vor dem Zeitpunkt des Eintritts der Bedingung oder des Ereignisses gewährt wird.

Eine Schenkung liegt in erster Linie vor, bei einer freiwilligen Zuwendung, durch die der Bedachte auf Kosten des Zuwendenden mit dessen Willen bereichert wird. Der Übertragung eines Grundstücks darf zB keine entsprechende Gegenleistung gegenüberstehen. Bei der Feststellung, ob der Beschenkte bereichert wird, ist jedoch nicht der Einheitswert des Grundstücks, sondern sein Verkehrswert zugrundezulegen. Erhält der Beschenkte zB ein Grundstück im Verkehrswert von DM 400000, wobei er die auf dem Grundstück lastende Hypothek von DM 200000 übernimmt, ist er um DM 200000 bereichert. Für die Berechnung der Schenkungsteuer ist allerdings von dem Steuerwert (Einheitswert) des Grundstücks auszugehen. Beträgt dieser zB DM 200000, so hat der Beschenkte trotz seiner wirtschaftlichen Bereicherung keine Schenkungsteuer zu zahlen, weil nach Abzug der übernommenen Hypothek für ihn kein positiver steuerlicher Wert bleibt.

Übersteigt der Verkehrswert des zugewendeten Grundstücks nach den Vorstellungen der Beteiligten den Wert der Gegenleistung, so handelt es sich um eine gemischte oder verdeckte Schenkung. Der Mehrwert des Grundstücks stellt dann eine Schenkung dar, wenn der Schenkende sich des Mehrwerts bewußt ist und den Bedachten insoweit bereichern will. Schenkungsteuer fällt auch hier nur dann an, wenn der Wert der Bereicherung den die Gegenleistung übersteigende steuerliche Mehrwert des Grundstücks übertrifft.

Wird die Grundstücksübertragung in die Form eines lästigen Vertrages gekleidet (§ 7 Abs. 4 ErbStG), wird also die Entgeltlichkeit nur vorgetäuscht, schließt dies das Vorliegen einer Schenkung nicht aus.

Die Steuerpflicht wird nicht durch das Schenkungsversprechen, sondern erst durch die Vollziehung der Schenkung ausgelöst, § 9 Abs. 1 Nr. 2 ErbStG. Bei Grundstücksschenkungen wird die Schenkung durch Erklärung der Auflassung, §§ 873, 925 BGB, und Bewilligung und Beantragung der Umschreibung im Grundbuch, vollzogen.

4. Steuerklassen

Die Höhe der Erbschaft-/Schenkungsteuer hängt außer vom Steuerwert des Grundstücks von dem persönlichen Verwandtschaftsverhältnis des Erwerbers zum Erblasser bzw. Schenker ab. Das ErbStG unterscheidet dabei nach § 15 vier Steuerklassen. Je näher der Erwerber mit dem Erblasser/Schenker verwandt ist, desto niedriger ist der Steuersatz:

Steuerklasse I
der Ehegatte, eheliche und nichteheliche Kinder, Adoptivkinder, Stiefkinder und Kinder verstorbener Kinder;

Steuerklasse II
die Abkömmlinge der Kinder und Stiefkinder, soweit es sich nicht um Kinder verstorbener Kinder oder um Stiefkinder handelt, die Eltern und Großeltern bei Erwerben von Todes wegen;

Steuerklasse III
die Eltern und Voreltern, soweit sie nicht zur Steuerklasse II gehören, die Geschwister, die Abkömmlinge ersten Grades von Geschwistern, die Stiefeltern, Schwiegereltern, Schwiegerkinder und der geschiedene Ehegatte;

Steuerklasse IV
alle übrigen Erwerber und die Zweckzuwendungen.

5. Steuersätze

Die Steuer wird mit einem Prozentsatz vom steuerpflichtigen Erwerb erhoben. Dieser Prozentsatz ist für die verschiedenen Steuerklassen verschieden hoch (in der Klasse I am niedrigsten, in der Klasse IV am höchsten). Außerdem steigt der Prozentsatz mit dem Wert des steuerpflichtigen Erwerbs (sog. Progressions- oder Staffeltarif). Der folgende Tarif gilt gleichermaßen für Erbfälle und Schenkungen:

Wert des steuerpflichtigen Erwerbs bis einschließlich DM	Hundertsatz in der Steuerklasse			
	I	II	III	IV
50 000	3	6	11	20
75 000	3,5	7	12,5	22
100 000	4	8	14	24
125 000	4,5	9	15,5	26
150 000	5	10	17	28
200 000	5,5	11	18,5	30
250 000	6	12	20	32
300 000	6,5	13	21,5	34
400 000	7	14	23	36
500 000	7,5	15	24,5	38
600 000	8	16	26	40
700 000	8,5	17	27,5	42
800 000	9	18	29	44
900 000	9,5	19	30,5	46
1 000 000	10	20	32	48
2 000 000	11	22	34	50
3 000 000	12	24	36	52
4 000 000	13	26	38	54
6 000 000	14	28	40	56
8 000 000	16	30	43	58
10 000 000	18	33	46	60
25 000 000	21	36	50	62
50 000 000	25	40	55	64
100 000 000	30	45	60	67
über 100 000 000	35	50	65	70

Anzuwenden ist immer der Steuersatz, der für den Gesamtwert des steuerpflichtigen Erwerb maßgebend ist.

6. Steuerbefreiungen

Das ErbStG gewährt folgende Steuerbefreiungen:
- für Ehegatten in Höhe von DM 250 000, § 16 Abs. 1 Nr. 1 ErbStG, dem überlebenden Ehegatten zusätzlich ein besonderer Versorgungsfreibetrag in Höhe von DM 250 000,
- den übrigen Personen der Steuerklasse I in Höhe von DM 90 000, § 16 Abs. 1 Nr. 2 ErbStG.

  Kindern iSd. Steuerklasse I für Erwerbe von Todes wegen zusätzlich ein besonderer Versorgungsfreibetrag in folgender Höhe:
  - bei einem Alter bis zu 5 Jahren in Höhe von DM 50 000,
  - bei einem Alter von mehr als 5 bis zu 10 Jahren in Höhe von DM 40 000,
  - bei einem Alter von mehr als 10 bis zu 15 Jahren in Höhe von DM 30 000,
  - bei einem Alter von mehr als 15 bis zu 20 Jahren in Höhe von DM 20 000,
  - bei einem Alter von mehr als 20 Jahren bis zur Vollendung des 27. Lebensjahres in Höhe von DM 10 000,
- für Personen der Steuerklasse II in Höhe von DM 50 000,
- für Personen der Steuerklasse III in Höhe von DM 10 000,
- für Personen der Steuerklasse IV in Höhe von DM 3000.

Diese Freibeträge können alle zehn Jahre für weitere Erwerbe erneut in Anspruch genommen werden.

7. Anzeigepflicht

Erwerber wie Schenker eines Grundstücks sind verpflichtet, den Erwerb innerhalb von drei Monaten dem Erbschaftsteuer-Finanzamt anzuzeigen, § 30 ErbStG. Die Anzeige ist entbehrlich, wenn der Erwerb steuerfrei ist oder auf einer vor einem deutschen Gericht oder einem Notar eröffneten Verfügung von Todes wegen beruht, oder wenn die Schenkung gerichtlich oder notariell beurkundet ist. In diesen Fällen hat die Anzeige bereits durch das Gericht oder den Notar zu erfolgen, § 34 ErbStG.

Sachregister

Absetzungen für Abnutzungen 160
Abtretung 30, 85
Amtsvormerkung 33
Aneignung 54, 102
Ankaufsrecht 75
Anlage, gefahrdrohende 109
Anzeigepflicht 141, 189
Aufgabe des Eigentums 101
Auflassung 51

Baugenehmigung 134
Beschränkte persönliche Dienstbarkeit 92
Bestandteil 3
Besteuerungsgrundlage 139
Betriebskosten 157
Bewertung 143
Briefhypothek 76
Buchhypothek 76
Bundeswaldgesetz 39

Dauerwohnrecht 40
Dienstbarkeit 91

Ehevertrag 54
Eigentümerdauerwohnrecht 100
Eigentümererbbaurecht 100
Eigentümergrunddienstbarkeit 100
Eigentümergrundschuld 89, 90, 99
Eigentümernießbrauch 100
Eigentümerreallast 100
Eigentümerrentenschuld 99
Einheitswert 143
Einkommensteuer 151
Einnahmen 151
Einspruch 147
Enteignung 55

Erbbaurecht 44
Erbengemeinschaft 58
Erbenhaftung 28
Erbfall 55, 58
Erbschaftsteuer 198
Erhaltungsaufwendungen 158
Ersitzung 53
Ertragswertverfahren 145
Erwerb von Todes wegen 198

Fälligkeit der Steuern 140, 149
Flurstück 2
Forstwirtschaft 35
Freibetrag 190, 196

Gebäudeeinsturz 109, 116
Gefahrübergang 48
Gesamthypothek 77
Gesamtvermögen 196
Grenzabmarkung 110
Grenzanlage 111
Grenzfeststellungsvertrag 111
Grenzverwirrung 110
Grundbuch 12
Grundbuchblatt 12
Grundbucheintragung 14, 51
Grundbuchführung 12
Grundbuchgrundstück 2
Grunddienstbarkeit 91
Grunderwerbsteuer 137
Grundschuld 89
Grundsteuer 147
Grundsteuererlaß 150
Grundsteuervergünstigung 151
Grundstück 1
Grundstücksgleiche Rechte 2
Grundstückskaufvertrag 21
Grundstücksverkehr Minderjähriger 56
Grundstücksverkehrsgesetz 35

Grundstückszubehör 8
Güterrecht 103
Gutgläubiger Erwerb 29, 62

Haftung 115
Hebesatz 148
Höchstbetragshypothek 77
Hypothek 76

Konkurs 129

Landwirtschaft 35
Lasten, Übergang 49
Löschungsanspruch 32
Löschungsvormerkung 30

Nachbarrecht 108
Nachlaßteilung 142
Nießbrauch 61, 93, 96, 172
Notarielle Beurkundung 14
Notwegerecht 113
Nutzungen, Übergang 49
Nutzungswert 153

Öffentlicher Glaube des Grund-
    buches 62

Pfandrecht 97
Polizeirechtliche Verantwort-
    lichkeit 131
Preisgefahr 48

Rang 80
Reallasten 95
Rentenschuld 90

Sachgefahr 48
Sachwertverfahren 146
Scheinbestandteil 5, 6, 7
Schenkung 142, 199
Schenkungsteuer 198
Sicherungshypothek 77
Spekulationsgeschäft 192
Steuerbefreiung 203
Steuerklassen 201

Steuermeßbetrag 148
Steuermeßzahl 147
Steuerpflicht 147, 201
Steuersatz 140, 202
Steuerschuldner 140, 149
Steuertatbestände 137
Steuervergünstigung 141
Steuervorteile 169

Teilungsplan 127
Testamentsvollstreckung 60

Überbau 113
Übereignung 50

Veräußerung 178
Veräußerungsverbot 34
Vergleich 130
Verjährung 29, 114
Verkehrshypothek 76
Verkehrssicherungspflicht 115
Vermächtnis 61
Vermögensteuer 196
Versicherung 136
Vertiefung 109
Verträge über Grundstücke 14
Vorerbschaft 60
Vorkaufsrecht 68
Vormerkung 23

Wald 39
Werbungskosten 154
Wesentlicher Bestandteil 3
Widerspruch 66
Wirtschaftsgrundstück 1
Wohnungseigentum 40, 146

Zubehör 8
Zuführung unwägbarer Stoffe
    108
Zuschlag 55, 127
Zwangsversteigerung 124
Zwangsverwaltung 128
Zwangsvollstreckung 118
Zweifamilienhaus 169

STEUERRECHT im dtv

SteuerG 1 · Steuergesetze I

Einkommensteuergesetz, Einkommen-
steuer-DV, Lohnsteuer-DV, ESt-Tabellen 1986/87, LSt-Tabellen 1986/87.
Textausgabe mit ausführlichem Sachregister und einer Einführung.
12. Auflage. 1986. 515 Seiten.
DM 12.80
(dtv-Band 5029, Beck-Texte)

SteuerG 2 · Steuergesetze II

Körperschaftsteuer, Bewertungsrecht,
Vermögensteuer, Erbschaftsteuer,
Grundsteuer, Gewerbesteuer, Umsatzsteuer, Grunderwerbsteuer. Textausgabe mit ausführlichem Sachregister
und einer Einführung.
12. Auflage. 1986. 526 Seiten.
DM 12.80
(dtv-Band 5030, Beck-Texte)

AO · Abgabenordnung

Mit FGO und Nebengesetzen. Textausgabe mit ausführlichem Sachver-
zeichnis und einer Einführung.
11. Auflage. 1986. 306 Seiten. DM 7.80
(dtv-Band 5522, Beck-Texte)

USt 85 · Umsatzsteuergesetz

Mit Umsatzsteuer-DurchführungsVO
und Umsatzsteuer-Richtlinien 85. Textausgabe mit einer Einführung.
5. Auflage. 1985. 559 Seiten. DM 9.80
(dtv-Band 5532, Beck-Texte)

GrEStG 83 · Grunderwerb-
steuergesetz 1983

Mit vergleichender Übersicht GrEStG
1983/GrEStG 1950 bzw. GrEStDV 1940
GrEStDV der Länder. Textausgabe mit
einer Einführung.
1983. 204 Seiten. DM 7.80
(dtv-Band 5535, Beck-Texte)

EStR · Einkommensteuer-
Richtlinien

Textausgabe mit einer Einführung und
ausführlichem Sachregister.
1985. 597 Seiten. DM 10.80
(dtv-Band 5539, Beck-Texte)

Schreyer
Der Lohnsteuer-Sparer 1987

Alle Möglichkeiten der LSt-Einsparung
1986/1987. LSt-Jahresausgleich für
1986, Anleitung zum Ausfüllen der Formulare, ausgefüllte Musterformulare,
ESt-Tabellen, Tabellen mit Steuerprogressionsausweis.
16. Auflage. 1986. Rd. 330 Seiten.
Ca. DM 9.80
(dtv-Band 5262, Beck-Rechtsberater)

Schreyer
Einkommensteuer-Sparer 1987

ESt-Erklärung für 1986, Anleitung zum
Ausfüllen der Formulare, ausgefüllte Musterformulare, ESt-Tabellen, Tabellen
mit Steuerprogressionsausweis.
8. Auflage. 1986. Rd. 360 Seiten.
Ca. DM 9.80
(dtv-Band 5263, Beck-Rechtsberater)

Dornbusch/Jasper/Piltz
Steuervorteile durch privaten
Haus- und Wohnbesitz

Anschaffung – Besitz – Veräußerung
Optimale Steuergestaltung beim Anspa-
ren, Bauen, Kaufen, Bewohnen, Vermieten, Veräußern, Verschenken, Vererben
von Eigentumswohnungen und Häusern.
2. Auflage. 1985. 270 Seiten. DM 12.80
(dtv-Band 5240, Beck-Rechtsberater)

Dornbusch/Jasper, Steuer-
vorteile für Immobilienanleger

Bauherren-, Bauträger- und Erwerber-
modelle – Ein kritischer Wegweiser
Vertragstypen, Werbungskostenkata-
log, Wirtschaftlichkeitsberechnung, Geltendmachung des Verlustes, Einheitsbewertung, Prüfungs-Checkliste.
1985. 200 Seiten. DM 9.80
(dtv-Band 5247, Beck-Rechtsberater)

Deutscher
Taschenbuch
Verlag